La nueva familia

La nueva familia

Alternativas de trabajo psicoterapéutico

Francisco Javier Robles Ojeda
Coordinador

PAX

EL LIBRO MUERE CUANDO LO FOTOCOPIAN

Amigo lector:

La obra que usted tiene en sus manos es muy valiosa. Su autor vertió en ella conocimientos, experiencia y años de trabajo. El editor da una presentación digna de su conenido y pone su empeño y recursos para difundirla ampliamente, por medio de su red de comercialización.

Cuando usted fotocopia este libro o adquiere una copia "pirata" o fotocopia ilegal del mismo, el autor y editor no recuperan la inversión que han realizado.

La reproducción no-autorizada de obras protegidas por el derecho de autor desalienta la creatividad y limita la difusión de la cultura, además de ser un delito.

Si usted necesita un ejemplar del libro y no le es posible conseguirlo, le rogamos hacérnoslo saber. No dude en comunicarse con nosotros.

EDITORIAL PAX MÉXICO

❑

COORDINACIÓN EDITORIAL: Matilde Schoenfeld
PORTADA: Víctor M. Santos Gally
DIAGRAMACIÓN Y CUIDADO DE EDICIÓN: Rafael Becerra

Av. Cuauhtémoc 1430, Col. Santa Cruz Atoyac
México D.F. 03310
Tel. (5255) 5605 7677
Fax (5255) 5605 7600
www.editorialpax.com

Primera edición
ISBN: 978-607-7723-54-7

Hecho en México / *Printed in Mexico*

Índice

Palabras preliminares

Cuando Francisco Javier me visitó para solicitarme que prologara un libro que había compilado, realmente me sorprendió. Nunca pensé que uno de mis alumnos del posgrado, recién egresado, pudiera escribir un libro tan pronto, sobre todo pensando que hay compañeros que tienen más de treinta años en el campo de la terapia familiar y nunca han escrito un libro.

Me parece muy importante que uno, cuando crece y se aleja de la escuela que lo ha formado, pueda reconocer a la distancia las fuentes donde ha abrevado; así, la solicitud de Francisco Javier de escribir estas líneas para su primer libro la considero un honor y, a la vez, un reconocimiento a la Universidad Nacional Autónoma de México (UNAM) y a sus maestros.

Me gustaría relatar una breve anécdota sobre el autor, pensando precisamente en que él puede servir de modelo y estímulo no sólo a sus compañeros del posgrado, sino también a muchos de nosotros. Conozco a Francisco Javier desde hace más de una década, cuando estaba haciendo sus prácticas profesionales en el Sistema de Atención Psicológica por Teléfono (SAPTEL), siendo él todavía estudiante del sistema de educación abierta de la carrera de psicología en la UNAM. En ese entonces acudía puntualmente cada jueves de 16:00 a 18:00 hrs. al Departamento de Intercambio Académico y Becas de la FES Iztacala, donde yo laboraba, para comentar y supervisar conmigo los casos clínicos que recibía durante sus horas de servicio en SAPTEL. Por lo general, cuando los estudiantes terminan una carrera tienen muy poca práctica profesional; además, como él había estudiado la licenciatura en un sistema abierto, la posibilidad de realizar prácticas profesionales en distintos campos no era una opción viable, de manera que el trabajo mediante vía telefónica le proporcionaba una oportunidad empírica de aprendizaje.

Al tiempo que estudiaba la licenciatura en psicología, Francisco trabajaba como maestro de primaria en la Secretaría de Educación Pública. No provenía de una familia tradicional, ya que a temprana edad había perdido a su madre y no tuvo la oportunidad de conocer al que fuera su padre. Hacia el final de su adolescencia tuvo que afrontar una nueva pérdida familiar: la de su abuela materna. Al término de la licenciatura y concluido el proceso de titulación, se inscribe como candidato a la residencia en Terapia Familiar en la UNAM, pasa todos los exámenes y consigue ingresar a la maestría. Durante el proceso de formación se distingue por estar siempre dispuesto a ampliar sus conocimientos con la asistencia a cursos y eventos en los que participan ponentes provenientes del extranjero. Termina los créditos y la supervisión y presenta su examen de grado con el reconocimiento del jurado. En todos estos pasos he tenido la oportunidad de estar al lado de Francisco Javier y podría decirse que él es un claro ejemplo de resiliencia, dado que ha podido resistir y salir airoso a pesar de los embates de la adversidad.

Quizás el lector pueda pensar que son demasiados datos biográficos sobre el compilador, pero no podía dejar de lado su historia personal, pues siempre he recomendado a mis alumnos que antes de iniciar la lectura de cualquier libro se informen sobre la identidad del autor, a qué corriente de pensamiento pertenece, en que época escribe el texto, etc., a fin de comprender mejor el contenido y valorarlo en su justa dimensión. En este caso, la experiencia de vida que tuvo Francisco Javier me parece que es relevante para abordar el análisis de la gran complejidad de tipos de familias que coexisten en la presente época. Justo es que hablemos ahora un poco del texto. No me referiré, sin embargo, a los contenidos específicos de cada capítulo, dado que el lector podrá tener una idea bastante clara de los contenidos leyendo el prefacio que viene a continuación.

Considero que un libro como éste es valioso porque surge de la experiencia de sus coautores; pero no de cualquier experiencia, sino de una experiencia con la cual cada uno de ellos se siente comprometido. En cada capítulo se hace énfasis en la actitud reflexiva, no sólo en lo que concierne al proceso de investigación y sus resultados, también en cuanto a la actitud de asumir la propia postura como parte de lo investigado.

Otro acierto del libro son los temas tratados en cada capítulo, dada la importancia que reviste actualmente la investigación acerca de los distintos tipos de familias. Las familias de las que habla el libro son familias del siglo XXI, de un contexto urbano como es el de la ciudad de México, en el que existe, ya de por sí, una enorme variedad de tipos de familias y estructuras de convivencia. Se destacan formas distintas de convivencia urbana que sirven para ilustrar la manera en que, en este universo de posibilidades, la forma, el tipo y la estructura ya no resultan tan importantes para conocer el "grupo familia", como sí lo es el tipo de interacción que se da en el interior de éste.

Se habla de la separación y el divorcio no para calificarlos como buenos o malos en una actitud maniquea, sino para señalar lo que ésta situación puede significar para los personajes que integran la historia. En relación con este mismo tema, se habla también de las personas que reinician relaciones para formar otro grupo familiar, de los tropiezos y los logros de las familias reconstituidas.

Otro aspecto importante tratado en el libro se refiere a la manera en que los roles tradicionales han ido cambiando, no solamente en función de los esfuerzos realizados por los grupos feministas, sino respecto de la forma en que la sociedad se ha vuelto sensible al género: el cambio ya no se considera como una cuestión mecánica de causa-efecto, sino como un movimiento profundo de transformación, es decir, un cambio de segundo orden en el que las relaciones de pareja se han vuelto más solidarias y al mismo tiempo han desarrollado una mayor equidad entre los miembros de la pareja.

Tres capítulos más integran el libro; en uno de ellos se habla de las familias trigeneracionales, con las cuales estamos muy familiarizados en México no sólo porque las estadísticas señalan que en su mayoría son las mujeres las que enviudan, sino también por el hecho de que éstas van a vivir con alguna de sus hijas. El papel de las abuelas no se ha destacado suficientemente en nuestra sociedad, a pesar de que ellas son las encargadas de educar a los hijos de su hija y de realizar muchas de las funciones que en otra época eran realizadas por las madres de familia. En la sociedad mexicana, las abuelas juegan un papel preponderante en el funcionamiento familiar. El penúltimo capítulo, y sin que parezca la conclusión del ciclo vital familiar, trata de la muerte en la familia. No abundan los escritos que traten de la manera en que debe trabajar el terapeuta cuando ocurre una muerte en el seno familiar y, a pesar de que la muerte es la única certeza que tenemos los humanos, es un tema que tiende a evitarse en los libros de psicología de la familia. El tema de la muerte tampoco está presente de manera frecuente en los currículos de las licenciaturas en psicología ni es tema de los posgrados del área. Probablemente por pensar que hablando de algo de lo que no queremos saber, es, hasta cierto punto, un modo de convocarlo para que se haga presente.

El último capítulo de este libro se ocupa de varias ideas que pueden resultar de utilidad a quienes se inician en la difícil tarea del trabajo clínico. Una de las corrientes más recientes para el trabajo con familias es el equipo reflexivo que, desde la perspectiva posmoderna, ofrece una multiplicidad de descripciones, explicaciones y sentidos acerca de un mismo evento. En este capítulo se condensan y ponen en práctica muchas de las ideas expresadas a lo largo de todo el texto, ideas que promueven la relación no-jerarquizada entre terapeuta y cliente, con la cual se logra la dis-solución del problema mediante la construcción de narrativas sobre las cuestiones que la persona o la pareja lleva a terapia.

Por último, quiero mencionar algo que me parece un verdadero acierto; me refiero a los diálogos sostenidos entre los autores del libro que aparecen al final de cada capítulo. En ellos no sólo se logra aclarar puntos que quizá podrían haber quedado un tanto oscuros, sino que, al establecerse como conversaciones narrativas, permiten al lector comprender patentemente la forma en que se logra establecer nuevos saberes y nuevos significados mediante el diálogo.

Luz de Lourdes Eguiluz Romo[1]

[1] Doctora en investigación psicológica por la Universidad Iberoamericana, campus Santa Fe. Maestra en psicología por la Universidad de las Américas, A.C. Es docente en los programas de licenciatura y maestría en psicología en la UNAM y jefa del proyecto de investigación Salud, Familia y Medio Ambiente en esta misma institución. Es autora de los libros *Terapia familiar: su uso hoy en día* y *Dinámica de la familia. Un enfoque psicológico sistémico*, publicados por esta misma editorial.

Prefacio

> Si alguna vez fue así [la familia], ya no consta de dos padres, dos hijos, un perro, una casa con una cerca pintada de blanco y una camioneta en la entrada. En lugar de familias que se parezcan a los Cleaver, de *Leave It to Beaver* [Déjaselo a Beaver], tenemos familias que incluyen a niños de probeta y madres sustitutas. En lugar de las cenas familiares de los domingos por la noche, ahora tenemos llamadas telefónicas de un lado a otro del país. En lugar de tíos y tías, abuelos y abuelas, ahora tenemos nodrizas y guarderías infantiles.
>
> HILLARY CLINTON (en su discurso de inauguración del Día de la Madre, el 8 de mayo de 1994, en la Universidad George Washington)

Todo libro, ya sea que se trate de alguna disciplina teórica o de una práctica, ya de un evento real o uno ficticio, nos cuenta una historia o una serie de historias acerca de una temática específica. Este libro tiene el propósito de familiarizar al lector con una serie de situaciones actuales –historias– que afrontan las familias en la actualidad. Me gustaría empezar a discurrir acerca de las familias con la siguiente historia:

Érase una vez en un tiempo y en un reino no muy lejanos que todas las familias tenían que estar constituidas por un padre, una madre y sus hijos, los cuales debían vivir felices para siempre –o, por lo menos, morir en el intento. Los ciudadanos del reino que no cumplieran con este "mandato real" estaban condenados a que cayera sobre ellos una "maldición" por rehusarse a vivir tal "destino universal". Dicha maldición podía tomar diversas formas: discriminación social, reproches familiares, sentimientos de culpa o de fracaso en la vida, etcétera. Como en todo cuento de hadas, esta situación no fue permanente, ya que en este mismo reino han surgido diversas heroínas y héroes que han roto –o por lo menos intentado romper– con esta "maldición", al vivir de forma diferente de la acostumbrada por la familia tradicional impuesta por el reino, y siendo tan felices como los otros habitantes o incluso más que éstos. Hasta el momento la historia no ha concluido; aún falta saber cómo se va a lograr la armonía entre todos estos tipos de familias: las nuevas familias que han surgido, la familia que había impuesto el reino, y las que incluso aún no son visibles y podrían romper totalmente con cualquier tipo de maldición por no vivir conforme al tipo "oficial" de familia.

Al igual que en este relato, lo que se entiende por "familia" a lo largo de la historia ha sufrido diversos cambios, de acuerdo con las características sociales, económicas, políticas y religiosas –entre otros factores– de cada época. A principios del siglo XX, el modelo arquetípico de la familia era la nuclear, conyugal y monogámica –a la que se refiere Hillary Clinton para destacar su inexistencia actual–, la cual estaba constituida de la siguiente manera:

> [...] formada por la pareja de esposos que reside en un hogar independiente con sus hijos no emancipados. La familia conyugal se funda en una división sexual del trabajo que mantiene la hegemonía formal del sexo masculino sobre el femenino, puesto que asigna los roles asociados con la crianza, el cuidado de los hijos y la realización de las tareas específicamente domésticas a la mujer y el papel de "proveedor" de los medios económicos al hombre (Tuirán, 2001, pp. 24-25).

De acuerdo con estas características se concebía a "la familia" como unidad doméstica que debía responder a una estructura "universal", a su vez concebida como "funcional", y cualquier configuración o dinámica familiar que se alejara de este patrón podía ser considerada como potencialmente "disfuncional". Esta visión acerca de "la familia" se ha modificado a lo largo del pasado siglo y lo que va del presente; se aprecian transformaciones en su estructura y su dinámica, y presenta además tipos "emergentes" de familias. Estos cambios han tenido impacto en las familias y han provocado la aparición de nuevos retos y problemáticas que éstas tienen que enfrentar, así como otros que ya existían pero que antes eran ignorados y ahora se posibilita su visibilidad. Estos problemas y retos pueden relacionarse con tres áreas principales:[1]

a. Los relacionados con los cambios estructurales en los sistemas familiares. Las diversas configuraciones familiares –que difieren de la estructura de la familia conyugal– plantean diferentes retos para sus integrantes: adecuación a nuevos roles interfamiliares e intrafamiliares, falta de apoyos socioeconómicos en el contexto en que viven, etcétera. En esta

---

[1] Es importante aclarar que esta división se realiza solamente con fines didácticos, ya que cualquier reto o problemática que presenten las familias puede considerarse como producto de múltiples factores, y en el que se entremezclan características de estas tres áreas.

área se podría ubicar a los retos y problemáticas de las llamadas "nuevas formas de familias":[2] reconstituidas, con la presencia de un solo progenitor, homoparentales, sin hijos, etcétera.

b. Los relacionados con los cambios en las relaciones familiares. Un aspecto que ha influido de manera importante en esta área son las problemáticas presentadas en la dinámica familiar debido a las diferencias de género y las generacionales; esto implica, en muchos casos, conflictos ideológicos relacionados con lo permitido y lo prohibido dentro y fuera de la familia. Es importante mencionar que en las últimas décadas, principalmente por conducto de los movimientos feministas, se ha promovido una mayor equidad entre hombres y mujeres en todos los ámbitos –incluido el familiar–, lo cual ha posibilitado que se tornen visibles diversos problemas de la mujer que antes eran considerados del dominio exclusivo de la familia o, incluso, por los que debían atravesar "naturalmente" todas las mujeres.[3] En esta área se podrían colocar los retos y problemáticas que enfrentan las familias debido a las inequidades de género o a estereotipos "rígidos" acerca de lo que significa ser hombre o mujer, como la violencia familiar, la infidelidad, la inequidad en el trato o los privilegios otorgados a los integrantes de la familia de conformidad con su sexo, etcétera. Respecto de los problemas intergeneracionales, en muchos casos éstos surgen debido a que las generaciones de padres o abuelos se caracterizan por normas de conducta más tradicionales y rígidas, lo cual entra en contradicción con las formas de conducta de las generaciones más jóvenes, caracterizadas por la búsqueda de modelos más flexibles y equitativos, lo que conduce a diversos conflictos entre las diversas generaciones que integran –y conviven en el seno de– dichas familias.

c. Los relacionados con las diferencias existentes en los contextos socioeconómicos. Los aspectos socioeconómicos, demográficos, culturales y

---

[2] En las últimas décadas se ha hecho visible el aumento de sistemas familiares diferentes al tradicional; un ejemplo es el de México, donde, de acuerdo con estadísticas del Consejo Nacional de Población (Conapo), las familias nucleares representan sólo 52% de la población, mientras que el restante 48% esta conformado por "hogares monoparentales, parejas sin hijos, hogares extendidos y hogares compuestos" (Brito, 2005, p. 138); a su vez se menciona el crecimiento de los hogares formados por corresidentes sin ningún parentesco –que en el año 2000 representaban 7% de la población.

[3] Ejemplo de este pensamiento son las frases populares: "la ropa sucia se lava en casa" o la advertencia dirigida a la mujer de "tener que cargar con su cruz".

> políticos han incidido tanto en la dinámica como en la estructura de las familias; por ejemplo, en el ámbito de la salud se ha incrementado el número de personas con enfermedades crónicas, lo que provoca en las familias cambios importantes en los roles que desempeñan sus integrantes cuando uno de ellos cae enfermo o enfrenta una muerte temprana (Belsky, 1996; Montes de Oca, 2001). Todo esto incide en cada uno de los miembros de las familias, que en muchos casos requieren de apoyo psicoterapéutico para poder enfrentar los cambios y nuevas tareas que se les presentan. También la situación económica ha tenido su impacto en los individuos, debido a la necesidad de buscar fuentes de recursos económicos; esto, aunado a los cambios en las estructuras familiares, que en muchos casos enfrenta a madres o padres sin pareja con la responsabilidad de mantener a sus hijos o hijas, incide en los aspectos emocionales, generando ansiedad, depresión, tensiones familiares, etcétera. El papel que juegan los aspectos socioculturales se puede apreciar en los diferentes trastornos psicológicos que se presentan cada vez con mayor frecuencia en hombres y mujeres (cf. Medina-Mora, Borge, Lara *et al.*, 2003): los hombres presentan mayor dependencia del alcohol y trastornos de la conducta asociados a agresividad, permisividad y conductas de riesgo por el uso y abuso de bebidas alcohólicas; mientras que los principales trastornos presentes en las mujeres son las fobias (específicas y sociales) y episodios de depresión mayor vinculados con conductas femeninas, como la expresión de sentimientos. Estos "trastornos" suelen repercutir en la forma en que los integrantes de las familias pueden enfrentar las diversas problemáticas y los retos que se les presentan en la vida.

Los medios de comunicación, en especial el cine y la televisión, son un claro reflejo de esta transformación, ya que a mediados del siglo XX se podía identificar en un sinnúmero de producciones a la clásica familia conyugal, con los roles tradicionales ya mencionados,[4] y ahora, en pleno siglo XXI, en programas de gran audiencia, se suman a esta "familia tradicional" nuevas configuraciones sociales: grupos de solteras y solteros que viven en un mismo hogar; mujeres solteras, independientes, profesionistas; familias que han vivido un divorcio, reconstituidas, homoparentales, interétnicas, padres solteros, madres solteras, y familias de

---

[4] Ejemplos de estas producciones son: *Madre querida*, *Cuando los hijos se van* y *Leave It to Beaver*.

estructura conyugal que presentan una dinámica que en otro tiempo podía haberse considerado como "disfuncional".[5]

Estructura del libro

El propósito de este libro es abordar algunas de las problemáticas y retos[6] que se presentan en las familias en la actualidad como consecuencia de los cambios que han sufrido en las últimas décadas. Las ideas plasmadas en esta obra surgen de la experiencia profesional de cada uno de los colaboradores, quienes, a pesar de considerarnos todavía una generación de terapeutas jóvenes, llevamos ya varios años de experiencia en el campo de la terapia familiar sistémica; a ello se debe que los capítulos tomen como base alguno(s) de los diversos modelos de la terapia sistémica. Sin embargo, también podrán encontrarse algunas herramientas emanadas de otras perspectivas psicológicas –entre ellas, la perspectiva de género, el modelo cognitivo-conductual o el humanismo–, las cuales se integran en las propuestas de trabajo presentadas por los autores. Nuestras experiencias surgen en un contexto mexicano y, más específicamente, urbano. Al ser México parte del mundo occidental, comparte las problemáticas y transformaciones que se han presentado en las familias de los países de ese orbe durante las últimas décadas, aunque también presenta aspectos distintivos de su propio contexto, los cuales asimismo se mencionan en cada capítulo.

En el capítulo 1, de introducción, "De 'La Familia' a 'las familias': breve recorrido histórico", se presenta una breve reseña de la transformación que han tenido las principales perspectivas científicas acerca de la familia

[5] Esto se aprecia en series, telenovelas o películas como: *Friends*, *Sex and the City*, *Mirada de mujer*, *Will & Grace*, *Papá soltero*, *Malcolm in the Middle* y *La segunda noche*.

[6] Se hace referencia a "algunos" retos y problemáticas, ya que, sin lugar a duda, existen otros temas relacionados con los cambios que han tenido los sistemas familiares en las últimas décadas y que no se abordan en la presente obra –por citar algunos ejemplos, se podría hacer referencia a las familias homoparentales, las familias sin hijos, los adultos que deciden no casarse, etcétera. Como ya se comentó, la intención de este libro es presentar una visión general acerca de siete temáticas en las cuales tienen una amplia experiencia teórica y/o práctica cada uno de los autores. Se invita al lector interesado en ampliar su conocimiento acerca de cada una de estas temáticas acerca de las familias, o con respecto a los diversos enfoques psicoterapéuticos que son mencionados en ellos, a que revise la diversa bibliografía que se incluye en cada uno de los capítulos de la presente obra.

en los últimos siglos. Estas perspectivas se agrupan en tres disciplinas que han tenido una presencia histórica importante en torno de la descripción de las familias: en primer lugar se describirá la perspectiva de las teorías basadas en la antropología, las cuales tuvieron un auge importante en el siglo XIX; posteriormente se comentarán algunas de las principales teorías emanadas de la sociología, y, finalmente, se describirán las teorías basadas en la psicología. En estas dos últimas disciplinas se abordarán tres periodos históricos por los que han pasado las familias: la época premoderna o preindustrial, la época moderna o industrial y la época posmoderna. Con respecto a la psicología, se pone especial énfasis en las perspectivas de los planteamientos asociados al enfoque sistémico, los cuales se han relacionado estrechamente con el estudio de la familia.

Los capítulos del dos al siete abordan tres áreas principales: la descripción de las características generales de algún tema particular de las familias en la actualidad; algunos de los retos o problemáticas que tienen que afrontar estas familias; y algunas alternativas psicoterapéuticas que se proponen para el trabajo con dichas familias. Con ello se pretende que cada uno de estos capítulos, además de ser interesante para todo aquel psicoterapeuta que se inicie en el ámbito de la terapia familiar, lo sea también para otros profesionales que trabajen con familias e, incluso, para todas aquellas personas que, sin ser profesionales de la salud, estén interesadas en estas temáticas.

En el capítulo dos, "Hombres y mujeres en convivencia: identidades y prácticas de género en las familias", Francisco Javier Robles hace un recorrido por los principales cambios que han sufrido los roles de género a partir de los movimientos feministas acontecidos en el siglo XX, los cuales buscaban condiciones de mayor equidad para las mujeres respecto de los hombres. Es interesante conocer cómo –a partir de que las mujeres han ido logrando mayores condiciones de igualdad y conseguido mayor presencia en ámbitos y actividades que eran tradicionalmente exclusivas de los hombres–, en décadas recientes –a partir de 1980–, se empieza a plantear también la existencia de efectos negativos y limitantes del rol tradicional en los hombres. Sin duda, estos cambios han tenido su impacto también en la dinámica familiar, lo cual se menciona en algunos ejemplos planteados por diversos investigadores y luego se retoma en algunos temas tratados en capítulos subsecuentes. Con respecto al ámbito de la terapia familiar, se menciona que, a partir de los años setenta, empieza una fuerte crítica a algunos aspectos de diversos modelos de terapia que se basan en los roles tradicionales de género, sobre todo en relación al hecho de que pasan por alto las condiciones de desigualdad que sufren las mujeres. Finalmente se describen las principales sugerencias realizadas por algunas autoras para que se lleve a cabo un trabajo psicológico con las familias incorporando la perspectiva de género.

En el capítulo tercero, "La infidelidad en las familias", Marino Aparicio nos presenta un breve recorrido histórico sobre el fenómeno de la infidelidad en la pareja, donde hace mención especial de sus características en la Grecia clásica y en diferentes épocas de la historia de México. Se destaca la desigualdad de las repercusiones que la infidelidad ha tenido en hombres y mujeres, ya que para estas últimas las sanciones han sido más severas –de tipo social, legal, religioso, etc.– después de haber cometido algún tipo de infidelidad en la pareja, mientras que a los hombres se les imponen sanciones menos severas e, incluso, en algunos contextos, se llega a pensar que tales conductas son inherentes a su "esencia masculina", por lo que deben considerarse como naturales e inevitables. El autor realiza una descripción de seis problemáticas que se presentan en las familias después de una infidelidad: las problemáticas de la infidelidad vinculadas con las creencias de género que, en muchas ocasiones, la consideran como parte normal del comportamiento masculino; el manejo, por parte del psicólogo, de la infidelidad que está aún oculta; el dilema acerca de la continuidad de la relación extramarital durante el periodo en que la pareja se encuentra en terapia; las características de la infidelidad cuando se presenta asociada a comportamientos de celotipia o violencia en la pareja, así como cuando se ha decidido la separación o el divorcio. En la revisión de cada una de estas problemáticas relacionadas con la infidelidad se incluyen algunas estrategias y sugerencias psicoterapéuticas, la mayoría emanadas de enfoques sistémicos, narrativos y cognitivos conductuales.

En el capítulo cuatro, "Las familias que se separan", Shuyin Durán describe los principales retos a los que se enfrentan las familias después de un proceso de divorcio. La autora inicia este capítulo señalando dos áreas importantes del divorcio: la legal y la amorosa. Respecto del ámbito legal, se hace referencia al caso de México, se mencionan los diversos tipos de divorcio y sus principales causas; en relación con el ámbito amoroso, se plantea el impacto que tiene el divorcio de conformidad con las creencias que se tenga del amor en pareja –piense el lector, por ejemplo, en lo que implica un divorcio para el integrante de una pareja que tenga la creencia de que el amor lo puede vencer todo o para una pareja que base su relación en la idea de que el amor durará eternamente. En la última parte de este capítulo se describe la propuesta que realizan algunos autores a partir del enfoque sistémico, acerca de las fases por las cuales pasan las familias ante la perspectiva del divorcio, así como las vivencias particulares que presenta cada uno de los integrantes de las familias ante el divorcio; esto es de suma importancia, ya que, si bien pudiera parecer que a todos afecta de igual manera, lo cierto es que la posición que se tiene en el seno de la familia juega un papel importante en la forma en que se vive la ruptura familiar. Finalmente se presentan algunas ideas útiles para emplear en la terapia.

Se puede considerar al capítulo cinco, "Familias reconstituidas: el arte de entrelazar historias", que nos presenta Rocío Villanueva, como una posible continuación del capítulo en el que se describen las problemáticas ante el proceso de divorcio. En diversos países se ha incrementado el índice de divorcios, lo que a su vez ha permitido que hombres y mujeres que se encuentran ahora separados tengan la posibilidad de volver a casarse. Esto ha provocado un aumento considerable del número de casamientos de contrayentes con hijos de anteriores matrimonios, a los cuales se les ha denominado como "familias reconstituidas, reensambladas o reconstruidas". Este capítulo comienza con la descripción de las "nuevas formas de familia", que son diferentes del tipo conyugal tradicional; dentro de estos tipos de familias se puede ubicar a las familias reconstituidas. Se comentan los principales tipos de familias reconstituidas, de acuerdo con los tipos de relaciones previas de sus integrantes. Otro tópico que se retoma en este capítulo son las fases por las que pasan estas familias durante su proceso de adaptación o reconstitución. La autora plantea tres aspectos relevantes para una buena adaptación de tales familias, los cuales es importante indagar en el trabajo psicológico: en primer lugar se menciona la importancia que da la pareja a los roles de padre y madre –y a su nuevo rol de padrastro y madrastra–, así como los intentos que realizan desde dicha posición para que la familia recién formada pueda convivir en armonía; un segundo aspecto se refiere al tipo de relación que ambos integrantes de la pareja tienen con sus propios hijos y los de su cónyuge; y, en tercer lugar, se hace referencia al tipo de relación que mantienen con sus anteriores parejas, específicamente sobre la relación de los hijos con el padre o la madre con quien ya no viven. Algunos de estos aspectos se ejemplifican por medio del relato de una familia reconstituida que acude a terapia.

En el sexto capítulo, "El rol de las abuelas en las familias trigeneracionales", Claudia Juárez aborda una problemática muy común entre las familias latinas, las cuales históricamente han presentado un mayor índice de familias conformadas por tres generaciones –abuelos, padres e hijos–, en comparación con las familias pertenecientes a otras etnias, como las sajonas. Este hecho, aunado a la incorporación al ámbito laboral de las mujeres de las generaciones más jóvenes, ha propiciado que las abuelas jueguen un papel importante en la crianza de sus nietos, asumiendo en muchos casos el papel materno. En este capítulo se describen los principales problemas que se presentan a las abuelas que asumen este rol; entre éstos destacan la confusión acerca de quién es la persona encargada de establecer las reglas o normas de conducta que deben seguir los niños –lo cual genera conflictos entre las abuelas y sus hijas o hijos y sus nietas o nietos–, la sobrecarga de trabajo en la que se ven "atrapadas", el reto que significa para ellas dedicar un lapso exclusivo para sí mismas y la negociación de ese tiempo, ya que, en muchas ocasiones, la ayuda que proporcionan se va percibiendo poco a poco como una obligación. La autora menciona también algunas problemáticas que presentan los demás miembros de estas familias –los padres y los nietos–, así como los principales aspectos que debe tomar en cuenta el psicólogo al trabajar con cada una de las generaciones de estos sistemas familiares.

En el capítulo siete, "Superar las pérdidas tempranas en las familias", Francisco Javier Robles plantea que, en la actualidad, las muertes tempranas representan situaciones inesperadas para las familias, a diferencia de hace un siglo, por ejemplo, cuando la muerte de los miembros jóvenes de la familia era un hecho cotidiano. Esto ha sido posible gracias a los adelantos de la tecnología médica, que han permitido que el índice de la esperanza de vida aumente considerablemente en las últimas décadas, mediante el control de la mayoría de las enfermedades mortales. A su vez, esto ha propiciado que las familias –y, en general, cualquier individuo– consideren improbable la muerte temprana de un ser querido y que, en la mayoría de los casos, no haya muchas familias que tengan experiencias relacionadas con personas que hayan muerto en su juventud. Para comprender mejor la situación por la que pasan las familias que sufrieron el fallecimiento temprano de uno de sus integrantes, se describen dos modelos relacionados con el proceso de duelo: el planteado por Elizabeth Kübler Ross y la perspectiva del "duelo familiar" de Fernando Pereira. En la parte final de este capítulo se presentan varios ejemplos que describen el uso de estrategias que son retomadas de diversos modelos de terapia sistémica, las cuales apoyan a las familias que atraviesan por el proceso de duelo tras la muerte temprana de uno de sus integrantes.

Finalmente, en el capítulo ocho, "Generando ideas útiles con las familias: el trabajo del psicólogo", Karen Vega plantea una serie de ideas que ha utilizado en su trabajo como terapeuta familiar. Dicha propuesta puede ser retomada no solamente por los psicólogos, sino también por otros profesionales de la salud –trabajadores sociales, consejeros, educadores– que trabajen con grupos familiares. El trabajo de estos profesionales implica el reto de la planeación de toda actividad que realicen con las familias. En muchas ocasiones es difícil que el psicólogo y el profesional de la salud cuenten con herramientas adecuadas para la planeación y supervisión de todos sus casos. Ante este dilema, la autora, con base en una perspectiva colaborativa posmoderna, comparte con nosotros un conjunto de herramientas que pueden utilizarse para este fin: el uso de un espacio de reflexión, en conjunción con otros colegas, para revisar lo realizado con las familias y determinar los pasos que conviene seguir en el futuro; la utilización de las perspectivas de los colegas o de los propios integrantes de las familias en la misma sesión –lo que se ha denominado "equipos de reflexión"–; así como una serie de interrogantes que puede realizar el propio profesional con el fin de generar nuevas ideas que posteriormente habrá de integrar en la planeación de su trabajo con las familias.

Al final de cada capítulo se incluye una conversación realizada por tres colaboradores de este libro acerca de la temática que se desarrolla en cada uno de ellos. La inclusión de este tipo de conversaciones no es una práctica nueva en la literatura sistémica (cf. Friedman, 2001; Smith y Nylund, 1997) y figuran en la presente obra debido a dos factores principales: *a.* el primero de ellos se refiere a la importancia que se ha dado a la conversación dentro de los enfoques posmodernos –la cual es concebida como la principal herramienta para la construcción de las realidades de cualquier grupo social, llámese pareja, familia, sociedad, etc.–, pues permite percibir como algo "vivo" lo planteado por los autores en cada uno de los capítulos, con el añadido de que puede ser enriquecido o visto desde otras perspectivas en lugar de concebirlo simplemente como algo estático, especie de ley inmutable; *b.* el segundo factor que se tomó en cuenta es la interacción con los lectores a través de la inclusión de voces diferentes de la del autor o autora principal, ya que se invita a las personas a que los lean y se involucren en la conversación a fin de que enriquezcan con su propia experiencia y saber profesional y no-profesional lo que se plantea en cada temática. En este sentido, deseo extender una invitación a los lectores para ampliar esta conversación generadora de nuevas ideas, mediante la reflexión consigo mismos, con sus colegas, con las familias con que trabajan o las suyas propias e, incluso, con quienes escribimos esta obra. Me parece que bastaría con la generación de una sola idea que les resultara útil en algún aspecto de sus vidas para que el propósito de este libro se considerara alcanzado.

Finalmente quiero agradecer a las personas que contribuyeron a la realización de la presente obra. En primer lugar, deseo expresar mi reconocimiento a todas las familias con las que hemos compartido un espacio terapéutico y que nos han ayudado a reflexionar en torno de los diversos temas que aquí presentamos. Con el propósito de respetar el anonimato de estas familias, sin embargo, en algunas de las experiencias expresadas en este libro se ha modificado cualquier dato que pudiera servir para identificarlas y, en otros casos, se han integrado en un mismo expediente las experiencias emanadas de varias de ellas. También quiero expresar mi agradecimiento a la Dra. Luz de Lourdes Eguiluz por haber aceptado escribir el prólogo de esta obra; es importante destacar su amplia trayectoria en el ámbito de la terapia familiar, así como su participación en la formación de varias generaciones de terapeutas familiares, entre los cuales nos incluimos algunos de los colaboradores del presente libro. De manera especial quiero agradecer a las autoras y los autores de los capítulos que conforman este libro por su calidad profesional, paciencia y dedicación, a pesar de los diversos contratiempos y proyectos profesionales y personales que se les fueron presentando en el transcurso de la elaboración de sus escritos. Deseo agradecerles particularmente la confianza que depositaron en este proyecto y en mi persona para coordinar la presente obra, ya que las más de las veces no es sencillo integrar un equipo de trabajo que este dispuesto a la aceptación de comentarios, sugerencias o la inclusión de puntos de vista diferentes, lo cual afortunadamente se logró. Gracias, Marino, Shuyin, Rocío, Claudia y Karen –y me permito la libertad de incluirme también en este agradecimiento.

Francisco Javier Robles Ojeda

Bibliografía

Belsky, J. (1996). *Psicología del envejecimiento. Teoría, investigaciones e intervenciones.* Barcelona: Masson.

Brito, A. (2005). Del derecho de convivencia a la conveniencia de no reconocerlo. La izquierda y el movimiento por las sociedades de convivencia en México. *Debate Feminista, 16* (32), 134-157.

Friedman, S. (2001). *El nuevo lenguaje del cambio. La colaboración constructiva en psicoterapia.* Barcelona: Gedisa.

Instituto Nacional de Estadística, Geografía e Informática. (2006). *Portal de Internet del INEGI. Información estadística.* Recuperado el 2 de enero de 2006 de: http://www.inegi.gob.mx

Medina-Mora, M., Borge, G., Lara, C. *et al.* (2003). Prevalencia de trastornos mentales y uso de servicios: resultado de la encuesta nacional de epidemiología psiquiátrica en México. *Salud Mental, 26* (4), 1-16.

Montes de Oca, V. (2001). Bienestar, familia y apoyos sociales entre la población anciana en México: una relación en proceso de definición. En: Gomes, C. *Procesos sociales, población y familia. Alternativas teóricas y empíricas en las investigaciones sobre vida doméstica.* (pp. 345-376). México: Miguel Ángel Porrúa.

Smith, C. y Nylund, D. (1997). *Narrative therapies with children and adolescents.* New York: Guilford Press.

Tuirán, R. (2001). Estructura familiar y trayectorias de vida en México. En: C. Gomes. *Procesos sociales, población y familia. Alternativas teóricas y empíricas en las investigaciones sobre vida doméstica.* (pp. 23-65). México: Miguel Ángel Porrúa.

CAPÍTULO 1

De "La Familia" "las familias": breve recorrido histórico

Francisco Javier Robles Ojeda

> La familia no cesa de transformarse: está inscrita en la historia, atravesada por la historia. Si cambia, es porque nuevos usos llegan a imponerse, es decir, porque nuevos actores llegan a imponerse [...] conviene reemplazar el análisis de la definición por el estudio de los usos. La verdad de la familia no está más inscrita en la eternidad de las categorías del estado que en el cielo platónico de las ideas abstractas; las familias se encarnan en las prácticas. Son, por lo tanto, susceptibles de cambio.
>
> ÉRIC FASSIN (2005, p. 69).

Introducción

> El discurso histórico que concibe el devenir como una totalidad lógica, evolutiva, única y centralizada, está siendo fuertemente cuestionado en la actualidad [...] cada vez son más profundas las elaboraciones en torno a la diversidad. Una de las metáforas más afortunadas es, a mi juicio, aquella que la describe como un bosque, en el que las y los historiadores cuentan historias que son como itinerarios a través de un "campo objetivo" de conocimientos. Por ende, no es posible reunir todos los puntos de vista. No existe el superhistoriador(a) que pueda reunir todas las perspectivas. Hemos de elegir un itinerario para cruzar el bosque.
>
> LUZ ALEJANDRA CÁRDENAS (2006)

Me gustaría empezar este capítulo invitando al lector a realizar el siguiente ejercicio:

Imagínese que ha sido seleccionado para ilustrar la portada de este libro que trata acerca de las familias, por lo que se le pide que proponga una imagen de lo que para usted representa a la familia. ¿Qué imagen utilizaría? Ya que tenga seleccionada esta imagen, me gustaría que reflexionara acerca de lo siguiente: ¿por qué eligió esta imagen?, ¿por qué cree que esta imagen sería la que mejor representa el modelo típico de familia?, ¿cómo eligió a los integrantes que la conforman y las actividades que realizan en esta imagen?, ¿pensó en otros tipos de familias?, ¿qué pensaría acerca de la inclusión de la imagen de una familia diferente de la suya?

Sin duda alguna, todos estos cuestionamientos nos conducen a reflexionar acerca de nuestro modelo personal de lo que consideramos es una familia. Seguramente si comparáramos la imagen seleccionada por otros lectores, encontraríamos diferencias entre las diversas propuestas; por ejemplo, en mi experiencia, al plantear este ejercicio a algunos de mis alumnos he encontrado un sinnúmero de configuraciones familiares: con uno o más hijos, con madres dedicadas al hogar o vestidas con ropa de oficina, aquellas que incluyen a abuelos, tíos, primos, mascotas o que tienen un origen étnico diferente, etcétera. Esta diversidad de imágenes de la familia se ha presentado también a lo largo de la historia en las principales disciplinas que se han encargado de estudiarla.[1] En la primera parte se presentará la perspectiva antropológica, caracterizada por la búsqueda del origen y evolución de la familia desde las épocas primitivas hasta nuestros días; en la segunda parte se comentarán los diversos enfoques sociológicos, caracterizados por concebir a las familias como producto de las necesidades sociales de una época determinada, y en los que el modelo predominante de familia permitía el mejor funcionamiento de las personas en cada contexto social e histórico; y finalmente se revisarán las explicaciones surgidas del ámbito psicológico, empezando por la teoría psicoanalítica, la cual analiza a la familia desde una perspectiva individual, para pasar a la explicación de los diversos modelos que dan importancia a los aspectos interaccionales, sistémicos y contextuales.

Visión antropológica de las familias

Los primeros intentos de explicación de un posible origen común de la familia fueron elaborados a fines del siglo XIX por diversos antropólogos y científicos sociales. De acuerdo con esta visión, la familia nuclear y monogámica –compuesta por un padre, una madre y dos o tres hijos de ambos– se concebía como una forma "superior" a otros tipos de estructuras

---

[1] Es importante mencionar que, tal y como se menciona en la cita inicial de Luz Cárdenas, cualquier intento por contar una historia –o "la historia"– acerca de un tópico debe entenderse sólo como una perspectiva del autor, entre un sinnúmero de perspectivas que pueden ser ofrecidas por otros autores, por lo que la clasificación realizada en este capítulo debe considerarse como una visión personal del autor. Con base en esto, se invita al lector interesado en profundizar en las diversas aproximaciones teóricas presentadas a lo largo de este capítulo a remitirse a las referencias bibliográficas que se mencionan al final del mismo.

familiares (Gracia y Musitu, 2000; Meler, 1998). Desde esta perspectiva antropológica se plantearon dos conjuntos de teorías principales: las que pensaban que el origen de la familia se encontraba en tribus u hordas y las que postulaban que la familia monogámica era una institución universal presente a lo largo de toda la historia humana.

La teoría evolucionista

Autores como Bachofen, Morgan y Engels identifican, como fase previa a la aparición de algún tipo de estructura familiar, una etapa denominada de "promiscuidad sexual" o de "intercambio sexual sin trabas" (Andrée, 1974; Gracia y Musitu, 2000), durante la cual diversas sociedades vivían en grupos u hordas, en los que, tanto las mujeres como los hombres podían tener múltiples parejas sexuales dentro del grupo, por la inexistencia de algún tipo de regulación de las relaciones conyugales. Es a partir de esta fase inicial que se puede identificar –de conformidad con esta perspectiva evolucionista– una serie sucesiva de etapas donde aparecerán diversas regulaciones que llevarán a la formación de la familia monogámica. Dichas etapas pueden resumirse de la siguiente manera:

a. *Familia consanguínea.* Se introduce una primera regulación sexual en los grupos: la prohibición del intercambio sexual entre padres e hijos –tabú del incesto–, aunque sigue permitiéndose entre los hermanos.
b. *Familia punalúa.* La prohibición de intercambio sexual entre padres e hijo se amplía a las relaciones entre hermanos; a su vez, aparecen los matrimonios entre diversos grupos.
c. *Familia sindiásmica.* Aparece como estructura común la unión de un hombre con una sola mujer, aunque es frecuente la poligamia e infidelidad del hombre, así como la disolución del vínculo conyugal; ante esto, los hijos quedan al cuidado de la madre, por lo que la filiación es de tipo matrilineal.
d. *Familia monogámica.* La unión entre un hombre y una sola mujer se basa en el poder económico del primero. En este grupo, la filiación es de tipo patrilineal.

Las teorías antropológico-evolucionistas sufrieron diversas críticas; entre las más importantes se encuentran las relacionadas con el planteamiento de que las fases de evolución familiar eran de carácter universal y que todas las sociedades debían haber pasado por éstas para alcanzar el estado superior de la familia monogámica. Estas críticas fueron apoyadas por investigadores que mencionaban la existencia de familias monogámicas en diversos grupos con características económicas y socioculturales de las etapas previas a esta estructura familiar,[2] es decir, que no habían pasado por esta serie de etapas.

La teoría de la familia como una institución universal

Es a principios del siglo XX cuando diversos investigadores mencionan que hay indicios importantes para plantear la existencia de la familia basada en una estructura conyugal y monogámica a lo largo de toda la historia de la humanidad, lo que los lleva a desechar la teoría planteada por la visión evolucionista. Entre estos investigadores se encuentra el antropólogo Bronislaw Malinowski, quien concibe el origen de la estructura familiar a partir de la necesidad que tienen los hijos de la especie humana de ser protegidos por sus padres por un largo tiempo –a diferencia de otras especies (Collier, Rosaldo y Yanagisako, 2001; Fox y Luxton, 2001). Malinowski pensaba que la familia monogámica tenía las características ideales para proporcionar los requerimientos de cuidado, protección, alimentación y socialización, permitiendo con ello el conveniente desarrollo de las generaciones más jóvenes, lo cual propiciaba el funcionamiento adecuado de cualquier sociedad. Otros investigadores apoyaban esta afirmación acerca de la familia como estructura universal; entre ellos Claude Lévi-Strauss, quien, a partir de sus investigaciones, identifica una pauta universal de la división sexual del trabajo y retoma la hipótesis de la prohibición del incesto –ya mencionada en la teoría de la promiscuidad sexual–, la cual

---

2 Gracia y Musitu (2000) mencionan que en la investigación realizada por Gough, en su libro *El origen de la familia*, se "revisa la estructura familiar de tribus que viven actualmente de la caza y la recolección y que, dado su nivel de desarrollo tecnológico (el más bajo que existe), tendrían, según el esquema unilineal, algún tipo de matrimonio por grupos. Sin embargo, todos los pueblos cazadores y recolectores viven en familias conyugales, no en reordenamientos sexuales comunitarios, y el apareamiento es individualizado" (pp. 41-42). A su vez, diversos autores (Gough, 1974; Gracia y Musitu, 2000, Meler, 1998) mencionan la existencia de grupos humanos contemporáneos –como los nayar de la India– con una estructura social desarrollada en la que se observa una ausencia casi total de la estructura familiar monogámica y que, incluso, practican el matrimonio por grupos

ya había sido incorporada anteriormente por Sigmund Freud en su enfoque psicoanalítico (Meler, 1998).

Esta teoría recibió también diversas críticas debido a que varias investigaciones ponían "en tela de juicio" la existencia del modelo de familia monogámica a lo largo de toda la historia. Por ejemplo, en el contexto de las sociedades occidentales, algunos investigadores sugieren que la familia monogámica puede identificarse con claridad sólo a partir de la época clásica en Grecia y Roma; en este sentido, el historiador Jesús Arzate (2005) comenta:

> Platón consideraba deber de todo individuo la continuación de la descendencia dentro del matrimonio, pues el hombre no debe cohabitar más que con la mujer que ha entrado en su casa con santas ceremonias. Entre los romanos el matrimonio legítimo se encontraba bien diferenciado de otras uniones inferiores características de los grupos subalternos. Su originalidad recaía en el mutuo consentimiento, la estabilidad de la sociedad conyugal y el deseo de tener hijos. Esta concepción será fundamental para la historia de la institución en Occidente, sobre todo por su influencia sobre el matrimonio cristiano (p. 29).

Con respecto a su carácter universal, la crítica surgió de la presencia de evidencias relacionadas con la existencia, en muchas sociedades, de configuraciones familiares distintas de la monogámica; por ejemplo, la poligamia oriental, en la cual "El Corán permite a un hombre cuatro esposas legítimas y todas las concubinas que quiera" (Arzate, 2005, p. 28) o las prácticas de poligamia y concubinato realizadas por el pueblo judío en la época patriarcal.

Visión sociológica de las familias

Las críticas realizadas a estas perspectivas antropológicas condujeron a desechar la búsqueda científica de un origen único de la familia, lo cual a su vez llevó a un auge de las explicaciones sociológicas que de forma general explicaban la presencia de un tipo predominante de estructura familiar, ya que era la más eficaz en el cumplimiento de ciertas funciones que permitían que individuos y sociedad tuvieran un desarrollo óptimo. A continuación se comentarán algunas de estas teorías en tres etapas principales: la premoderna, la moderna y la posmoderna.

Época premoderna: la familia como unidad doméstica

Durante el auge de la Edad Media –del siglo X a finales del siglo XII–, el sistema económico imperante era el feudal, caracterizado por sociedades centradas en actividades agrícolas efectuadas en tierras que eran propiedad de los grandes señores feudales, los cuales las "cedían" a sus siervos para que las trabajaran. Además de las labores en el campo se realizaban actividades de tipo artesanal, aunque su relevancia era secundaria respecto de las tareas de explotación de la tierra, actividad económica primordial en esa época (Andrée, 1974; Perinat, 2003). De acuerdo con Germani (1967) pueden identificarse dos rasgos esenciales en las familias premodernas:

a. *La familia era una unidad de producción* en la que la gran mayoría de las actividades –laborales, educativas, recreativas, etc.– se realizaba dentro del hogar.
b. *Los grupos familiares estaban inmersos en una sociedad con un funcionamiento simple,* integrada por dos principales instituciones: la comunidad local –conformada por extensos grupos de parentesco– y la Iglesia, que pueden considerarse como extensiones de la familia.

Debido a que los aspectos laborales y sociales se realizaban dentro del grupo familiar, éste presentaba características especiales: existía un alto índice de natalidad –cada familia tenía entre seis y diez hijos, en promedio–; sin embargo, también se presentaba un mayor índice de mortalidad –muchos niños fallecían en el periodo de infancia temprana y la expectativa de vida era mucho menor que en la actualidad–; en lo referente al aspecto estructural, por lo común eran familias numerosas, constituidas por un gran número de niños de corta edad, así como numerosos parientes –ascendientes y colaterales.

Acerca del valor que tenían en esta época las actividades realizadas por cada uno de los integrantes del sistema familiar –en especial las mujeres– y algunos factores que contribuían a su extenso número de integrantes, se menciona lo siguiente:

> Las mujeres premodernas, que colaboraban como familiares no remunerados con sus maridos en la unidad doméstica, desempeñaron junto con sus funciones reproductivas y sexuales numerosas tareas productivas. Si bien la jefatura de la familia y del trabajo era masculina, sus aportes económicos fueron significativos y esa circunstancia les permitió detentar un estatuto de cierta consideración

> [...] Las familias campesinas han sido extensas, debido a que el trabajo rural se realiza con el concurso de los familiares. En esos contextos preindustriales la elevada fecundidad fue un recurso adecuado para subsistir, ya que los niños eran futuros trabajadores rurales (Meler, 2006).

En resumen, podemos caracterizar al grupo familiar de las sociedades occidentales durante la época premoderna de la siguiente manera: su estructura estaba caracterizada por familias extensas que comprendían tres o cuatro generaciones y un número extenso de hijos en cada generación –por lo general tres o cuatro hijos vivos–; en lo referente a sus funciones, aunque pueden encontrarse diferenciadas por sexo y edad, todas las actividades de cada uno de los integrantes del sistema familiar eran realizadas mayoritariamente en el ámbito del hogar y valoradas de manera significativa.

Época moderna: la familia en la era industrial

Aunque se puede ubicar a la modernidad como una etapa que dominó en el mundo occidental desde el siglo XIX y que tuvo su auge en el siglo XX, sus orígenes pueden identificarse a partir del desarrollo tecnológico que caracterizó a la época de la revolución industrial; a este respecto, Parry (2001) comenta lo siguiente:

> Con el término modernidad me refiero a ese desarrollo de la sociedad occidental que tuvo sus comienzos a principios del siglo XVI[,] con la creciente conciencia de la existencia de un Nuevo Mundo del otro lado del océano hacia el oeste, [que] se consolidó en el siglo XVIII, dominó en el siglo XIX y se agotó en el siglo XX. Se caracterizó por un proceso acelerado de liberación del individuo de las restricciones tradicionales a la elección personal: la religión establecida, la clase social inamovible, etc. (p. 318).

¿Qué cambios se produjeron a partir de la revolución industrial que impactaron en los sistemas familiares? Entre los principales cambios ocurridos en esta época se pueden mencionar la aparición de grandes ciudades, el auge de los sistemas de comunicación, la aparición y consolidación de diversos organismos –como la escuela, las fábricas, las instituciones políticas, gremiales, asistenciales, etc.– encargados de realizar actividades que se confiaban a la familia en la etapa preindustrial (Germani, 1967). Sin duda, este proceso de industrialización va a producir una transformación en las formas de vida familiar, disminuyendo paulatinamente las que funcionaban como unidades de producción; en este sentido, Perinat (2003) describe de la siguiente manera las principales diferencias entre el grupo familiar en la época premoderna y el característico de la era moderna:

> El primero está ligado a la tierra como bien material y simbólico; la unidad es la familia-hogar, a cuya pervivencia todos los miembros deben contribuir [...] En contraste, la familia que se delinea en los siglos XVIII y XIX en las clases pudientes basa su status social no en la posesión de la tierra (aunque ésta sigue siendo simbólicamente un bien preciado), sino en actividades profesionalizadas: producción, gestión, administración, etc. Esta profesionalización la detenta el cabeza de familia, con lo cual se convierte en la única fuente de recursos (monetarios) (p. 40).

Todos estos factores provocan, a su vez, transformaciones en la estructura y la dinámica familiares: se consolida una división del trabajo entre hombres y mujeres, predomina el tipo de familia nuclear, disminuyen progresivamente los índices de natalidad y mortalidad. Estos cambios van sosteniéndose en los últimos siglos, de tal manera que a principios del siglo XX el modelo arquetípico de la familia correspondía al tipo nuclear, basado en una división sexual del trabajo, que presentaba las siguientes características:

> [...] formada por la pareja de esposos que reside en un hogar independiente con sus hijos no emancipados. La familia conyugal se funda en una división sexual del trabajo que mantiene la hegemonía formal del sexo masculino sobre el femenino, puesto que asigna los roles asociados con la crianza, el cuidado de los hijos y la realización de las tareas específicamente domésticas a la mujer y el papel de "proveedor" de los medios económicos al hombre (Tuirán, 2001, pp. 24-25).

A continuación se comentarán dos perspectivas –la estructural-funcionalista y la basada en el compañerismo– que tratan de explicar la satisfacción de las necesidades por medio de este modelo dominante de familia en la época moderna. Es importante mencionar que con este tipo de perspectivas fue que se sobrevaloró dicho modelo familiar, considerándolo como el "ideal" y devaluando a todo aquel que no se le apegara.

La perspectiva funcional-estructuralista

Una de las perspectivas sociológicas en torno de la familia que tuvo mayor presencia en el siglo XX fue la perspectiva funcional-estructuralista, la cual concebía a "la familia" como una unidad doméstica que debía responder a la tradicional familia nuclear basada en la división sexual del trabajo. El sociólogo francés Emile Durkheim fue, sin lugar a dudas, quien planteó las principales ideas que constituirían esta perspectiva (Andrée, 1974; Steel y Kidd, 2001). Este autor explicaba que todo hecho social debería entenderse como consecuencia de una causa de tipo social; esto también se aplicaba para entender la existencia predominante de la familia conyugal, basada en el matrimonio, la cual, de acuerdo con Durkheim:

> Es el resultado [...] de la ley de contracción progresiva que resume la evolución de la familia: es un proceso centrípeto que va de la periferia al centro, de tal manera que es el agrupamiento doméstico que emerge del agrupamiento político y no el político que ha surgido por dilatación del doméstico (Andrée, 1974, p. 34).

Según Durkheim, la paulatina expansión de la sociedad era el factor causante de la contracción de la familia, la cual iba adoptando nuevas formas de estructura y dinámica que eran las más adecuadas para un determinado tipo de sociedad. En términos generales, los sociólogos que basan su perspectiva en las ideas estructuralistas de Durkheim apoyan esta hipótesis al afirmar que la división sexual del trabajo es importante y necesaria para responder a las necesidades de carácter social, lo cual, mencionan, se ha presentado en un sinnúmero de grupos existentes a lo largo de la historia. Un ejemplo de esto serían las sociedades primitivas en las que los hombres se dedicaban a las actividades de la caza y las mujeres a las de recolección y mantenimiento del fuego (Gracia y Musitu, 2000). A continuación se mencionan los aspectos más relevantes de dos representantes de esta perspectiva: George Murdock y Talcott Parsons.

Murdock es un sociólogo que, a partir de una investigación realizada en 250 sociedades, llega a afirmar la existencia de la "universalidad" de la familia nuclear y de cuatro funciones específicas que responderían a las necesidades básicas presentadas en todas las sociedades humanas: sexual, reproductiva, económica y educativa. Las dos primeras funciones proveían de nuevos integrantes a la sociedad, eran indispensables para evitar la extinción de la misma y, por ello, requerían la sociedad conyugal de un hombre y una mujer; la tercera proveía de recursos a la familia para que pudiera existir, y, finalmente, la función educativa era indispensable para la socialización y el aprendizaje de aspectos básicos de sus nuevos integrantes; en este sentido se afirmaba que la división sexual del trabajo era la forma ideal para cumplir estas funciones (Spiro, 1967; Steel y Kidd, 2001). De acuerdo con este autor, en ninguna sociedad –o por lo menos en ninguna de las 250 que formaron parte de su investigación– se encontraron indicios de algún tipo de estructura que pudiera sustituir a la familia nuclear para asumir estas cuatro funciones básicas.

Por su parte, Parsons describe a la familia como una estructura basada en funciones especializadas; en tal sentido, retoma la postura de Malinowski acerca de la división sexual del trabajo. Parsons concibe este tipo de estructura familiar como algo "natural" y deseable para el buen funcionamiento del individuo y la sociedad, y a la vez afirma que ante cualquier conflicto que ponga en peligro las características "normales" de la familia, ésta reaccionará emprendiendo acciones que le permitan recuperar su estructura original.

Desde esta perspectiva se puede comparar a la familia con una computadora que a lo largo del tiempo ha perfeccionado sus funciones; en este sentido, Parsons menciona que, a lo largo de la historia, los integrantes de la familia también han perfeccionado dichas funciones hasta llegar a la época moderna en la que asumen dos funciones básicas: la socialización primaria de los niños y la estabilización de la personalidad adulta. Esto se logra a través de roles altamente especializados en los que:

> La función femenina dominante sería la de ama de casa, esposa y madre, que además se ocuparía de las necesidades emocionales de los miembros de la familia, mientras que la función esposo/padre sería la de proveer los recursos a la familia. El marido y padre sería, por lo tanto, el líder instrumental en la familia normal, mientras que la esposa y madre desempeñaría el liderazgo expresivo. Para Parsons esta diferenciación [...] constituía uno de los principales mecanismos para impedir una competencia entre los cónyuges potencialmente destructora [y...] para la conservación de la solidaridad en la relación de matrimonio (Gracia y Musitu, 2000, p. 129).

Parsons afirma que la familia está incluida entre las estructuras de nivel superior, como los sistemas laborales, educativos, religiosos, etc., que a su vez conforman a la sociedad; debido a esta razón, los seguidores de dicha perspectiva pensaban cuán imperativo era que los integrantes de la familia cumplieran con estas funciones específicas, ya que así coadyuvaban al buen funcionamiento de las diversas estructuras sociales. Así, desde este punto de vista se designaba a la familia conyugal como "funcional" y cualquier configuración o dinámica familiar que se alejara de este patrón podía ser considerada como potencialmente "disfuncional".[3] Dentro de este mismo planteamiento estructuralista-funcional se presentan las principales críticas y voces de alerta ante los cambios de roles y funciones de los miembros de las familias, por considerar que conducirían a una grave crisis del grupo familiar y, por añadidura, a un enorme deterioro de la sociedad.

La familia basada en el compañerismo

Además de la perspectiva funcionalista, aparece un movimiento ideológico que enfatiza la función protectora de la familia. Como se ha mencionado anteriormente, debido a las necesidades creadas por la era industrial es que la familia entra en un periodo de crisis, ya que deja de ser una unidad en la que cada uno de sus integrantes cumplía una función específica dentro del hogar, y ahora varios de sus integrantes –en su mayoría, los hombres adultos– debían abandonarlo para laborar en fábricas o talleres, se empezó a dar énfasis especial al cuidado de los niños pequeños, lo que llevó a prohibir el trabajo infantil, a darle importancia a la educación de forma generalizada y a los cuidados proporcionados por los padres. Todos estos factores sociales provocaron la necesidad de replantear la manera de conceptualizar a la familia:

> La característica distintiva de la nueva familia será el afecto. La nueva familia será más complicada, con normas más estrictas que ponen a prueba el carácter mucho más seriamente, pero ofrecerá cosechas más provechosas para la satisfacción de las necesidades humanas. No parece probable que la familia recupere las funciones que ha perdido. Pero… aún puede producir felicidad (Fass, 1977, en Leahey, 2005, p. 443).

---

[3] Sin embargo, esta estructura familiar no corresponde a las diversas realidades que se han encontrado a lo largo de la historia; un ejemplo de esto es que, en México, durante la primera mitad del siglo XIX, si bien se consideraba que el "destino natural" de la mujer era ser madre dentro de un matrimonio, existía un índice considerable de madres solteras –entre 18 y 33% de los nacimientos eran de mujeres solteras (Tuñón, 1998).

En síntesis, ante la ruptura del sistema familiar como unidad doméstica, se empieza a concebir a la familia como un grupo social que tiene la función primaria de proporcionar afecto y protección a cada uno de sus integrantes y de manera especial a sus miembros más jóvenes; esto implica aislar a la unidad familiar de cualquier peligro externo que existiera en la sociedad, por lo que es deber de los miembros adultos de la familia "proteger de la intrusión ajena, por medio de la privacidad y el aislamiento *de sus miembros más jóvenes o indefensos*" (Shorter, 1977, en Meler, 1998, p. 47, las cursivas son mías). De acuerdo con Tuirán, desde esta perspectiva se considera a la familia como un "santuario íntimo frente a un mundo público, impersonal, competitivo, frío y despiadado [...] como unidad aislada, autosuficiente, autónoma, impermeable a influencias externas" (Tuirán, 2001, p. 25), lo cual conlleva la construcción de diversos mitos en torno del grupo familiar –como el de "la armonía familiar"– que impedían identificar diversas problemáticas que se generaban en su interior debido a diferencias de edad, género o conflictos de poder o emocionales, entre otros.

Crítica a la visión funcionalista y solidaria de la familia

Entre las principales críticas a la perspectiva funcionalista se encuentran los datos proporcionados por diversas investigaciones (cf. Castañeda, 2002; Eisler, 1990, 2000) que afirman la inexistencia universal de las funciones familiares consideradas como básicas para cualquier sociedad, especialmente la que afirma que el buen funcionamiento de la familia recaía en una división sexual del trabajo. Otra crítica, dirigida tanto a los autores que se adherían a la perspectiva funcionalista como a los que veían el sistema familiar nuclear como el grupo ideal para proporcionar afecto y compañerismo, era que ambos presentaban una imagen extremadamente positiva de la familia,[4] en la que cada uno de sus integrantes cumplía con sus funciones de manera armoniosa, proporcionándoles los requerimien-

[4] A esta imagen ideal se le ha llamado "familia Kellogs" o "familia *corn flakes*" (Steel y Kidd, 2001), debido al tipo de familia que se presenta en los diversos avisos comerciales de estos productos, en los que se observa a la clásica familia nuclear –padre, madre y dos o tres hijos– conviviendo en armonía durante el desayuno y donde se muestra el afecto y cuidado que se proporciona en el seno familiar. Este cuadro familiar es retomado también en un sinnúmero de series televisivas y películas durante las primeras décadas de la segunda mitad del siglo XX (Coontz, 2001).

tos sociales y afectivos principales. Esta imagen idealizada de la familia empezó a ser cuestionada a lo largo del siglo XX por diversas perspectivas teóricas que mostraban "el lado obscuro" de la familia (Finkelhor, Gelles, Hotaling y Straus, 1983; Steel y Kidd, 2001). Entre estas teorías –que fueron conformando lo que posteriormente sería la visión posmoderna de la familia– se encuentran las perspectivas marxistas, feministas, el movimiento antipsiquiátrico y el pensamiento foucaultiano, teorías que se comentarán brevemente en el siguiente apartado.

Época posmoderna: múltiples familias

El auge de la época posmoderna se ubica a partir de la segunda mitad del siglo XX. Este movimiento puede concebirse como una crítica a la modernidad debido a su concepción de las diversas situaciones sociales, culturales, históricas, etcétera. La crítica posmoderna implica lo siguiente:

> La condición posmoderna podría describirse [...] como una en la cual las creencias fundacionales (en cosas tales como Dios, una realidad objetiva, una verdad) fueran consideradas ellas mismas constrictivas, no sólo del comportamiento individual sino también de las oportunidades de expresión y de elección de grupos que tradicionalmente han sido marginados (mujeres, personas de color, *familias que se separan del modelo dominante –conyugal y monogámico–*, gays y lesbianas), al menos en parte, por algunas de esas creencias (Parry, 2001, p. 319; las cursivas son mías).

La posmodernidad supondría el fin de los grandes relatos, incluidos aquellos en los que las familias son reducidas a un solo tipo de modelo "ideal", minimizando la importancia de cualquier otro tipo de familia que no concordara con el propuesto por la "versión oficial". Históricamente se puede considerar a Nietzsche como uno de los primeros autores que critican las visiones únicas de la realidad. Dice Nietzsche:

> La verdad objetiva de la ciencia, que para Kant es el fundamento de su deducción, es una creencia inventada, que tomamos por verdadera porque la necesitamos para vivir y sobrevivir. Nada prueba que nuestras categorías sean universales y necesarias; les tenemos confianza porque no podríamos vivir sin ellas, pero "la vida no es un argumento" (en Ovejero, 2002).

Teorías que conforman la perspectiva posmoderna acerca de las familias

Como se mencionó al final de la sección anterior, durante la segunda parte del siglo XX –y con mayor presencia a partir de la novena década– es que se incorporan diversas perspectivas teóricas que enfatizan la importancia de tomar en cuenta los contextos específicos de cada sociedad y cultura para describir a cualquier grupo humano, incluida la familia, y que presentan críticas importantes a las diversas teorías que a lo largo de la historia han tratado de explicar los orígenes, funciones y características de la familia. A continuación se presentan las principales críticas realizadas por algunas de estas perspectivas:

a. Teorías marxistas. Desde esta perspectiva se criticaba a la familia monogámica de las sociedades capitalistas, ya que se concebía como una reproducción a escala de las características opresoras de las sociedades modernas, basadas en la explotación de gran parte de la población a manos de quienes detentan el poder económico. De acuerdo con Engels, "la familia individual moderna se funda en la esclavitud doméstica o disimulada de la mujer [...] dentro de la familia hallamos al burgués (el hombre); la mujer representa al proletario" (en Michel, 1974, p. 30). Desde este punto de vista, se retoma la importancia de tomar en cuenta los factores sociales y económicos que influyen en las características de una relación.

b. Perspectivas feministas. Este punto de vista pone énfasis en las circunstancias que han propiciado que las mujeres vivan en condiciones de desventaja en todos los ámbitos sociales, incluido el familiar. Autoras feministas como Gavron y Oakley (cf. Steel y Kidd, 2001) destacan la forma en que el ámbito familiar está lejos de proporcionar un ambiente de seguridad, afectividad y desarrollo a la gran mayoría de las mujeres, y que, contrariamente, el estrés cotidiano, la falta de equidad, la restricción del desarrollo en áreas educativas y profesionales caracterizan la cotidianidad de una gran cantidad de "mujeres cautivas" en su vida familiar.

c. Movimiento antipsiquiátrico. Este movimiento –también conocido como "psiquiatría radical"– considera que diversas patologías o enfermedades que tradicionalmente se han atribuido a aspectos puramente biológicos o intrapsíquicos son producidas por fenómenos de índole social. En este sentido, autores como Laing o Bateson afirman que diversas características de la familia generan entre sus miembros conductas psicóticas o esquizofrénicas.

d. Pensamiento foucaultiano. Para Michel Foucault, filósofo francés que realizó la crítica de diversas instituciones surgidas en la época moderna –la escuela, las prisiones y los hospitales psiquiátricos–, éstas cumplen diversas funciones al servicio de las clases dominantes, como la vigilancia, la disciplina o el castigo de todas aquellas conductas que sean incompatibles con el "pensamiento oficial". Así, considerada como otra institución que debía cumplir con características determinadas por los grupos en el poder, es que la familia se ha impuesto en diversas épocas como "natural" o "funcional", con una determinada estructura, roles y conductas –incluidas las de índole sexual– a los que debía someterse cada uno de sus integrantes. De esta manera, históricamente se ha minimizado a todos aquellos grupos familiares que discrepaban del pensamiento dominante acerca de lo que debe ser una familia.

La emergencia de estas perspectivas fue posibilitada por un sinnúmero de transformaciones sociales que inevitablemente se vieron reflejadas en la estructura y dinámica de las familias; entre las más importantes se encuentran: mayor presencia de los llamados "nuevos" tipos de familias –monoparentales, reconstituidas, homoparentales, etc.–, aumento del índice de divorcios que, aunado al incremento de la expectativa de vida, provoca que una persona pueda permanecer sin pareja durante gran parte de su vida, o bien que integre numerosas parejas legalmente constituidas; disminución del número de hijos por familia, posibilitado por el desarrollo de los métodos anticonceptivos o por la existencia de familias que deciden voluntariamente no procrear; mayor apertura de las conductas sexuales dentro y fuera del matrimonio; posibilidad de que los integrantes de las familias asuman roles más flexibles, especialmente la mayor participación de la mujer en los ámbitos laboral y educativo (Beck-Gernsheim, 2003; Lasch, 1996; Meler, 1998; Steel y Kidd, 2001).

Esta tendencia asumida por las disciplinas que se ocupan de la familia se consolidó en la última década del siglo XX y la primera del siglo XXI. De acuerdo con Gracia y Musitu (2000), este periodo adquiere generalmente las siguientes características:

1. Reconocimiento de una diversidad de experiencias familiares, especialmente en grupos oprimidos y marginados que habían sido ignorados en los estudios clásicos sobre la familia. Este interés en las experiencias de los diversos grupos familiares influyó a su vez en una diversificación en las metodologías de investigación, especialmente en aquellas que estaban basadas en técnicas cualitativas.

2. Cambio paulatino en la forma de concebir las estructuras familiares, al pasar de la búsqueda de un modelo ideal o único de familia a una perspectiva que concibe la existencia de múltiples formas familiares.
3. Tendencia a dar importancia al contexto sociocultural para comprender no solamente las diversas formas de familia, sino las perspectivas teóricas que las abordan.
4. Propensión a dejar la tradicional dicotomía que separaba los ámbitos "públicos" y "privados" de la vida familiar y los aspectos teóricos y prácticos de la psicología.

En resumen, la perspectiva posmoderna concibe a cualquier persona o grupo desde múltiples aspectos, historias y puntos de vista, lo cual implica que las familias viven diferentes experiencias a partir de las diversas relaciones y formas de comunicación que establecen (Andersen, 2001), en contraste con la visión estática que la modernidad asignaba a esta entidad, circunscribiéndola a un solo tipo ideal; es decir, desde la perspectiva posmoderna ya no se puede pensar en "La Familia" como un tipo específico de grupo, sino en "familias" constituidas por una diversidad de estructuras y dinámicas en el seno de múltiples ámbitos sociales, culturales, regionales, etc., las cuales, además, no pueden ser evaluadas entre sí como "mejores" o "peores".

Cuadro 1.1. Perspectivas antropológicas y sociológicas acerca de la familia
• *Perspectivas antropológicas.* Intentan explicar un origen de la familia. Entre las principales teorías se encuentran: *a. La teoría evolucionista.* Plantea que la familia ha pasado por una serie de etapas hasta llegar a la configuración actual –conyugal y monogámica–, la cual es considerada como una fase "superior". *b. La teoría de la familia como una institución universal.* Postula que la familia nuclear monogámica es una estructura de tipo universal que ha existido a lo largo de la historia en la mayor parte de las sociedades. • *Perspectivas sociológicas.* Enfatizan los aspectos de un modelo único o ideal de familia, el cual responde a las necesidades de un contexto social en una época determinada. En la historia reciente se pueden identificar tres tipos de familia asociados a los siguientes periodos históricos: *a. Época premoderna o preindustrial.* Puede considerarse a la familia como una unidad doméstica, ya que las actividades principales eran realizadas por hombres y mujeres –de forma diferenciada– dentro del hogar. *b. Época moderna.* Las actividades familiares empiezan a diversificarse, lo que provoca que la familia se base en una división sexual del trabajo. *c. Época posmoderna.* Debido a la confluencia de diversas situaciones sociales y perspectivas teóricas se deja de pensar en la familia como una estructura basada en un modelo normativo. En esta etapa se considera la existencia de múltiples tipos de familia.

Visión psicológica de las familias

Antecedentes

Anteriormente al nacimiento formal de la psicología como disciplina científica –durante la era premoderna o romántica–, las principales disciplinas que se encargaron de dar explicaciones acerca de la familia fueron la filosofía y la religión. Esto se modificó durante la era industrial debido al auge que tuvieron las ciencias en todas las áreas del conocimiento, pues aparecían como la solución a los problemas del ser humano en los diversos ámbitos de la vida. Es en esta época, a finales del siglo XIX, cuando la psicología llega a su mayoría de edad, pues adquiere formalmente su estatus de "ciencia" y empieza a tener un lugar predominante en la explicación de diversos aspectos de la mente y la conducta humanas. En los inicios de ese siglo se consideraba que la psicología debía ser primordialmente científica y estar encaminada a la investigación teórica; sin embargo, poco a poco se dio un crecimiento de la llamada psicología profesional, que aplicaba los diversos conocimientos psicológicos en diferentes ámbitos de la vida cotidiana, entre ellos la orientación a individuos y familias. Estas circunstancias, aunadas a la llamada "crisis familiar" existente desde los inicios de la era industrial –época en la que, como ya se mencionó, se empezó a concebir que las funciones paternas, en especial el rol de la madre, debían considerarse como una especie de "carreras profesionales"–, contribuyeron a la necesidad de que las familias buscaran asesoría con los expertos de las llamadas "profesiones asistenciales" para tener un buen desempeño en cada uno de sus roles (Lash, 1996; Leahey, 2005). En esta misma línea de pensamiento, Lash comenta lo siguiente:

> Los guardianes de la salud pública y de la moral insistieron en que la familia no podía satisfacer sus propias necesidades sin la intervención de expertos. De hecho, algunos de ellos tenían tan poca confianza en la familia que propusieron transferir sus funciones socializantes a otros agentes; otros simplemente quisieron mejorar la calidad de la vida familiar por medio de ambiciosos programas de "educación para padres", asesoramiento matrimonial y asistencia social psiquiátrica (1996, p. 36).

A esto se debió que durante el siglo XX empezaran a aparecer de manera vertiginosa diversas propuestas psicológicas que intentaban auxiliar a las familias en la solución de las numerosas problemáticas que enfrentaban en su vida cotidiana. Surgen así las clínicas de orientación infantil, los asesores o consejeros matrimoniales y el interés por estudiar lo que ocurría en los grupos familiares, lo que permitió que se desarrollaran nuevos enfoques terapéuticos. Antes de revisar estas nuevas perspectivas, que se basan en premisas interaccionales, cibernéticas y posmodernas acerca de las familias, comentaremos la perspectiva psicoanalítica.

Perspectiva psicoanalítica de Sigmund Freud

Como ya se mencionó, las principales teorías antropológicas que planteaban un origen de la familia eran: *a.* la evolucionista, que consideraba a la familia monogámica como una estructura superior tradicional surgida de una serie de fases a lo largo de la historia y, *b.* las que afirmaban que la familia es una institución de tipo universal, ya que se pueden identificar patrones idénticos en la gran mayoría de las sociedades a lo largo de la historia. Estas nociones son retomadas por la teoría psicoanalítica de Sigmund Freud, la cual tuvo una presencia dominante en el ámbito de la psicología durante gran parte de la primera mitad del siglo XX. Al igual que los evolucionistas, Freud plantea la existencia de etapas en el desarrollo de la familia y de estructuras de tipo universal. En 1913, en su obra *Tótem y tabú*, menciona que en épocas primitivas existían grupos u hordas liderados por un "macho dominante", quien monopolizaba a las hembras del grupo; tal situación luego provocaría conflictos entre el líder y sus propios hijos por la posesión de las mujeres –lo que podía desembocar en el asesinato del primero a manos de estos últimos– y traería como consecuencia la regulación sexual en los grupos mediante la cual se prohibiría el intercambio sexual entre padres e hijos y, posteriormente, entre hermanos con el fin de evitar el parricidio y el incesto. Esto se relaciona con la creencia de diversos pueblos acerca de que un animal les dio origen y, por lo tanto, la prohibición de hacerle daño o de comerlo; de acuerdo con Freud, este animal totémico es la representación simbólica del "padre dominante originario" al que se le profesa amor, pero, a la vez, odio y temor. Estos sentimientos ambivalentes van a conformar una estructura de carácter universal concebida por Freud y a la que denominó "complejo de Edipo".

Las críticas al planteamiento psicoanalítico se dirigen a la universalidad del origen de la familia (vea la sección relativa a la visión antropológica), así como a la visión extremadamente individualista, intrapsíquica y determinista con que aborda el estudio de grupos sociales como la familia. Estas limitaciones para emprender el estudio de las problemáticas que se presentan en las familias llevaron a varios psicoanalistas a buscar alternativas diferentes en su trabajo terapéutico. Entre los psicólogos que empiezan a trabajar de manera cotidiana con grupos familiares –en lugar de poner su foco de atención en el individuo– se encuentran Nathan Ackerman, Murray Bowen y Carl Whithaker (Hoffman, 1987). Sin lugar a duda, su trabajo impactó de manera importante el de otros psicólogos, aumentando el interés por el quehacer terapéutico con las familias.

De una perspectiva individual a una perspectiva sistémica familiar

La perspectiva psicoanalítica –revisada en el apartado anterior– sería la reinante en las primeras décadas del siglo XX en el ámbito de la psicología; sin embargo, a partir del segundo tercio de ese siglo empiezan a aparecer diversas propuestas psicológicas que otorgan importancia al estudio de los contextos en que se encuentran las familias, así como a las interacciones de cada uno de sus integrantes, en lugar de centrarse en un conjunto de preceptos de carácter universal. Respecto de las familias, estos modelos desplazaron su foco de atención de la idea que las concibe como conjuntos de individuos "aislados" a la de pensarlas como individuos –trátese de padres, madres o hijos– que forman parte de una totalidad –sistema familiar, comunal, social, etcétera. Al igual que las perspectivas sociológicas, estos enfoques interaccionales presentan diversas modalidades en las etapas moderna y posmoderna. En apartados anteriores ya se comentaron algunas características de estas etapas, por lo que en los párrafos siguientes sólo se mencionarán algunos de los aspectos relevantes en el ámbito específico de la psicología.

Etapa moderna

Sin duda alguna, las ideas asociadas a la modernidad posibilitan el ascenso de las diversas profesiones asistenciales que se encargan de explicar y resolver las diversas situaciones que se presentan en las familias. La modernidad implica una búsqueda del progreso basada en verdades absolutas, relatos y discursos oficiales emanados de diversas disciplinas científicas; en ella se pone énfasis en la existencia de una realidad objetiva que puede ser "controlada" e identificada mediante la observación de la misma (Gergen y Kaye, 1996). Las explicaciones acerca del mundo y sus diversos aspectos se realizan por medio de lenguajes oficiales basados en un "conocimiento objetivo y real"; es decir, tales lenguajes representan a la realidad objetiva.

En lo referente a la psicología –y, de manera específica, la manera en que se entiende al grupo familiar–, la perspectiva moderna la lleva a crear discursos científicos acerca de su buen o mal funcionamiento, diagnósticos, intervenciones y pronósticos oficiales a partir de teorías, manuales de diagnóstico, pruebas psicológicas y "modelos funcionales" de familia que reflejan la ideología oficial, "verdadera" y "objetiva" de la disciplina. Es así como los diversos modelos con influencia interaccional y sistémica que surgen en la modernidad consideran que la familia es un sistema susceptible de ser evaluado mediante el estudio y la observación de sus pautas de interacción, sus estilos de comunicación, y en el cual la posición de cualquier individuo puede ser identificada por un observador externo que tiene la capacidad de intervenir y modificar el sistema o estructura estratégicamente.

La influencia del interaccionismo simbólico

Uno de las principales antecedentes para empezar a concebir a la familia desde una perspectiva interaccional y sistémica se puede identificar en el movimiento del interaccionismo simbólico, el cual se desarrolló en la tercera década del siglo XX a partir de las ideas de varios representantes de la corriente de pensamiento conocida como pragmatismo: Charles Pierce, William James, John Dewey y George Herbert Mead (Gracia y Musitu, 2000; Lasch, 1996; Vargas, 2004). Desde esta perspectiva se propone realizar un análisis "microsociológico" de tipo interaccional, lo que implica limitarse exclusivamente a investigar las interacciones situadas dentro del grupo familiar que serían una síntesis del funcionamiento de grupos más amplios; esto se debe a que, desde este punto de vista, se destaca la importancia de entender los comportamientos de los individuos a partir de las interacciones que tienen con sus grupos más cercanos y al hecho de que dichas interacciones se manifiestan por medio de comunicaciones simbólicas. De acuerdo con esto, los diversos tipos de interacciones, significados y comportamientos de todas las personas van a ser preservados o transformados por todos los actores que intervienen en esta red interaccional; así, por ejemplo, lo que realice un padre o un hijo va a estar determinado, en gran medida, por las interacciones que éste tenga con su grupo familiar.

Se pueden identificar dos principales vertientes del interaccionismo simbólico, las representadas por las escuelas de Chicago y Iowa; en la primera de estas vertientes se enfatizaba la comprensión de las interacciones con base en una visión relacionada con el construccionismo social y mediante una metodología cualitativa, mientras que el enfoque de Iowa se centró en el estudio de los roles de los involucrados en esta red interaccional, asumiendo una perspectiva estructuralista basada en enfoques cuantitativos (Gracia y Musitu, 2000).

Las ideas planteadas por el interaccionismo simbólico ejercieron su influencia en varias figuras importantes de la considerada "primera generación" de terapeutas familiares, entre los que se puede mencionar a Salvador Minuchin y Don Jackson (Vargas, 2004), quienes desarrollaron diversos modelos relevantes para la comprensión de las familias y destacaron la perpsectiva interaccional. En los párrafos siguientes se comentarán algunas de las principales aportaciones realizadas por estos autores.

El modelo estructural de la familia

Salvador Minuchin desarrolla un enfoque terapéutico para trabajar con todo el sistema familiar. Los principales aportes de este modelo se pueden resumir de la siguiente manera: *a.* la concepción de que el grupo familiar completo es corresponsable de las problemáticas individuales identificadas en algún integrante de la familia, y de que es susceptible de ser transformado por estar en constante cambio, y *b.* la relevancia que se da a los aspectos social, cultural, económico, etc., en el desarrollo de estas problemáticas (Desatnik, 2004; Hoffman, 1987; Minuchin, 1977). En su modelo se percibe también la influencia de las corrientes estructural-funcionalista e interaccional-simbólica, al sugerir que la mayoría de los conflictos familiares surge como consecuencia de deficiencias en los roles que deben realizar sus integrantes. Esta influencia parsoniana se puede apreciar en el modelo normativo de "familia funcional", en el cual comúnmente se basaba Minuchin para realizar intervenciones terapéuticas:

> Una familia tendrá límites cerrados para proteger la intimidad de los esposos. El subsistema parental[5] tendrá límites claros entre él y los niños, mas no tan impenetrables que limiten el acceso necesario para unos buenos padres. El subsistema de hermanos tendrá sus propias limitaciones y estará ordenado jerárquicamente, de modo que se dé a los niños tareas y privilegios acordes con su sexo y edad, determinados por la cultura familiar. Por último, el límite en torno de la familia nuclear también será respetado, aunque esto dependa de los factores culturales, sociales y económicos (en Hoffman, 1987, p. 248).

Esta manera de concebir las funciones realizadas por cada uno de los integrantes de las familias provoca que el objetivo principal de la asesoría terapéutica sea la modificación de una estructura familiar "disfuncional" en otra de tipo funcional –en la mayoría de los casos concebida con las características del modelo normativo mencionado anteriormente. Para este fin, el psicólogo o terapeuta debe de evaluar e intervenir en el tipo de interacciones y en la jerarquía o estatus de poder que tiene cada uno de los integrantes.

Este modelo retoma la idea planteada por otros autores –como Glick, Duvall y Hill (Gracia y Musitu, 2000)– acerca de la posibilidad de identificar características comunes por las que atraviesa la familia a lo largo de su ciclo vital, las cuales son producidas por aspectos de índole biológica, social, cultural y psicológica. Concebir a la familia como un "ente" en desarrollo supone la idea de que ésta atraviesa por diferentes etapas o estadios que le plantearán diferentes retos o problemáticas, los cuales implican cambios de estructura, estilo de interacción, funciones de sus integrantes, etc., que a su vez determinarán el buen o mal funcionamiento de la misma. Minuchin y Fischman (1991) describen cuatro etapas en el ciclo de la familia:

---

[5] De acuerdo con este modelo, la estructura familiar está conformada por diversos subsistemas u holones. Los principales subsistemas descritos por Minuchin y Fishman (1991) en su libro *Técnicas de terapia familiar* son: *a. subsistema individual*, que incluye al individuo y las interacciones que tiene en su contexto actual, además de sus determinantes culturales e históricos; *b. subsistema conyugal*, el cual está conformado por una pareja que se une con el fin de formar una familia; *c. subsistema parental*, conformado por aquellas personas que en el sistema familiar se encargan de la crianza de los hijos y las funciones de socialización y que por lo general lo constituyen el padre y la madre, aunque a veces puede incluir a algún abuelo, tía o alguno de los hijos mayores, quienes asumen este rol; y *d. subsistema fraternal*, compuesto por los hermanos.

a. *Formación de la pareja*, caracterizada por el establecimiento del sistema marital, la diferenciación de cada uno de los integrantes respecto de la familia de origen y el replanteo de las relaciones con la familia extendida y los amigos.
b. *La familia con hijos pequeños* se caracteriza por un ajuste del sistema marital para hacer espacio a los hijos y la aceptación de los roles parentales.
c. *La familia con hijos en edad escolar o adolescente*, en la cual se presenta un cambio de las relaciones padres-hijos para permitir la progresiva independencia del adolescente y sus entradas y salidas en el sistema, la refocalización en la vida marital madura y los asuntos profesionales, y el inicio de la preocupación por las generaciones mayores.
d. *La familia con hijos adultos*, en la cual debe presentarse la aceptación, por parte de los padres, de la separación de los hijos, la renegociación del sistema marital como una díada, la inclusión de los hijos políticos y los nietos en las relaciones, y el planteamiento de la inhabilitación o muerte de los padres.

De todos los modelos relacionados con los enfoques sistémicos, sin duda éste es el que ha recibido más críticas debido a su concepción normativa de la familia y, específicamente, por asumir en numerosas ocasiones una posición extremadamente tradicional respecto de las funciones que deben asumir la madre y el padre, así como por la responsabilidad que tienen en las problemáticas que se presentan en el grupo familiar.[6] Otra crítica realizada a este modelo se refiere a su planteamiento de que todas las familias atraviesan por problemáticas y que por ello deberían ajustar ciertas tareas de adaptación acordes con su ciclo vital (Walters, Carter, Papp, y Silverstein, 1991). Sin embargo, es importante mencionar que este modelo de terapia familiar estructural es de los primeros en dejar a un lado la visión individual para adoptar otra de carácter interaccional, además de que, de manera incipiente, destaca la influencia que tienen en la familia

---

[6] El mismo Minuchin reconoce que los planteamientos originales del modelo estructural asumían esta posición. En una entrevista concedida a Richard Simon, Minuchin comenta lo siguiente: "Las feministas me hicieron darme cuenta [de] que yo he puesto a las mujeres en categorías angostas y que mis etiquetas para las mujeres contenían prejuicios de género: para mí la preocupación de una madre podía, fácilmente, ser desechada como *sobreprotección*. Focalizaba en el hombre, proveyendo dirección; y la mujer, crianza, y en mi trabajo enfatizaba la importancia de la dirección y daba por sentado la crianza".

algunos contextos de tipo suprafamiliar –escolares, religiosos, laborales, etc.–, los cuales también pueden causar que las personas asuman nuevas formas de interacción en el ámbito familiar que las lleven a desarrollar problemáticas en el interior del mismo.

Las familias como sistemas cibernéticos

Sin restar importancia a la influencia de las diversas perspectivas que empezaban a centrar su interés en los aspectos interaccionales en lugar de los individuales, se puede considerar la adopción de una perspectiva cibernética a fin de comprender a la familia como el principal acontecimiento para la conformación de las teorías sistémicas. Es precisamente a partir de la adopción de la cibernética de primer y segundo orden cuando empezarían a desarrollarse nuevos modelos de terapia familiar. Con respecto a la importancia de esta transición, Harlene Anderson (1999b) opina lo siguiente:

> Este cambio representó el pasaje del conocimiento de la psicología y del uso de un lenguaje psicológico centrado en los atributos individuales del comportamiento humano como fenómeno intrapsíquico, a otro centrado en el contexto local del individuo o el sistema de sus relaciones interpersonales, o sea, la familia. La familia se convirtió en el tema principal de indagación, en la explicación de los problemas y en el objetivo de tratamiento (p. 21).

La llamada "escuela de Palo Alto" fue la primera en aplicar la visión cibernética para explicar los diversos comportamientos que suceden en los sistemas familiares. El origen de las ideas de estos investigadores se remonta a las investigaciones realizadas en la quinta década del siglo XX por Gregory Bateson en torno de la comunicación en diversos ámbitos –principalmente entre los animales y entre los seres humanos en diferentes contextos culturales. Tras estas investigaciones se formula la hipótesis de que los comportamientos individuales deben comprenderse a partir de las relaciones que las personas establecen entre sí (Wittezaele y García, 1994, p. 51).

En esta misma época se realiza una serie de conferencias patrocinadas por la Fundación Macy, a partir de las cuales se retomarán los principios de la cibernética propuestos por los investigadores Norbert Wiener y

Arturo Rosenblueth. El principal concepto tomado de la cibernética fue el de "retroalimentación", el cual se refiere a la forma en que los diversos comportamientos de cada uno de los integrantes de un grupo –como la familia– influyen en los comportamientos de los demás; esto debe entenderse según una perspectiva circular, de tal manera que se concibe que el evento A no solamente influirá en B y el B en el C –como se concibe en una perspectiva lineal–, sino que también C influirá a su vez en A y en B, lo que impide identificar a alguno de ellos como el evento causal y a otro como el evento consecuente.

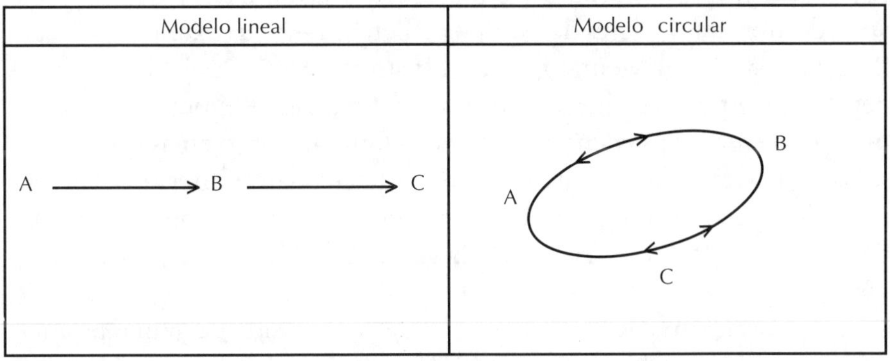

A partir de estas ideas, surgidas de la investigación antropológica y de la cibernética, es que Bateson conforma un equipo –conocido comúnmente como "el equipo de Bateson"– para investigar el efecto de las pautas de comunicación paradójica realizada con diversos grupos y con cada uno de sus integrantes. Figura central del equipo fue el psiquiatra Don Jackson, quien tuvo una participación importante a la hora de relacionar estas investigaciones con el ámbito clínico y, de manera específica, al investigar cómo algunos comportamientos de tipo esquizofrénico son provocados por una pauta específica de comunicación que asume el grupo familiar. De esta investigación surge la teoría del doble vínculo,[7] según la cual un

---

[7] Watzlawick, Jackson y Beavin, en su libro *Teoría de la comunicación humana* (1981), describen las características del doble vínculo: *1.* dos o más personas participan en una relación intensa que posee un gran valor para la supervivencia física y/o psicológica de una, varias o todas las personas que intervienen; *2.* en ese contexto se da un mensaje que está estructurado de tal modo que: *a.* afirma algo, *b.* afirma algo de su propia afirmación y *c.* ambas afirmaciones son mutuamente excluyentes; *3.* se impide que el receptor del mensaje salga del marco establecido por ese mensaje a través de la metacomunicación (comentando acerca de esta comunicación de carácter paradójico) o retrayéndose; *4.* cuando el doble vínculo es duradero, posible-

patrón de comunicación caracterizado por mensajes paradójicos produce comportamientos de tipo esquizofrénico entre sus integrantes. Todo esto lleva a concebir a la familia como un sistema cibernético:

> La familia es un sistema regido por una regla: sus miembros se comportan de una manera repetitiva y organizada, y este tipo de estructuración de los comportamientos puede ser aislado como un principio rector de la vida familiar (Jackson, 1977, en Vargas, 2004, p. 12).

Estas ideas propiciaron el desarrollo de investigaciones por parte de la mayoría de los investigadores del equipo de Bateson –ya sin Bateson–, los cuales conformarían el Mental Research Institute (MRI). Las investigaciones del MRI se centraron en la manera en que las pautas de interacción conforman, perpetúan y pueden también solucionar los problemas que se presentan en las familias. A partir de esto se desarrollaron intervenciones terapéuticas para promover cambios mediante la modificación de las pautas de interacción (Fisch, Weakland y Segal, 1984; Watzlawick, Weakland y Fisch, 1976).

Las aportaciones de la escuela de Palo Alto han sido de gran relevancia para el estudio de los sistemas familiares e influyeron directamente en el surgimiento de modelos de terapia familiar en décadas posteriores, como el desarrollado por el grupo de Milán (Selvini, Boscolo, Cecchin y Prata, 1988) o los enfocados en las soluciones (De Shazer, 1989). Además, podría considerarse que el MRI es el primero en prescindir de modelos reguladores de la normalidad o el desarrollo de los integrantes de la familia, ya que prefiere centrarse en el análisis de los procesos interaccionales desde una perspectiva sistémica (Fiorenza y Nardone, 2004; Wittezaele y García, 1994).

Etapa posmoderna: las familias como sistemas sociales

Como se comentó anteriormente, a partir de 1980 se aprecia de manera importante la presencia de diversas perspectivas teóricas que critican las

---

mente crónico, se convertirá en una expectativa habitual y autónoma con respecto a la naturaleza de las relaciones humanas y el mundo en general, una expectativa que no requiere refuerzo ulterior; y *5.* la conducta paradójica impuesta por el doble vínculo es, a su vez, un doble vínculo y conduce a un patrón de comunicación autoperpetuador.

características de las ciencias que asumen una postura inscrita en la modernidad. En lo que se refiere a la psicología y específicamente a los modelos sistémicos, la crítica posmoderna inicia su cuestionamiento con todo y que sigue considerando relevante para el trabajo con las familias que estas perspectivas hayan dejado de lado las visiones lineal e individual. Entre las principales críticas dirigidas a estos modelos se encuentra el cuestionamiento a la existencia de un sistema experto, representado por el terapeuta o grupo de terapeutas, que podía identificar en las familias estructuras disfuncionales, patrones de interacción que constituían un problema o problemas específicos de una etapa de desarrollo del sistema. Esto implicaba que la realidad podía ser comprendida y controlada solamente por este sistema experto, en el que el terapeuta era considerado como una especie de "curador" o "liberador" que poseía un conocimiento exclusivo y unas técnicas que sólo él podía aplicar y que, mediante este conjunto de conocimientos, conocía a los seres humanos mejor que cualquier otra persona, como si se tratara de un observador externo de la realidad, todo lo cual lo colocaba en una posición de poder y autoridad sobre las familias consultantes (Andersen, 2001; Anderson, 1999). En este sentido, Anderson (1999a) menciona lo siguiente: "[...] los diagnósticos operan como códigos culturales y profesionales para recolectar, analizar y ordenar datos a la espera de ser descubiertos [...] son impersonales y desconocen el carácter singular de cada individuo y cada situación" (p. 67). El interés se centra en el déficit: ya se trate de trastornos psicológicos, modelos de familia disfuncionales o de trastornos en la evolución de un desarrollo "normal", etc., es el terapeuta quien "compone" tales defectos.

Todo ello conduce a que diversos modelos psicológicos que trabajan con familias empiecen a asumir premisas de la cibernética de segundo orden, el constructivismo, el construccionismo social, la hermenéutica, la narrativa como base para el desarrollo del proceso terapéutico, las cuales son coherentes con las ideas defendidas por el pensamiento posmoderno (Fried Schnitman y Fucks, 1994). Esta transición provocó que las consideradas "terapias familiares" enfocaran su interés en los aspectos relacionales de las personas desde una perspectiva sociocultural –en lugar de una perspectiva cibernética–, en asumir aspectos teóricos de diversas teorías sociales, principalmente del construccionismo social, la hermenéutica y la crítica posmoderna. De manera general, los modelos terapéuticos que asumen esta perspectiva centran su atención en el lenguaje y la conversación como "vehículos" para generar significados diferentes con mayores posibilidades para los consultantes. Anderson y Goolishian (1996) comentan que, de conformidad con esta perspectiva, se concibe que "la gente vive, y entiende su vida, a través de realidades narrativas construidas socialmente, que dan sentido a su experiencia y la organizan. Se trata de un mundo de lenguaje y discurso humanos" (p. 46).

Entre los principales enfoques terapéuticos que asumen de alguna manera el pensamiento posmoderno se encuentran los siguientes: los orientados hacia las soluciones (Bertolino, 1999; De Shazer, 1999), los modelos narrativos (White, 2002; White y Epston, 1993), los basados en procesos reflexivos (Andersen, 1994) y los enfoques conversacionales y colaborativos (Anderson, 1999a; Anderson y Goolishian, 1988).

Steven Friedman (2001) afirma que estos modelos o enfoques tienen las siguientes características comunes:

> Reflejan un alejamiento de las certezas teóricas y un acercamiento a una postura de respeto crítico de las diferencias y a una terapia colaborativa, respetuosa, esperanzada y con sensibilidad social. Se pone el acento en la supremacía de las relaciones humanas y en las ventajas de los enfoques no patologizantes del proceso terapéutico, a través de la conversación, se co-construye el significado, surgen otras opciones y posibilidades (p. 19).

Finalmente, esto trae también repercusiones en la forma en que los psicólogos que asumen una perspectiva posmoderna conciben a las familias, pues dejan de pensar en modelos únicos o funcionales de familia, en etapas o características de tipo universal y dan importancia a los aspectos propios –culturales, sociales, ideológicos, etc.– de cada familia, en especial de aquellas que históricamente han sido menospreciadas por los discursos psicológicos modernistas. Incluso se llega a cuestionar el concepto de "familia" y de "terapia familiar" por el riesgo de que pueden remitir nuevamente a modelos normativos. El siguiente comentario de Harlene Anderson, quien es una de las principales representantes del pensamiento posmoderno en psicoterapia, deja en claro esta posición crítica acerca del concepto "familia":

> En mi perspectiva, *la* familia no existe [...] hoy es casi imposible dar a la *familia* un significado único, porque las familias vienen en muchos tamaños, formas y variedades, incluyendo las que tienen relaciones de sangre y las que no [...] la idea de familia sufre fuertes cambios hasta incluir una variedad rica y en continuo aumento de unidades familiares. Desgraciadamente, las teorías psicológicas basadas en una teoría social sobre la organización, papel y estructura

no han considerado estos cambios ni les han hecho lugar [...] esas definiciones se mezclan con infinidad de estereotipos, mitos, prejuicios, anatemas y valores que se imponen a clientes y terapeutas, los limitan, y en definitiva les impiden ver en cada familia un conjunto de individuos que ven el sistema relacional llamado familia según su propia definición (1999a, pp. 122-123).

Cuadro 1.2. Perspectivas psicológicas acerca de la familia
• *Perspectiva individual de las familias.* a. *Teoría psicoanalítica.* Freud retoma la idea de la existencia de etapas en el desarrollo de la familia –de la teoría evolucionista– así como la idea de que la estructura familiar conyugal posee un carácter universal –de la teoría de la familia como institución universal. • *Perspectiva sistémica de las familias.* Estudia a la familia a partir de la comprensión de la dinámica interaccional de sus integrantes, así como del contexto social donde se sitúan. a. *El modelo estructural de la familia.* Plantea que la familia es una estructura social formada por diversos subsistemas –parental, conyugal y fraternal–, la cual funciona obedeciendo ciertas reglas –límites, jerarquías, funciones, etc.– establecidas por sus integrantes. b. *Las familias como sistemas cibernéticos.* El sistema familiar se concibe como un conjunto de personas en interacción, las cuales se influyen mutuamente. Cada sistema familiar desarrollará un estilo de interacción o pauta de comportamiento determinado. c. *Las familias desde una perspectiva posmoderna.* En esta perspectiva se considera que las características de una familia son generadas a partir de un contexto social determinado.

Bibliografía

Andersen, T. (1994). *El equipo reflexivo. Diálogos y diálogos sobre los diálogos.* Barcelona: Gedisa.

—— (2001). Una colaboración, por algunos llamada psicoterapia: vínculos llenos de expresiones, y expresiones llenas de significado. *Sistemas Familiares, 17* (3), 77-87.

Anderson, H. (1999a). *Conversación, lenguaje y posibilidades. Un enfoque posmoderno de la terapia.* Buenos Aires: Amorrortu.

—— (1999b). Reimaginar la terapia familiar: reflexiones sobre la familia invisible de Minuchin. *Sistemas Familiares, 15* (1), 21-28.

Anderson, H. y Goolishian, H. (1988). Human systems as linguistic systems: Evolving ideas about the implications for theory and practice. *Family Process, 27* (4), 371-393.

—— (1996). El experto es el cliente: la ignorancia como enfoque terapéutico. En McNamee, S. y Gergen, K. *La terapia como construcción social.* (pp. 45-59). Barcelona: Paidós.

Andrée, M. (1974). *Sociología de la familia y del matrimonio.* Barcelona: Península.

Arzate, J. (2005). *No es por vicio ni por fornicio. El matrimonio en occidente e historias de pecado en Temoaya durante el siglo* XVIII. México: Universidad Autónoma del Estado de México.

Beck-Gernsheim, E. (2003). *La reinvención de la familia. En busca de nuevas formas de convivencia.* Barcelona: Paidós.

Bertolino, B. (1999). *Invitation to possibility land: An intensive teaching seminar with Bill O'Hanlon.* New York: Taylor & Francis.

Cárdenas, L. (2006). *Lo maravilloso y la vida cotidiana. Mujeres de origen africano en Acapulco, siglo* XVII. Recuperado el 5 de febrero de 2006 de: http://www.memoria.com.mx/155/Cardenas.htm

Castañeda, M. (2002). *El machismo invisible.* México: Grijalbo.

Collier, J., Rosaldo, M. y Yanagisako, S. (2001). Is there a family? New anthropological views. En B. Fox. *Family patterns, gender relations.* (pp. 11-21). New York: Oxford.

Coontz, S. (2001). "Leave it to Beaver" and "Ozzie and Harriet": American families in the 1950s. En B. Fox. *Family patterns, gender relations.* (pp. 199-213). New York: Oxford.

Desatnik, O. (2004). El modelo estructural de Salvador Minuchin. En L. Eguiluz. *Terapia familiar. Su uso hoy en día.* (pp. 49-79). México: Editorial Pax México.

De Shazer, S. (1989). *Pautas para la solución en terapia breve.* Barcelona: Paidós.

—— (1999). *En un origen las palabras eran magia.* Barcelona: Gedisa.

Eisler, R. (1990). *El cáliz y la espada: nuestra historia, nuestro futuro.* Santiago de Chile: Cuatro Vientos.

—— (2000). *El placer sagrado. Nuevos caminos hacia el poder personal y el amor.* México: Editorial Pax México.

Fassin, E. (2005). Usos de la ciencia y ciencia de los usos. A propósito de las familias homoparentales. *Debate Feminista, 16* (32), 52-74.

Finkelhor, D., Gelles, R., Hotaling, G. y Straus, M. (1983). *The Dark Side of Families: Current Family Violence.* New York: Sage.

Fisch, R., Weakland, J. y Segal, L. (1984). *La táctica del cambio. Cómo abreviar la terapia.* Barcelona: Herder.

Fox, B. y Luxton, M. (2001). Conceptualizing Family. En B. Fox. *Family patterns, gender relations.* (pp. 22-33). New York: Oxford.

Fried Schnitman, D. y Fuks, S. (1994). Metáforas del cambio: terapia y proceso. En D. Fried Schnitman. *Nuevos paradigmas, cultura y subjetividad.* (pp. 377-391). Buenos Aires: Paidós.

Friedman, S. (2001). *El nuevo lenguaje del cambio. La colaboración constructiva en psicoterapia.* Barcelona: Gedisa.

Gergen, K. y Kaye, J. (1996). Más allá de la narración en la negociación del significado terapéutico. En S. McNamee y K. Gergen. *La terapia como construcción social.* (pp. 199-218). Barcelona: Paidós.

Germani, G. (1967). La familia ¿crisis o transición? En H.M. Johnson. *Sociología y psicología social de la familia.* (pp. 114-124). Buenos Aires: Paidós.

Gough, K. (1974). Los nayar y la definición de la familia. En *Polémica sobre el origen y la universalidad de la familia.* Barcelona: Anagrama.

Gracia, E. y Musitu, G. (2000). *Psicología social de la familia.* Barcelona: Paidós.

Hoffman, L. (1987). *Fundamentos de terapia familiar.* México: Fondo de Cultura Económica.

Lasch, C. (1996). *Refugio en un mundo despiadado. Reflexión sobre la familia contemporánea.* Barcelona: Gedisa.

Leahey, T. (2005). *Historia de la psicología* (6a. ed.). Madrid: Pearson-Prentice Hall.

Meler, I. (1998). La familia. Antecedentes históricos y perspectivas futuras. En M. Burin y I. Meler. *Género y familia. Poder, amor y sexualidad en la construcción de la subjetividad.* (pp. 31-70). Buenos Aires: Paidós Argentina.

—— (2006). *La familia.* Recuperado el 5 de febrero de 2006 de: http://agendadelasmujeres.com.ar/notadesplegada.php?id=57

Michel, A. (1974). *Sociología de la familia y el matrimonio.* Barcelona: Península.

Minuchin, S. (1977). *Familias y terapia familiar.* Barcelona: Gedisa.

—— y Fishman, C. (1991). *Técnicas de terapia familiar.* México: Paidós.

Ovejero, A. (2002). *Psicología social postmoderna emancipadora: entre la psicología crítica y el postmodernismo.* Oviedo: Universidad de Oviedo.

Parry, T. (2001). Sin red: preparativos para la vida posmoderna. En S. Friedman. *El nuevo lenguaje del cambio. La colaboración constructiva en psicoterapia.* (pp. 317-357). Barcelona: Gedisa.

Perinat, A. (2003). La adolescencia: perspectiva histórica. En A. Perinat. *Los adolescentes en el siglo XXI.* (pp. 21-57). Barcelona: UOC.

Selvini, M., Boscolo, L., Cecchin, G. y Prata, G. (1988). *Paradoja y contraparadoja*. Barcelona: Paidós.

Simon, R. (2002). *Es mucho más complicado. Entrevista realizada a Salvador Minuchin.* Recuperado el 2 de marzo de 2006 de: http://64.4.10.250/cgi-bin/linkrd?_lang=ES&lah=f1abe74745b90070206f6ee68bdeaf26&lat=1076723758&hm__action=http%3a%2f%2fwww%2eredsistemica%2ecom%2ear

Spiro, M. (1967). ¿Es universal la familia? En H.M. Johnson. *Sociología y psicología social de la familia.* (pp. 51-73). Buenos Aires: Paidós.

Steel, L. y Kidd, W. (2001). *The family.* New York: Palgrave.

Tuirán, R. (2001). Estructura familiar y trayectorias de vida en México. En C. Gomes. *Procesos sociales, población y familia. Alternativas teóricas y empíricas en las investigaciones sobre vida doméstica.* (pp. 23-65). México: Miguel Ángel Porrúa.

Tuñón, J. (1998). *Mujeres en México. Recordando una historia.* México: Conaculta.

Vargas, P. (2004). Antecedentes de la terapia sistémica. Una aproximación a su tradición de investigación científica. En L. Eguiluz. *Terapia familiar. Su uso hoy en día.* (pp. 1-27). México: Pax.

Walters, O., Carter, E., Papp, P. y Silverstein, O. (1991). *La red invisible. Pautas vinculadas al género en las relaciones familiares.* México: Paidós.

Watzlawick, P., Beavin, J. y Jackson, D. (1981). *Teoría de la comunicación humana*. Barcelona: Herder.

Watzlawick, P., Weakland, J. y Fisch, R. (1976). *Cambio.* Barcelona: Herder.

White, M. (2002). *Reescribir la vida. Entrevistas y ensayos.* Barcelona: Gedisa.

—— y Epston, D. (1993). *Medios narrativos para fines terapéuticos.* Barcelona: Paidós.

Wittezaele, J. y García, T. (1994). *La escuela de Palo Alto. Historia y evolución de las ideas esenciales.* Barcelona: Herder.

Capítulo 2

Hombres y mujeres en convivencia: identidades y prácticas de género en las familias

Francisco Javier Robles Ojeda

> Si completamos el cambio de un mundo dominador a uno participativo, tanto realidades como mitos de nuestro futuro serán muy diferentes de lo que son ahora. En este mundo [...] habrá historias de una época en que [...] mujer y hombre se dividieron en dos. Pero en estos mitos, la desunión será sanada [...] los mitos sobre las familias no serán sólo de madres y padres biológicos, sino de una multitud de afectuosos cuidadores [...] el camino hacia ese mundo es el que muchas mujeres y hombres han elegido: el camino de sanación espiritual, sexual y social.
>
> Riane Eisler (2000, pp. 251-253)

Introducción

En la serie estadounidense Desperate Housewives *(Cherry y Zummerman, 2005) se relata la vida familiar de cuatro mujeres. A lo largo de esta serie se observa la existencia de problemáticas relacionadas con lo que significa ser mujer u hombre dentro de una familia, a pesar de que el contexto en el que se desarrolla esta historia se sitúa en pleno siglo* XXI *y en un entorno urbano estadounidense, lo cual podría hacer pensar que se han superado las problemáticas causadas por la aceptación de los estereotipos tradicionales asumidos por mujeres y hombres en la pareja y las familias. Me gustaría comentar la historia de una de sus protagonistas, Lynette, y de su familia, la cual está conformada por su esposo y tres hijos. De acuerdo con la "lógica" tradicional, ella ha dejado de ejercer su carrera profesional para cuidar a sus tres inquietos hijos, mientras que su esposo es el encargado de trabajar fuera del hogar para proveer a su familia de recursos económicos. En diversos momentos se puede apreciar la angustia que sufre Lynette por cumplir su rol de madre, así como el menosprecio de su esposo respecto de las problemáticas que vive como "ama de casa" y "cuidadora de sus hijos". Esta angustia lleva a Lynette a decidir que debe retomar su vida profesional y no solamente dedicarse al ámbito doméstico; ante esto, sorpresivamente, su esposo le propone que ahora él se quedará en el hogar a cuidar de los hijos. ¿Qué pasa cuando se invierten los roles tradicionales que desempeñaban el padre y la madre en esta familia?; ¿en realidad pueden "escapar" tan fácilmente de los roles que les asigna la sociedad? Como el lector ya habrá supuesto, esto provoca un impacto en la familia, la cual se ve obligada a rediseñar las funciones tradicionales y, aunado a ello, empiezan a surgir "sutiles" presiones sociales para que se retomen patentemente algunas de dichas funciones. Por ejemplo, el padre de familia empieza a organizar su lista de obligaciones con el fin de evitar la realización cotidiana de tareas tradicionalmente femeninas –lavar trastes, cocinar, tirar la basura, supervisar las actividades escolares de los hijos, etc.–, y descalifica los reclamos de su pareja aduciendo que ésta es su "propia" manera de organizarse y que ella exagera en sus críticas. Por otra parte, para esta "ama de casa desesperada" las cosas no son tan fáciles, pues, a pesar de estar decidida a retomar su vida laboral, la embargan sentimientos de culpa por "descuidar" a sus hijos, quienes contribuyen a alimentar dichos sentimientos con su conducta, presionándola para que cumpla con su rol de madre –por ejemplo, haciendo "rabietas" porque no los puede llevar a la escuela el primer día de clases. Todos estos factores finalmente obligan a la familia a reasumir algunas de las actividades que realizaban antes –el padre vuelve al trabajo porque se siente "dominado" por una esposa que no deja de ejercer el control del hogar– o a delegar algunas funciones –se contrata a una niñera para que cuide a los hijos.*

La historia de Lynette permite apreciar de manera "cómica" algunos de los dilemas que se presentan cuando hombres y mujeres asumen roles y funciones diferentes de los tradicionales. Estas problemáticas son más comunes de lo que podría pensarse, sobre todo en la época actual en que la coexistencia de un sinfín de pensamientos acerca de lo que deben y pueden hacer hombres y mujeres dentro de la familia, desde el tradicional –que relega a las mujeres al ámbito doméstico y considera a los hombres como únicos proveedores– hasta el equitativo –para el cual hombres y mujeres tienen los mismos derechos y pueden seguir desarrollándose en diversos ámbitos de la vida. Todo esto refleja los cambios que ha sufrido la sociedad respecto de las ideologías de género. A continuación se explicará brevemente la forma en que aparecieron diversos movimientos sociales que han conformado las perspectivas feministas y de género, los roles tradicionales que se han atribuido a mujeres y hombres en las familias, los principales cambios que han sufrido dichos roles, y algunas ideas útiles que pueden emplearse en la terapia para analizar los roles de género.

El concepto de género

Es común encontrar que los términos "sexo" y "género" se usen como sinónimos en diversas publicaciones (Izquierdo, 1998; Lamas, 2002). Si bien es cierto que ambos términos se refieren a lo femenino y lo masculino, lo hacen desde ámbitos diferentes –lo biológico y lo social–, por lo cual es incorrecto considerarlos como sinónimos. Entonces, ¿cómo deben entenderse ambos términos? Se debe entender el concepto de *sexo* como el conjunto de características de orden biológico, propias de los hombres o las mujeres, entre las cuales podemos incluir a los órganos reproductivos externos e internos, las hormonas, los genes, etcétera. Desgraciadamente, estas diferencias de tipo biológico han servido para justificar que la mayoría de las diferencias de comportamiento existentes entre hombres y mujeres pueden ser explicadas exclusivamente a partir de tales diferencias biológicas,[1] pasando por alto factores sociales, culturales, económicos, etcétera.

Por otra parte, y de acuerdo con Burin (1998a), el investigador John Money empieza a usar el término *género* o *rol de género* en la sexta década del siglo XX, si bien su empleo se generaliza en las dos décadas siguientes. El concepto de género[2] se refiere al "conjunto de prácticas, representaciones y prescripciones sociales que surgen entre los integrantes de un grupo humano en función de la diferencia anatómica entre hombres y mujeres" (Lamas, 2002, p. 134).

---

[1] Incluso, en la actualidad, siguen existiendo posturas que asumen que las diferencias de diversos rasgos de la personalidad existentes entre hombres y mujeres pueden explicarse a partir de cuestiones biológicas. No es difícil encontrar reportes de investigaciones, documentales o teorías que afirman que hay diferencias de funcionamiento en el cerebro de hombres y mujeres, relacionadas con diversas funciones o habilidades; por ejemplo, el razonamiento analítico en los hombres o la capacidad artística en las mujeres (Castañeda, 2002; Eisler, 1990).

[2] Este concepto ha creado diversas polémicas y confusiones debido a que en español tiene otras acepciones –lo cual no sucede con el vocablo en inglés, *gender*–, entre las que se encuentran las siguientes: se entiende como "un concepto taxonómico para clasificar a qué especie, tipo o clase pertenece alguien en común" (Lamas, 2002, p. 132), para definir a un conjunto de personas de acuerdo con su sexo –es decir, con aspectos biológicos–, o bien tiene funciones gramaticales para designar como femeninos o masculinos a objetos carentes de sexo. Debido a esta problemática es que en algunas ocasiones se habla de *rol de género* en lugar de solamente *género* para enfatizar la característica social de la palabra *rol*. En el presente capítulo se utilizarán indistintamente estas dos acepciones.

En síntesis, podemos diferenciar el concepto *género* del concepto *sexo* de la siguiente manera: este último se refiere a los aspectos biológicos que diferencian a hombres y mujeres, mientras que usamos el término *género* o *rol de género* para hacer mención de las características que una sociedad atribuye a varones y mujeres, por lo que dichas características deben entenderse como construidas socialmente y no surgidas de una esencia o naturaleza del hombre o la mujer. Estos rasgos que la sociedad atribuye a hombres y mujeres son transmitidos a través de diversos grupos o medios que tienen gran influencia en la vida de las personas, entre los que se encuentran la familia, la escuela, la religión, los medios de comunicación, etcétera.

Características del concepto de género

El concepto de género tiene varias características que deben tomarse en cuenta para comprender las identidades y prácticas asignadas a hombres y mujeres en una sociedad (Burin, 1998a; Organización Panamericana de la Salud, 1997):

a. *Es relacional,* ya que las características que se atribuyen a hombres y mujeres no pueden entenderse mediante la comprensión aislada de su comportamiento, percepción, etc.; contrariamente, deben analizarse tomando en cuenta la forma en que se establecen las relaciones entre hombres y mujeres y el impacto que tiene este tipo de convivencia en ambos sexos. En el relato que inicia este capítulo, se puede apreciar la importancia que tienen ambos miembros de la pareja en la construcción de los roles asignados en esa familia, contexto en el que es difícil escapar de las funciones tradicionalmente asignadas a hombres y mujeres, ya que, a pesar de que la madre reingresa al ámbito laboral e intenta delegar en su esposo las actividades domésticas, la resistencia que presentan éste y los hijos ante los cambios la orillan a retomar algunas de estas funciones.

b. *Es una construcción histórico-social,* debido a que lo que se entiende como distintivo de lo masculino y lo femenino surge de una cultura y una época histórica determinadas. Ello significa que todas las características asociadas al género son modificables, dependiendo de la época histórica, las variables contextuales (clase étnica, social, religión, etc.) y el pensamiento cultural dominante. Esto puede apreciarse en las diferencias impresionantes que presentan algunos países en relación con las conductas permitidas a mujeres y hombres; por ejemplo, en ciertos países del medio oriente, donde las mujeres no pueden tener acceso a diversas actividades que se consideran exclusivas de los hombres –eventos políticos, deportivos, reuniones, etcétera. Asimismo, el género tiene una estructura institucional, es decir, los significados atribuidos a varones y mujeres se presentan no sólo en espacios privados de convivencia, como el hogar, sino también en espacios públicos –instituciones educativas, laborales, religiosas, etcétera. Un ejemplo claro de esto es la diferencia que se presenta en torno del apoyo que se recibe para el cuidado de los hijos, pues mientras en algunos países europeos es común que tanto el padre como la madre tengan el derecho de ausentarse de sus trabajos para el cuidado de sus hijos, en países latinoamericanos –es el caso de México– estos derechos son prácticamente exclusivos de las madres e inexistentes para los padres.

c. *Establece jerarquías,* ya que las características atribuidas a hombres y mujeres construyen una diferencia respecto del rol que van a desempeñar y el poder que van a tener en la sociedad de la que forman parte. Históricamente se ha otorgado a los hombres una posición jerárquica privilegiada, relegando a las mujeres a una posición subordinada, ya que las actividades tradicionalmente femeninas han sido consideradas de un nivel inferior a las masculinas. Esto se puede observar en el ámbito laboral, donde todavía existe una remuneración económica menor para las mujeres aun en los casos en que realizan las mismas actividades que los hombres, o cuando en una misma área se asignan a las mujeres los empleos de un estatus inferior. Se tiende a menospreciar las actividades realizadas en el ámbito familiar, debido a que no son remuneradas como las actividades efectuadas fuera del hogar.

Identidades y prácticas de género

Al indagar en torno de la influencia que tiene la perspectiva de género en las familias, se pueden abarcar dos áreas principales: las identidades y las prácticas de género. El concepto *identidad de género* se refiere a las representaciones que las personas tienen de sí mismas, relacionadas con lo que significa ser “hombre” o “mujer” y que se constituyen a partir de la interacción y comunicación con los diversos grupos sociales de procedencia y de referencia. Es decir, es la autoimagen que se van construyendo las personas, la noción que tienen de ellas mismas y que las iguala o diferencia respecto de otras personas, hombres y mujeres (Careaga, 2001; Fuller, 1997). En la historia de Lynette, su esposo se identifica con ciertas características que culturalmente se han atribuido a los hombres: autonomía, búsqueda de control en las relaciones, conservación de un estatus privilegiado en la familia, etcétera. Estas características conforman su identidad de género.

Por otra parte, se entiende como *prácticas de género* todas aquellas conductas que están vinculadas con una identidad de género específica. Es importante mencionar que tanto las identidades como las prácticas genéricas que presentan individualmente hombres y mujeres se forman a partir de un ámbito social; es decir, los diversos grupos sociales van construyendo y re-construyendo el significado de "hombre" y "mujer", así como las prácticas relacionadas con estas identidades. Retomando el ejemplo del esposo de Lynette, podría pensarse en ciertas prácticas que son congruentes con la identidad de género que ha construido: tomar las decisiones principales que atañen a su familia, mostrarse fuerte, evitar ser controlado, ser expresivo, etcétera. Al cambiar estos rasgos de su conducta se produce un malestar debido a la sensación de amenaza que atenta en contra de su propia identidad de género. Es importante que al trabajar aspectos de género con las familias se tomen en cuenta tanto el manejo de las identidades como el de las prácticas de género. En el apartado de género y psicoterapia se proponen algunas ideas que intentan abordar estas dos áreas.

Antecedentes: breve cronología de la perspectiva de género

Mediados del siglo XIX: Revolución Francesa e ideas de la Ilustración

Aunque pueden encontrarse intentos anteriores que buscaban una mayor equidad entre hombres y mujeres, se puede identificar a la Revolución Francesa como uno de los eventos que originaron los movimientos feministas. Las ideas emanadas de esta etapa fomentaban como valores principales la igualdad, la libertad y la fraternidad entre todos los hombres. Desgraciadamente, el concepto "hombre" en realidad debía ser tomado de manera literal, ya que los beneficios de este cambio de pensamiento beneficiaron mayoritariamente a los varones adultos –los "hombres"–, sin cambiar muchas de las condiciones de desigualdad en las que se encontraban otros grupos, como los niños y las propias mujeres. Sin embargo, estas ideas ya habían sido sembradas y a poco empiezan a surgir corrientes en favor de los grupos discriminados –entre los que se encuentran las mujeres–, corrientes que pueden considerarse como los antecedentes inmediatos de los movimientos feministas que aparecerían un siglo después (Burin, 1998b).

Fines del siglo XIX *e inicios del siglo* XX: *movimientos feministas en busca de la igualdad*

Los primeros movimientos feministas aparecieron a finales del siglo XIX (Burin, 1998b; Montesinos, 2002) y se caracterizaron por la búsqueda de igualdad de condiciones en las áreas sociales, laborales, económicas, etcétera. En esta etapa se ubican los movimientos sufragistas, los obreros y los que reclamaban el acceso de las mujeres a la educación superior. Estos movimientos traerían importantes cambios sociales en los inicios del siglo XX; por ejemplo, fue incrementándose el número de países que legalizaron la participación política de las mujeres y que propiciaron el acceso de las mismas a las universidades –es común situar en esta época a las primeras mujeres tituladas en medicina, leyes, etcétera.

Siglo XX: *impacto de las guerras mundiales y otros movimientos pro equidad en comunidades discriminadas*

Conviene identificar dos circunstancias sociales que, a lo largo del siglo XX, fueron decisivas para impulsar la inserción de las mujeres en áreas que tradicionalmente eran exclusivas de los hombres. La primera de estas circunstancias fue el impacto social y económico que tuvieron las dos guerras mundiales, el cual provocó que las mujeres tuvieran que ingresar en los espacios laborales para apoyar a sus familias ante la ausencia de los hombres que habían partido a la guerra y la crisis económica al término de ésta. La segunda de estas circunstancias se relaciona con los movimientos sociales que surgieron en los años sesenta a favor de grupos minoritarios –entre ellos los grupos de mujeres– y en busca de relaciones interpersonales no-violentas –entre los más emblemáticos se encuentra el movimiento *hippie* con su lema de "haz el amor y no la guerra". Estos movimientos, aunados a la tecnología anticonceptiva, propiciaron a su vez el movimiento de liberación sexual, el cual influyó en la relación entre hombres y mujeres, al facilitar la separación del ejercicio de la sexualidad femenina del ámbito de la maternidad y el matrimonio (Burin, 1998b). Es importante mencionar que los efectos de estas luchas sociales tuvieron gran influencia incluso en lugares donde los movimientos feministas no se presentaron con tanta intensidad, aunque en algunos casos dichos efectos no se consideraron como logros en favor de una mayor equidad entre hombres y mujeres –tal es el caso de México (Martínez, 2005; Montesinos, 2002).[3]

Segunda mitad del siglo XX: movimientos por la revaloración de aspectos tradicionalmente femeninos

En los años setenta empiezan a señalarse las condiciones de opresión y desigualdad que seguían padeciendo las mujeres respecto de los hombres, a pesar de que ya gozaban de igualdad de condiciones para acceder a muchos ámbitos que antes eran exclusivos de éstos. Por ejemplo, era común que las mujeres percibieran menores ingresos económicos en el desempeño de los mismos trabajos que los hombres y que existiera discriminación social al ingresar a actividades laborales o educativas, etcétera. En esta etapa también empieza a desarrollarse el llamado segundo movimiento feminista o feminismo de la diferencia, el cual ponderaba ciertos rasgos culturales, como la sensibilidad, la creatividad, la sensualidad, etc., y criticaba la discriminación de dichos aspectos, generalmente relacionados con "lo femenino". Para esta época, en el ámbito académico ya se habían desarrollado investigaciones en diversas disciplinas –la sociología, la antropología, la psicología– acerca de los movimientos feministas y las condiciones de desigualdad entre hombres y mujeres. Al conjunto de estas investigaciones se le conoce como "Estudios de la mujer" (Burin, 1998b).

---

[3] Con respecto a esto, Griselda Martínez (2005) menciona que, en México, conductas en contra de la sociedad patriarcal y la opresión femenina y en favor de la equidad entre lo sexos se percibieron solamente como cuestiones características del pensamiento de las nuevas generaciones o como actos de rebeldía. Asimismo, se aprovechó el auge del libre ejercicio de la sexualidad de las mujeres y la decisión consciente de retardar la edad en que desean ser madres para promover programas gubernamentales de control de la natalidad, lo que dejaba en un segundo plano la conquista de las mujeres en el ámbito sexual.

Finales del siglo XX: reemplazo del término "feminismo" o "estudios de la mujer" por el de "perspectiva de género"

En los años ochenta, los conceptos "estudios de la mujer" y "enfoques feministas" empiezan a ser criticados por sus limitaciones. La principal observación se realiza en torno a la necesidad de dejar de centrar estas investigaciones exclusivamente en las mujeres e incluir de manera conjunta lo que sucede con los hombres con el fin de evitar tener una visión fragmentada del papel que juegan las creencias de género en la sociedad. Otro factor que influyó en el interés de realizar investigaciones acerca de los hombres fue la repercusión de los cambios realizados por las mujeres (que las llevó a ocupar ámbitos tradicionalmente dominados por los hombres) en un gran sector de la población masculina, provocando la llamada "crisis de la masculinidad". A su vez, también surgen grupos de hombres –aunque en un menor porcentaje– que se manifiestan a favor de una relación equitativa entre hombres y mujeres. Este fenómeno conduce al surgimiento de la llamada perspectiva de género y de los estudios de género, que se enfocan en la investigación de las relaciones entre hombres y mujeres y el análisis de la participación que tiene cada uno de ellos en la generación de diversas problemáticas relacionales –violencia, acoso sexual, relaciones igualitarias, etcétera (Burin y Meler, 2000; Eisler, 2000; Montesinos, 2002).

Género y familia

En el capítulo de introducción se mencionó que el estereotipo de familia en la era moderna se caracterizó por estar constituido estructuralmente por un padre, una madre y sus hijos, mientras que, con respecto a las funciones que desempeñaban sus integrantes, se pensaba que debía estar basado en una división sexual del trabajo, es decir, en funciones específicas y diferenciadas para hombres y mujeres. Durante mucho tiempo, este tipo de familia fue considerado el modelo normativo en la sociedad occidental; sin embargo, como ya se ha mencionado en este capítulo, a lo largo del siglo XX, y hasta nuestros días, diversos factores sociales han posibilitado nuevas formas de convivencia en las que no existen funciones exclusivas para hombres y mujeres en el seno de la familia. Estas diversas formas de convivencia familiar implican también diferentes identidades y prácticas de género; a continuación se mencionan las características que asumen éstas, tanto en las formas de convivencia tradicionales como en las emergentes.

Identidades y prácticas de género tradicionales

Las mujeres y su rol tradicional

Claudia asiste a terapia debido a que sufre una depresión desde hace varios meses. Ella cree que varios aspectos familiares han contribuido a esto. Menciona que, debido a los constantes reportes por problemas de conducta que ha recibido en la escuela su hijo mayor, ella ha tenido que asistir continuamente a juntas con la psicóloga escolar, quien le ha mencionado que debe de poner mayor atención a su hijo. Este comentario de la psicóloga la hizo sentirse culpable, debido a que desde hace tres meses empezó a trabajar por las tardes como encargada de una papelería. A pesar de tener esta actividad laboral, Claudia –según ella misma menciona– ha tratado de cumplir con sus obligaciones familiares –sus hijos y su hogar–; sin embargo, el exceso de trabajo la ha orillado en ocasiones a descuidar algunas de las tareas hogareñas. Esto ha propiciado que tenga conflictos con su esposo, quien le reprocha que esté descuidando a sus hijos y el trabajo de la casa, cuestiones que él considera sus obligaciones principales. Claudia menciona en la consulta que su mayor preocupación es superar su depresión para poder compaginar su actividad laboral y familiar, ya que es consciente –es su expresión– de que ella es la principal responsable de los problemas de su familia, pues, debido a su actual estado emocional, no ha podido atender adecuadamente las necesidades de sus hijos, su esposo y su hogar.

Retomaremos la idea de la psicóloga Inés Castro (2004) acerca de los pilares que sostienen los estereotipos tradicionales de la mujer y el hombre. La historia de Claudia nos servirá de guía para comentar las características principales de la mujer en la familia tradicional, en la cual se pueden identificar los siguientes pilares:

a. *Relegadas solamente al ámbito doméstico.* En el modelo de familia tradicional las mujeres quedaban circunscritas al ámbito del hogar.[4] En

---

[4] La presencia de las mujeres en los espacios públicos ha sido vedada durante siglos; a este respecto, Mabel Burin afirma que "durante la Edad Media, el lugar social de

este tipo de familia, la identidad de la mujer está relacionada íntimamente con el espacio privado, que es concebido como el "natural" de las mujeres. Todo lo que pase en este ámbito es responsabilidad única de las mujeres; así, en el caso de Claudia, ella se siente culpable por "descuidar" sus actividades en el hogar y pasar menos tiempo con sus hijos. Como ya se mencionó, la apertura del ámbito laboral y la crisis económica que padecen muchas familias han posibilitado el acceso de más mujeres a actividades fuera del hogar. Sin embargo, es importante mencionar que, a pesar de ello, estas mujeres –como en el caso de Claudia– siguen siendo consideradas como las encargadas de todas las actividades del hogar en estas familias tradicionales. Algunos autores (Castañeda, 2000; Martínez, 2005) aseveran que esto ha provocado un nuevo fenómeno, el de la doble explotación de las mujeres, ya que, con todo y que trabajan fuera del hogar, tienen que "cumplir" con sus labores dentro de él.

b. *Se considera a la sentimental como su área natural.* Tradicionalmente se ha considerado que las mujeres tienen una habilidad natural para ser sensibles, intuitivas, altruistas, proclives a la empatía, etcétera. Parecería que poseer estas cualidades debería considerarse algo valioso –y en realidad lo es–; sin embargo, se piensa que precisamente estas cualidades "innatas" impiden a las mujeres acceder a la racionalidad. Algunas frases comunes que reflejan este pensamiento son las siguientes: "las mujeres no pueden tomar decisiones tan sensatas porque les ganan los sentimientos", "deberían pensar más con la cabeza que con el corazón", etcétera. Esta manera de pensar ha propiciado la exclusión de las mujeres de diversas actividades en las que se considera que debe prevalecer el pensamiento racional; por ejemplo, el argumento empleado por algunos hombres para controlar los ingresos de sus esposas que trabajan es que no piensan cómo invertir adecuadamente lo que ganan.

c. *Cuidado de los demás.* Las características del estereotipo tradicional de la mujer mencionadas anteriormente han provocado que ésta sea considerada como la persona idónea para el cuidado de aquellos a los que está ligada emocionalmente. Diversos autores (Lagarde, 1993;

---

las mujeres era la casa feudal [...] sólo salían de ella para contraer matrimonio o para profesar en los conventos" (1998a, p. 73). A pesar de esto, en el medievo, el ámbito hogareño era un espacio propio tanto de las mujeres como de los hombres, y es a partir de la Revolución Industrial cuando este espacio es concebido como exclusivo de las mujeres, ya que los cambios sociales ocurridos provocaron que los hombres ya no efectuaran sus actividades laborales en el hogar.

Eisler, 2000; Sluzki, 2004) han señalado que esto ha llevado a que las mujeres sean valoradas de conformidad con el cuidado que ofrecen a otras personas a lo largo de toda su vida: buena hija –obediente con sus padres y atenta a las necesidades de sus hermanos menores o varones–, buena esposa –sumisa y reverente con su esposo–, buena madre –esmerada en el cuidado de los hijos–, cosa que actualmente se extiende a la condición de abuela. Esta práctica del cuidado de los otros que se ha asignado a las mujeres las ha llevado a culparse –y a ser señaladas también por los demás como responsables– por cualquier problemática que se presente en el seno familiar; debido a ello se le valora como buena o mala mujer según su desempeño como madre, esposa, hija, etcétera. En el caso de Claudia, puede apreciarse que su estado emocional se ve afectado por el desempeño de su rol como cuidadora de sus hijos y de su esposo.

d. Se encuentra en un lugar de poder nada privilegiado. La identidad y las prácticas genéricas tradicionales de las mujeres en las familias han sido socialmente devaluadas. La mayor parte de las actividades que en este tipo de familia se asignan a las mujeres son menospreciadas debido a que no reciben retribución económica –así, la crianza de los hijos, la realización de tareas domésticas, el cuidado emocional y/o físico de otros integrantes de la familia. Incluso algunas actividades realizadas fuera del hogar en las que participa un mayor número de mujeres son poco valoradas por no gozar de prestigio social. En el caso de Claudia, por ejemplo, el hecho de tener un trabajo fuera de casa no era suficiente para asumir un lugar privilegiado en la familia, ya que la actividad que realizaba –encargada de una papelería– era considerada por su esposo como algo intrascendente y de poca importancia. Claudia mencionaba que su esposo no comprendía por qué ella estaba cansada desde que salía a trabajar si no hacía nada en comparación con lo que él trabajaba todo un día.

Rol tradicional de la mujer
• Trabajo en el ámbito doméstico. • Área sentimental. • Cuidado de los demás. • Lugar no-privilegiado de poder.

Efectos indeseables en las mujeres al asumir roles tradicionales

En muchos casos se ha pasado por alto la influencia que ejerce en el desarrollo de diversos trastornos emocionales la obligación que tienen las mujeres de asumir los roles tradicionales, haciendo la consideración de que tales trastornos se deben exclusivamente a cuestiones biológicas o individuales.[5] Entre las principales problemáticas que desarrollan estas mujeres en el seno familiar se encuentran las siguientes: sentimientos de minusvalía, culpa y frustración provocados generalmente por la existencia de problemas familiares que ellas "deberían de solucionar", los cuales son expresados comúnmente mediante comportamientos tales como: tristeza o trastornos depresivos; dependencia emocional y descuido de las propias necesidades emocionales, físicas e intelectuales, debido a la obligación, asignada por la sociedad, de cuidar a los demás antes que a ellas mismas (con lo cual estas mujeres han aprendido a considerar como prioritarias las necesidades de los otros y como secundarias las suyas propias, a causa de la prohibición social de cuestionar las condiciones que sufren); "aceptación" o "justificación" de la violencia ejercida en su contra, al considerar que es su responsabilidad mantener a la familia feliz y unida; sensación de indefensión al tener que afrontar no solamente las problemáticas familiares, sino la crítica de la misma familia y de otras redes sociales debido al incumplimiento del "sostén emocional del vínculo familiar" (Castro, 2004; Martínez, 2005; Ravazzola, 2005).

---

[5] Esto no quiere decir que se piense que no existan factores biológicos o individuales que propicien determinadas problemáticas en las mujeres; sin embargo, en el ámbito médico existe una larga tradición que tiende a minimizar la influencia de los aspectos sociales. Por ejemplo, en México, de acuerdo con los resultados de la encuesta nacional de epidemiología psiquiátrica (en Medina-Mora, Borge, Lara *et al.*, 2003), en la cual se diferencian los trastornos mentales de acuerdo con el sexo de las personas, se encontró que los hombres presentaban una mayor presencia de dependencia al alcohol y trastornos de conducta, lo cual puede estar asociado a una conducta tradicional masculina, caracterizada por agresividad, permisividad para hacer uso de bebidas alcohólicas y realizar conductas de riesgo; mientras que los principales trastornos presentados por las mujeres eran las fobias (específicas y sociales) y los episodios de depresión mayor, que pudieran estar también vinculados con conductas tradicionalmente femeninas como la expresión de los sentimientos.

Los hombres y su rol tradicional

Israel se describe como un hombre exitoso en el ámbito laboral, tiene un trabajo que le proporciona estabilidad económica y en el que está a cargo de un grupo de trabajadores sobre el que ejerce un liderazgo basado en el control y la disciplina estricta. Sin embargo, en el ámbito familiar se siente incomprendido por su esposa Cintya y su hija Martha. Israel ha tratado de repetir su "fórmula de éxito laboral" con su familia, intentando supervisar las funciones que le corresponden a cada uno de sus integrantes, con energía e imponiendo sanciones en caso de que tales funciones no se cumplan –por ejemplo, cuando su hija no arregla su cuarto o cuando su esposa deja de realizar alguna actividad del hogar. Esto lo ha llevado a tener serios conflictos con ambas, quienes han intentado convencer a Israel para que cambie su actitud de "supervisor de las actividades familiares" y se involucre de manera más activa y cooperativa. Cintya se queja de que Israel evade estos comentarios, por lo que decidió que lo mejor era buscar asesoría psicológica, a pesar de que Israel consideraba que la situación no era tan alarmante.

Cuando se revisaron las características del rol tradicional de la mujer se pudo apreciar cómo se les relegaba de ciertos ámbitos considerados exclusivamente masculinos. En su rol tradicional, a los hombres también se les enseña socialmente que ciertos ámbitos son los que les corresponden, así como las conductas adecuadas que deben tener en éstos. Como ya se mencionó, desde esta perspectiva tradicional se considera poco valiosa cualquier situación relacionada con el ámbito femenino; debido a esto, los hombres deben evitar demostrar cualquier conducta asociada a este ámbito –sensibilidad, cuidado de los otros, realizar actividades del hogar, etc.–, de lo contrario podría ponerse en duda su masculinidad (Castañeda, 2000; Jiménez, 2003; Tolalpa, 2004). La historia de Israel ejemplifica algunas características de la identidad y prácticas de género tradicionales de los hombres en las familias. Al igual que en el caso de las mujeres, se mencionarán a continuación algunas características que conforman los pilares sobre los cuales se sostiene el rol tradicional de los hombres en las familias (Castro, 2004; Tolalpa, 2005).

a. *Monopolio del ámbito público.* Así como, en la perspectiva tradicional, el espacio doméstico correspondía a las mujeres, el ámbito de los hombres es la esfera pública, es decir, fuera del hogar. Se considera que la principal función de los hombres en el ámbito familiar se limita al de ser el único proveedor económico, por lo que solamente a él le corresponde salir del hogar para "ganar el sustento" que permita la supervivencia de la familia. Esta imagen es reforzada por aquellos investigadores que conciben la existencia de rasgos "naturales" que predisponen a los hombres a realizar esta función; para ello, por lo general se utiliza la imagen de los hombre primitivos que salen a cazar mientras las mujeres se quedan en casa a cuidar de los niños y a realizar actividades que no implican riesgo, como la recolección de frutos.[6] En el caso de Israel, se puede apreciar que tiene un desempeño exitoso en el ámbito público, mientras que evita involucrarse en el ámbito doméstico, realizando sólo actividades de supervisión del desempeño de su esposa e hija, a quienes considera "especialistas" en las labores del hogar.

b. *Se considera a lo racional como su área natural.* Las cualidades asociadas a la razón son consideradas rasgos distintivos de la personalidad de todos los hombres. Debido a esto es que son los principales encargados de la toma de decisiones y la planeación de actividades. Además, también se considera que los hombres presentan una especie de "incapacidad" en todo lo relacionado con el área emocional, por lo cual no se involucran en ninguna actividad de ese tipo. En el caso de Israel, se aprecia la forma en que minimiza los reclamos de su esposa y evita involucrase emocionalmente en los conflictos familiares.
c. *Autonomía.* Según el rol tradicional, se considera que los hombres son independientes y autosuficientes. Esto se refleja en la conducta que asumen en todas sus relaciones vitales (incluida la familiar), en las que hacen lo posible por preservar esta imagen de independencia, al tiempo que se sienten atacados por cualquier intento que los involucre de manera más profunda en una relación, lo cual perciben como una amenaza a su autonomía.

---

[6] Esta imagen ha sido refutada por diversos investigadores (Eisler, 1990, 2000; Maturana, 1991), los cuales mencionan que hay indicios de que la caza no era una actividad tan común en las sociedades primitivas como se pensaba, por lo que, tanto para los hombres como para las mujeres, la actividad principal era la de recolección. En este sentido, el investigador chileno Humberto Maturana comenta de manera creativa los siguientes ejemplos para afirmar que seguimos siendo recolectores: "[…] pueden observar esto de dos maneras. Una, en la alegría de poder contar con supermercados. Es maravilloso comprar en los supermercados tomando y dejando sin apremio en el proceso de llenar la canasta, y también pueden observarlo en la alegría que se siente al ir a los campos a recolectar frutos silvestres, como moras o frutillas, por ejemplo" (1991, p. 281).

d. *El privilegio de ejercer el poder.* Debido a que las actividades tradicionalmente consideradas como masculinas son retribuidas económicamente, se les ha atribuido un mayor prestigio que a las actividades de las mujeres. Esto ha llevado a concebir la superación laboral y la adquisición de un buen estatus económico como los indicadores principales del éxito de los hombres, al tiempo que se desestima la valoración de sus logros en ámbitos que no significan prestigio público o económico –como son los relativos al ámbito familiar o emocional. Esto promueve la competencia entre los hombres para alcanzar el mejor estatus económico y/o el éxito laboral, lo cual se consigue cultivando rasgos típicamente masculinos, como la competencia, la dureza, la agresividad, la inflexibilidad, etc., y evitando los femeninos, como la cooperación, la flexibilidad, el altruismo, etcétera. Este manejo unilateral del poder se aprecia no solamente en el ámbito laboral, sino también en las relaciones personales de los hombres; en el caso que ahora revisamos, por ejemplo, Israel piensa que debe de asumir el control de las actividades de su hogar.

Rol tradicional del hombre
• Trabajo en el ámbito público. • Área racional. • Autonomía. • Ejercicio privilegiado del poder.

Efectos indeseables en los hombres al asumir roles tradicionales

Entre los principales problemas que desarrollan los hombres que asumen este rol tradicional en las familias se encuentran los siguientes: sentimientos de ansiedad, fracaso, minusvalía y frustración provocados por su incapacidad para alcanzar éxito en el ámbito público –o bien cuando, habiéndolo alcanzado, lo han perdido–, que por lo general se expresan a través de conductas violentas o autodestructivas –como la adicción al alcohol o a alguna droga–; sentimientos de soledad e incomprensión, ocasionados por su renuencia a expresar emociones, sentimientos, preocupaciones, etc., que tienden a aislarlos física y emocionalmente de su familia; tendencia a negar o minimizar diversas afecciones físicas y/o psicológicas, debido a que su reconocimiento puede considerarse un signo de debilidad –en algunos casos extremos, la responsabilidad de los cuidados se deposita en las mujeres de la familia, pero evitando a toda costa el autocuidado; paradójicamente, esta imagen de autonomía que pretenden proyectar lleva a los hombres a dejar la responsabilidad del cuidado emocional y físico a las mujeres, provoca dependencia respecto de ésta, lo cual genera estados depresivos, de ansiedad, e hipocondríacos cuando tienen que enfrentar la pérdida de la presencia femenina en sus vidas familiares (Castro, 2004; Jiménez, 2003; Montesinos, 2002).

Identidades y prácticas de género emergentes

La historia de Norma y Jorge podría representar el modelo de pareja del siglo XXI. A sus 29 años, Norma ha alcanzado la mayoría de las metas que se ha planteado: en el ámbito laboral lleva cinco años ejerciendo la profesión de contadora y asistiendo asiduamente a cursos de actualización; en el terreno sentimental lleva viviendo un año con Jorge, después de cuatro años de noviazgo. A pesar de esta vida llena de éxitos, Norma se siente menospreciada en la esfera social. Ella menciona que sus padres la comparan constantemente con su hermana Laura, de 25 años, quien se casó hace seis años y tiene ya dos hijos –de cinco y tres años. ("Si fuera por mi madre, ya estaría casada desde hace varios años [...] ahora que estoy viviendo con Jorge me comenta constantemente acerca de lo bello que sería para nosotros tener hijos, que debo ser menos egoísta y pensar en tener mi propia familia. Yo me pregunto: ¿entonces quiere decir que no tengo mi propia familia?") Por su parte, Jorge menciona que apoya totalmente a Norma en sus decisiones, aunque también ha sido cuestionado por su familia, tanto respecto del advenimiento de los hijos como de la formalización de su matrimonio. ("Mis abuelos desearían que hubiera tenido una boda tradicional; sin embargo, Norma y yo decidimos que no es necesario tener unos papeles para poder vivir juntos y disfrutar de nuestro amor.") Además, algunos amigos de Jorge le hacen bromas vinculadas con la "buena conducta" que muestra en su relación de pareja, y aunque él menciona que está convencido de que la vida en pareja debe basarse en la igualdad de derechos y obligaciones, también confiesa que hay momentos en que tiene miedo de llegar a sentirse frustrado por perder la autonomía a la que estaba acostumbrado antes de vivir con Norma, e, incluso, que ha llegado a envidiar a algunos de sus compañeros de trabajo, quienes, aun cuando están casados, siguen llevando vida de "solteros" –por ejemplo, llegar tarde a casa, o no llegar del todo, por irse de juerga con los amigos.

En las últimas décadas, la identidad y las prácticas de género tradicionales han sufrido importantes transformaciones, impulsadas principalmente por diversos movimientos –como los feministas– que intentaban crear condiciones de mayor igualdad entre hombres y mujeres. Sin embargo, estos cambios no han sido percibidos de la misma manera por uno y otro sexo; por ejemplo, al mismo tiempo que se oye hablar de la "liberación de la mujer" se escuchan referencias a "la crisis de la masculinidad"; ¿a qué cambios se refieren tanto una como la otra? En términos generales, los nuevos roles de género de hombres y mujeres se caracterizan por la ruptura de los papeles tradicionales. A continuación se describen las características principales de estos nuevos roles de género, así como algunos de los dilemas que tienen que enfrentar las mujeres y los hombres que los experimentan.

Los nuevos roles de las mujeres: la liberación femenina

Como se comentó anteriormente, los movimientos feministas propiciaron cambios importantes en los roles tradicionales de las mujeres, los cuales fueron conformando la aparición de nuevas identidades y prácticas genéricas que significaron una liberación respecto de las restricciones en que se basaban los antiguos estereotipos femeninos (Castro, 2004; Martínez, 2005; Páramo, 2005). Retomaremos las características de los pilares en que se sostenían estos roles tradicionales para comentar los roles emergentes que fueron conformándose:

a. *Presencia en el ámbito público.* Uno de los primeros logros de los movimientos feministas fue la posibilidad de que las mujeres no quedaran relegadas solamente a la realización de actividades del ámbito doméstico, sino que también tuvieran acceso, en igualdad de condiciones, al ámbito público, principalmente en las esferas laboral y de educación superior. En la época actual resulta usual la presencia de las mujeres en diversas actividades fuera del hogar y que anteriormente eran exclusivas de los hombres, como en el caso de Norma, quien se desempeña de manera exitosa como contadora.
b. *Deja de considerarse la existencia de rasgos "naturales" y universales de personalidad.* Tales rasgos, que tradicionalmente eran considerados como parte de la naturaleza femenina –sensibilidad, empatía, altruismo, etc.–, ahora empiezan a ser considerados como productos del aprendizaje social. Esta concepción posibilita la inclusión de la mujer en áreas que antes se concebían como inadecuadas para ella debido a

la supuesta naturaleza emocional y poco objetiva de su personalidad. Hoy es común aceptar que hay mujeres capaces de tomar decisiones, asertivas, enérgicas, competitivas, creativas, innovadoras, etcétera.

c. *El éxito personal de la mujer deja de estar centrado en el cuidado de los demás.* La incursión en otras actividades y la posibilidad de asumir nuevas conductas fuera de la esfera emocional han llevado a las mujeres a dejar de centrar su vida exclusivamente en el cuidado de los demás. Su vida deja de girar alrededor de su desempeño como madres, esposas o hijas y empiezan a aparecer nuevos parámetros de bienestar personal, como el desarrollo profesional, educativo, espiritual, etcétera. Es importante aclarar que esto no significa que a estas mujeres no les interese el bienestar de las personas cercanas a ellas, sino que han dejado de pensar que la actividad del cuidado de los demás es suya exclusivamente, por lo que reclaman una participación activa de los demás en este cuidado –en especial de los hombres–, lo que ha generado nuevas formas de convivencia familiar en las que el padre y la madre pretenden cooperar de forma equitativa en la crianza de los hijos y en la satisfacción de sus propias necesidades, al tiempo que intentan inculcar esta forma de vida en sus hijos e hijas. En otros casos –así en el de Norma– deciden postergar la maternidad o, incluso, cancelarla definitivamente.

d. *El acceso a los nichos de poder.* A pesar de los cambios operados en las identidades y prácticas de género de las mujeres sería ambicioso afirmar que han alcanzado un lugar privilegiado de poder, ya que, como se mencionará posteriormente, se presentan diversas circunstancias que limitan la capacidad de las mujeres de ejercer el poder en los nuevos ámbitos de acción. Sin embargo, el acceso de las mujeres a estos lugares privilegiados de poder se ha ido incrementando en forma paulatina. En cuanto a lo familiar, cada vez se encuentra un mayor número de mujeres que son jefas de familia, que pueden tomar decisiones conjuntamente con sus parejas, cuyas voces tienen el mismo peso que las de los demás integrantes de la familia y sus necesidades personales son consideradas tan importantes como las de sus esposos e hijos. En el caso de Norma se tomó en cuenta su decisión de no ser madre, lo que implicó un empoderamiento de su cuerpo y de su derecho a decidir sobre la reproducción. También ella tiene el control de sus ingresos económicos y la administración de los mismos, ya que dedica un porcentaje al gasto familiar y otro a la satisfacción de sus necesidades personales.

Los nuevos roles de los hombres: la crisis de la masculinidad

Los cambios en los roles tradicionales femeninos ocasionaron modificaciones en los roles tradicionales masculinos. Pero mientras que para las mujeres estos cambios significaron una forma de liberación, la mayoría de los hombres experimentaron los propios como una crisis. La percepción de esta "crisis de la masculinidad" surge de la pérdida del monopolio de los espacios de poder y privilegio que tenían los hombres, así como de la aparición de nuevas responsabilidades en ámbitos en los que anteriormente no tenían que participar de manera activa. Todo lo cual ha propiciado el surgimiento de diversas posiciones ante dichos cambios; por ejemplo, existen agrupaciones que promueven un retorno a los rasgos masculinos tradicionales. Sin embargo, también han aparecido grupos que promueven la adopción de estas nuevas formas de masculinidad y que ponen énfasis en el beneficio que conlleva el asumirlas para las relaciones entre hombres y mujeres (Burin y Meler, 2000; Eisler, 2000). A continuación se comentan las características generales que presentan los principales cambios operados en los roles tradicionales de los hombres y que han ido conformando sus nuevas identidades y prácticas de género.

a. *Pérdida del monopolio de lo público y mayor participación en lo privado.* La incorporación de las mujeres en la esfera pública provocó la pérdida del monopolio de los hombres en ese ámbito, el que ahora comparten con ellas. Esto lleva a los hombres a reaprender las reglas del juego en ambos espacios, donde ahora, además de competir con otros hombres, lo hacen con las mujeres, lo cual los obliga a desarrollar habilidades de convivencia con ellas, en las que la relación adquiere un carácter más igualitario y en ocasiones los lleva a ocupar posiciones subordinadas respecto de la mujer. En el ámbito familiar se incrementa la exigencia de que participen de manera activa, cooperando en las actividades del hogar y conviviendo con la pareja y los hijos e hijas con un mayor compromiso. En la historia de Jorge se puede apreciar que las decisiones familiares ya no son tomadas unilateralmente, sino que son elegidas conjuntamente con la pareja, lo que provoca comentarios irónicos por parte de algunos de sus compañeros varones.
b. *Crítica de la supuesta existencia de rasgos "naturales" y universales de personalidad.* Se deja de pensar que los hombres presentan disposición biológica para ser más racionales, agresivos y competitivos y que tienen una incapacidad en el área emocional. Esta desnaturalización de rasgos

tradicionalmente considerados como masculinos permite una mayor crítica a las conductas que antes eran consideradas normales, como los actos de violencia o la renuencia a involucrarse emocionalmente en sus relaciones familiares. A su vez, también se promueven entre los hombres rasgos antes considerados exclusivamente femeninos, como la cooperación, la empatía, la sensibilidad, etcétera.

c. *Inclusión de lo emocional en sus relaciones personales.* La posibilidad de desarrollar habilidades racionales y emocionales, así como la exigencia de las mujeres de establecer una convivencia democrática con los hombres, posibilitó la inclusión de lo emocional en las relaciones que mantienen estos hombres. En algunos casos esta inclusión es experimentada como una exigencia, en otros realmente se disfruta esta nueva forma de convivencia. Esto puede apreciarse en el mayor número de hombres que conviven de manera equitativa con sus hijos e hijas, parejas, amigos y amigas, etc., sin la sensación de amenaza a su autonomía o su independencia.

d. *Se comparte el ejercicio del poder.* Ya se mencionó que los hombres dejaron de ejercer el monopolio de las posiciones de privilegio y poder y que han tenido que incorporarse en procesos y actividades que implican relaciones basadas en la igualdad en lugar de la competitividad. Esto ha llevado a los hombres a dejar de concebir su éxito personal solamente en términos de su desempeño laboral o su estatus económico, valorando también su participación en las relaciones personales. Algo característico de estos hombres es la importancia que atribuyen a su papel de padres, esposos o amigos y el abandono de su obsesión de ejercer permanentemente prácticas de poder y control sobre los demás.

Crisis familiares ante los nuevos roles de género

Los cambios mencionados en los roles de género impactaron en la dinámica de las familias, ya que modificaron las funciones tradicionales de mujeres y hombres. Se pueden identificar dos circunstancias generadoras de crisis ante la adopción de estas nuevas identidades y prácticas de género:

a. En primer lugar, aunque la familia conyugal tradicional haya dejado de ser el modelo familiar monopólico, sus principales características –estructurales e interaccionales– siguen siendo consideradas por muchos sectores de la sociedad como "lineamientos a seguir", lo que acarrea numerosos problemas a muchos hombres y mujeres que "no cumplen" con las expectativas generadas por los roles tradicionales: sufren, por ejemplo, hostigamiento social por no cumplir con dichos roles, como en el caso de Norma al postergar la decisión de ser madre o en el de Jorge al establecer una relación de pareja basada en la equidad. Esto conduce al cuestionamiento de los beneficios de adoptar estas prácticas de género emergentes, las cuales provocan sentimientos de ira, impotencia, frustración, incomprensión o discriminación debido a la presión social para regresar a los roles tradicionales. Asimismo, en algunas ocasiones orilla a la decisión de abandonar estas relaciones a pesar de que representan algo valioso para tales hombres y mujeres, lo que puede engendrar sentimientos de tristeza, frustración o soledad. Puede concluirse, entonces, que las redes sociales en que participan estos hombres y mujeres se convierten en promotoras o inhibidoras de los roles de género emergentes (Villanueva, Robles y Galicia, 2006).

b. En segundo lugar se encuentran aquellos integrantes de la familia (hombres en su mayoría) que siguen asumiendo un rol de género tradicional que los lleva a padecer consecuencias adversas en el ámbito familiar por no adaptarse a los requerimientos de las nuevas formas de convivencia (Salles, 2001; Walters, Carter, Papp y Silverstein, 1991). Se puede decir que estos hombres y mujeres se encuentran inmersos en creencias tradicionales de género que a su vez los confinan en determinados tipos de interacción familiar, que a su vez son reforzados en muchas ocasiones por alguno de los integrantes de la familia, quien también se encuentra atrapado en la rigidez de estos roles. Todo lo cual propicia constantes conflictos intrafamiliares que pueden culminar en la disolución del vínculo sentimental.

Género y psicoterapia

Las transformaciones de los roles de género y las ideas emanadas de los estudios feministas permearon el pensamiento de múltiples disciplinas involucradas de una forma u otra en el análisis de las relaciones entre hombres y mujeres. En el ámbito de la psicología dejó de pensarse en la familia tradicional como el modelo normal y funcional, lo cual llevó a los investigadores a tomar en cuenta formas emergentes de familia. En esta última parte del presente capítulo se relatan los aspectos más importantes que fueron transformando la visión de género asumida en las prácticas psicoterapéuticas y posteriormente se mencionan algunas ideas usadas por los psicólogos para pensar los roles de género tradicionales y la inclusión de nuevas prácticas asociadas a identidades emergentes de género.

Cuadro 2.1. Roles de género tradicionales de hombres y mujeres y sus principales transformaciones

	Mujeres	*Hombres*
Roles tradicionales	• Circunscritas al ámbito del hogar y la esfera privada. Sin posibilidad de acceso a los espacios públicos. • Entre sus principales labores y funciones en el ámbito familiar se encuentran: la procreación, la realización de las tareas domésticas, la crianza de los hijos, el cuidado afectivo de los demás, etc. • Se les atribuyen como "naturales" aspectos de la personalidad como los siguientes: sensibilidad, empatía, solidaridad y altruismo.	• Circunscritos al ámbito público, es decir, fuera del hogar. • Su principal función en el ámbito familiar se limita al de único proveedor económico. • Se le atribuyen como "naturales" aspectos de la personalidad como los siguientes: agresividad, competitividad, egoísmo, individualismo.
Transformaciones de los roles de género	• Aumento de su presencia en los ámbitos educativo y laboral. • Deja de pensarse en ellas como poseedoras de una personalidad caracterizada por aspectos "naturales" y confinadas a ámbitos exclusivos (como el del hogar).	• Participación incipiente en el ámbito hogareño. • Deja de pensarse en ellos como poseedores de una personalidad caracterizada por aspectos "naturales".

Cronología de la inclusión de la perspectiva de género en la terapia familiar

La influencia de Caroll Gilligan (crítica a las teorías psicológicas del desarrollo humano)

A partir de sus investigaciones, la psicóloga Carol Gilligan (1982), de la universidad de Harvard, realiza una importante crítica a algunas teorías del desarrollo en la psicología, incluida la teoría del desarrollo moral propuesta por su mentor Lawrence Kholberg. Esta autora afirma que gran parte de estas teorías se basa mayoritariamente en datos relacionados con la población masculina y deja de lado a la población femenina, que en muchas situaciones representa una "voz diferente". Entre algunas de las diferencias que presentan las mujeres, y que son ignoradas en estas teorías, se encuentran las siguientes:

> [...] la moral y el sentido de sí mismas de las mujeres se centran en los temas de la responsabilidad y el interés por los demás, insertos en aprecio constante por el contexto. Las mujeres nos orientamos a las relaciones, los hombres tienden a la separación (Baker, Pierce, Jordan y Surrey, 2001, p. 271).

Varios autores coinciden en que la principal aportación de Gilligan (cf. Lamas, 2002) fue poner en tela de juicio la universalidad de las teorías psicológicas, las cuales minimizan diversos aspectos sociales –como la raza, el sexo, la cultura o la clase social de los sujetos– a partir de los cuales se desarrollaron dichas teorías, así como de las personas a las que se evaluaba con las normas de éstas. En el caso de las mujeres se tiende a silenciar su voz, la cual debe comprenderse a partir de características propias y no con base en las de otras poblaciones o las del sexo dominante.

Crítica a la terapia familiar tradicional y propuesta de los proyectos feministas (equipo de Marianne Walters)

El pensamiento feminista repercutió también en la forma en que se concebía el trabajo terapéutico con las familias (Walters, Carter, Papp y Silverstein, 1991). Las críticas efectuadas a la terapia familiar tradicional se centraban principalmente en su pretensión de tomar como criterio de "familia funcional" al modelo tradicional basado en la división sexual del trabajo, en darle un valor positivo a aspectos culturales supuestamente masculinos –como la autonomía o la racionalidad–, en el menosprecio de aspectos presentes en la mayoría de las mujeres –como el cuidado de los otros (etiquetado como "dependencia emocional") o la emocionalidad–, y en la decisión de concebir que todas las personas deben atravesar por ciertas etapas que conforman el ciclo vital de la familia.[7] Es decir, los terapeutas familiares –al igual que los defensores de las teorías de desarrollo criticadas por Gilligan– basaban su trabajo en aspectos normativos de tipo universal y andrócentricos. También se realiza una crítica a los primeros modelos de terapia familiar sistémica –en especial, los estructurales y estratégicos–, al asumir un estilo tradicionalmente masculino en su práctica terapéutica, en la cual era relevante que el terapeuta asumiera una posición de liderazgo y conducción absoluta y centrada en el debate (Biscotti, Casabianca, Figueroa, Fried Schnitman, García, y Herscovici, 1996).

Entre los principales grupos que promovían incluir la perspectiva feminista en la terapia familiar se encuentra el encabezado por Marianne Walters, el cual, a partir de su práctica terapéutica y diversos talleres iniciados a finales de los años setenta, propone que los terapeutas aborden la perspectiva de género –en ese entonces denominada "feminista"– a partir de la inclusión de los siguientes aspectos: *a.* identificar las construcciones sociales basadas en el género que condicionan las conductas de mujeres y hombres; *b.* reconocer las limitaciones de las mujeres para acceder a recursos sociales y económicos; *c.* identificar pensamientos sexistas en las familias que restringen las opciones de las mujeres para dirigir sus vidas; *d.* reconocer la socialización que les ha sido impuesta a las mujeres para asumir el cuidado de los demás, así como los dilemas que enfrentan al ser designadas por la sociedad como las principales responsables de la crianza de los hijos; *e.* identificar las formas restringidas de adquisición de poder de las mujeres; *f.* valorar las conductas tradicionalmente femeninas –vinculación, afectividad, emotividad–, evitando destacar solamente las tradicionalmente masculinas; *g.* reconocimiento y aprobación de los proyectos

---

[7] Esto conducía a considerar como inmaduras a aquellas personas que no transitaban por estas etapas. Por ejemplo, se consideraba "sanas" a las personas adultas que mantenían una relación estable y formaban una familia, mientras que se calificaba de inmaduras a aquellas que no habían podido "comprometerse" en una relación estable de pareja o que decidían no tenerla.

de vida de las mujeres que no contemplan la vida familiar o de pareja, y *h.* reconocer que en cualquier intervención del terapeuta o psicólogo participa su propia postura respecto del rol que deben desempeñar hombres y mujeres, por lo que debe reflexionarse en torno de esta influencia. Esta propuesta quedó plasmada en el libro *The Invisible Web: Gender Patterns in Family Relationships*, publicado en 1981.

Consolidación de la inclusión de una perspectiva de género en la terapia familiar mediante la adopción de los enfoques construccionistas en la psicoterapia

El auge de los enfoques construccionistas en la terapia familiar fue, sin duda alguna, un aspecto que consolidó la toma de conciencia sobre la importancia de la inclusión de la perspectiva de género –que en su vertiente principal asume también una visión socioconstruccionista– en el trabajo con las familias. Esto se aprecia en el aumento de propuestas y análisis que conceden suma importancia a la perspectiva de género realizada tanto por mujeres como por hombres terapeutas de diversas corrientes psicológicas (Burin, 1998c; Jones, 1999; Ravazzola, 2005; Reimers y Dimmock, 1994; Tarragona, 1990). Los modelos que asumen esta perspectiva afirman que el conocimiento es construido socialmente; esto incluye a cualquier teoría acerca de la interrelación de las personas y el funcionamiento de las familias, por lo que ambos procesos dejan de ser considerados como parámetros universales y normativos. La opresión del poder y las historias dominantes acerca de lo que pueden o no hacer mujeres y hombres –problemáticas comunes ante las transformaciones de los roles de género en las familias– son temas relevantes en estas prácticas terapéuticas. A diferencia de los primeros modelos de terapia familiar, en los que se presentaba un estilo terapéutico tradicionalmente masculino, en estos modelos se incluyen prácticas asociadas a rasgos vinculados con el género femenino, como el diálogo, la colaboración, el cuidado de los otros y la importancia de los aspectos relacionales (Biscotti *et al.*, 1996).

El rol del psicólogo

Como psicólogos, al trabajar con las familias afrontamos diversos dilemas concernientes a aspectos relacionados con el género e incorporamos en las sesiones de terapia nuestra visión particular acerca de lo que debe ser la convivencia de hombres y mujeres, ya sea que pensemos que debe existir una equidad entre ambos sexos, que deben revalorarse aspectos tradicionales de cada sexo –por ejemplo, la afectividad en las mujeres o la competitividad en los hombres–, o que deben desarrollarse las nuevas prácticas genéricas de hombres y mujeres; en cualquier caso, todo pensamiento que tengamos repercutirá en nuestro trabajo terapéutico. Debido a esto, es importante que seamos conscientes de nuestra propia perspectiva acerca del género, de cómo influye ésta en nuestro trabajo terapéutico y en nuestra interacción con los hombres y las mujeres de las familias que nos consultan. Diversos autores (Burin, 1998c; Olson, 1997; Reimers y Dimmock, 1994; Tarragona, 1990) mencionan que, al tomarlo en cuenta, esto posibilita una terapia "sensible al género", la cual crea un ambiente en el que se puede reflexionar acerca de la influencia que tienen las identidades y prácticas de género en las problemáticas presentadas por las familias. A continuación se comentan algunos puntos que recomiendan diversos autores para incluir esta perspectiva de género en la terapia familiar.

Reflexión acerca de la perspectiva del psicólogo con respecto a los roles de género

Se ha mencionado ya la importancia de que el psicólogo sea consciente de que sus propias creencias respecto de los roles de género y su propia persona van a influir en la interacción con las familias que lo consultan. Debido a esto, el psicólogo debe reflexionar acerca de este diálogo interno, evitando invalidar a priori cualquier punto de vista de cada uno de los integrantes de la familia y permitiendo la inclusión de estas perspectivas en la conversación terapéutica. En este sentido, Reimers y Dimmock (1994) mencionan que algunos terapeutas, hombres y mujeres, que piensan que debe existir equidad en la relación de pareja tienden a descalificar radicalmente a aquellos hombres que ejercen control sobre su pareja; en otros casos se les dificulta comprender a los integrantes de la pareja –generalmente a las mujeres– que se encuentran en una posición de desventaja en la relación, lo cual dificulta el proceso de terapia. Algunas estrategias sugeridas para evitar esto son:

- Asumir la postura de validación propuesta por Bill O'Hanlon (2001), mediante la cual se evita criticar los pensamientos y sentimientos de las personas. Es importante que las personas que asistan a consulta no sientan que sus sentimientos o pensamientos son criticados o juzgados por el psicólogo, pues ello les producirá la sensación de ser comprendidos. El psicólogo deberá escuchar a los integrantes de las familias *sin* asumir prejuicios derivados de sus propios puntos de vista acerca de las relaciones entre hombres y mujeres. Por ejemplo, es conveniente que un terapeuta diga a una madre de familia que en nuestra sociedad es normal sentir culpa por no dedicar tiempo al cuidado de los hijos.

- Cuando el psicólogo se percate de que está asumiendo una postura rígida con respecto a un punto de vista, es recomendable que asuma diversas perspectivas en relación con las identidades y prácticas genéricas. Por ejemplo, si una paciente tiende a criticar constantemente la conducta agresiva que un hombre adopta para con su familia, el psicólogo puede incluir en su conversación una perspectiva que contemple el sufrimiento que también suelen experimentar los hombres tradicionales y dedicar una parte de la conversación a este tema.

La identidad genérica que irradia el terapeuta en la familia es otro aspecto básico que conviene considerar en el trabajo terapéutico. En muchas ocasiones, que el psicólogo sea mujer u hombre puede influir en la conversación terapéutica. Por lo general, los integrantes de la familia del mismo sexo que el psicólogo(a) tienden a pensar que serán mejor comprendidos por éste(a), mientras que los del sexo contrario pueden sentirse en posición de desventaja debido a esta circunstancia. Es común escuchar comentarios como los siguientes: "como la psicóloga es mujer, no puede entenderme y se pone del lado de mi esposa"; "creo que debido a que [el psicólogo] es hombre, es poco sensible a mis necesidades como mujer", etcétera. Algunas recomendaciones al respecto, son las siguientes:

- Introducir en la terapia puntos de vista diferentes de los del terapeuta. Es bueno que el psicólogo incluya el siguiente tipo de preguntas en la terapia –ya sea para sí mismo o de forma explícita para con la familia–: ¿que pensaría acerca de esta problemática si yo fuera mujer/hombre?; si en lugar de haber aprendido a ser independiente, me hubieran enseñado a depender de los demás, ¿pensaría que dejar una relación destructiva es sumamente fácil?; ¿cómo viviría los problemas familiares?; etcétera.
- Interrogar periódicamente a los integrantes de la familia sobre el impacto que tiene en ellos la postura del psicólogo y preguntarles acerca

de su propio punto de vista en relación con los temas tratados en la terapia. Algunas preguntas útiles pueden ser: ¿qué piensa acerca de esto que le comenté?; ¿qué tan adecuada es esta idea para usted?; ¿existe algo en lo que no esté de acuerdo?; ¿quiénes están convencidos de la veracidad de esta idea?; esto que se mencionó en la sesión, ¿ha cambiado en algún aspecto su punto de vista acerca de la situación por la que pasa su familia?

- Incluir a otros terapeutas o apoyarse en un equipo de reflexión para escuchar voces diferentes. Es recomendable invitar a algún compañero psicólogo(a) de sexo diferente al nuestro a que participe en alguna sesión o si se trabaja con un equipo de psicólogos, intentar que esté conformado equitativamente por hombres y mujeres.

Reflexión acerca de los roles de género existentes en las familias

Es importante que en el proceso de terapia se promueva lo que en terapia narrativa[8] se ha dado en llamar "deconstrucción" de las historias dominantes. Este proceso de deconstrucción se basa en el conocimiento de la forma en que se fueron construyendo las creencias de las personas –en este caso, las creencias acerca de sus identidades y prácticas de género–, lo que implica indagar en torno de las personas –familiares, compañeros de escuela, de trabajo, vecinos, etc.– que intervinieron en el proceso y los efectos que estas creencias han tenido en los diversos ámbitos de su vida. La importancia de deconstruir estas creencias es que las personas generan una conciencia acerca de que tales creencias se han sido conformando a partir de la participación que han tenido en diferentes redes sociales, por lo que no puede considerárselas como únicas o naturales; es decir, que existe la posibilidad de vivir con base en creencias diferentes, que sean más benéficas para la buena convivencia de hombres y mujeres en el interior de las familias. En las sesiones terapéuticas se busca deconstruir las

---

[8] Las propuestas del trabajo del psicólogo presentadas en este capítulo se basan en su mayor parte en esta perspectiva narrativa de la terapia, donde se concibe que las experiencias de las personas son integradas como historias con un significado construido socialmente, por lo cual estos relatos o historias pueden tener múltiples interpretaciones, y cada interpretación va a posibilitar diferentes sentimientos, acciones y posibilidades en las personas. Se recomienda al lector interesado en profundizar acerca de la teoría y práctica de esta propuesta de terapia revisar las obras de Freedman y Combs (1996), Payne (2002), White (1994) y White y Epston (1993).

creencias acerca de las identidades y prácticas de género que influyen en los problemas que presentan las familias, posibilitando que se deje de pensar en estas conductas tradicionales de género como algo "natural" o parte de la esencia de hombres y mujeres. Entre las estrategias que puede realizar el psicólogo se encuentran las siguientes:

- Explorar las ideas que tienen los integrantes de las familias acerca de lo que significa ser hombre o mujer y la manera en que esto influye en los roles familiares; es decir, qué significa ser padre, madre, hija e hijo. Esta exploración debe abarcar tanto la identidad como las prácticas de género, es decir, el significado atribuido a cada rol femenino o masculino y las acciones vinculadas con este rol. Algunas preguntas que indagan acerca de esto son: ¿cómo piensas que debe ser una madre/padre, hijo/hija en una familia?; ¿crees que existen deberes por ser madre/padre, hijo/hija?, ¿cuáles son?; ¿existen diferencias entre lo que hacen hombres y mujeres en esta familia?, ¿a qué se debe?, etcétera.
- De la misma manera en que se exploró la construcción de género, se recomienda indagar en torno de las creencias que tiene la familia acerca del incumplimiento de los roles que les son asignados a hombres y mujeres. Ejemplos de las preguntas que pueden auxiliar en esta indagación son los siguientes: ¿qué sucede cuando algún integrante de la familia no cumple con el rol que le ha sido asignado?; ¿qué hacen en tal caso los demás miembros de la familia?; ¿cuál es la sensación que les causa esto?; ¿alguien realiza lo que se ha dejado de hacer?; ¿existe algún tipo de recriminación por ello?
- Comentar acerca del proceso de construcción de las creencias familiares respecto de las identidades y prácticas de género. En relación con esto, Fuller (1997) sugiere emprender una indagación sobre "las diferentes posiciones que los sujetos han ocupado a través de su vida, establecer quiénes han sido los otros en estas interacciones y cuáles fueron las definiciones y normas relativas al contexto que circularon entre los actores" (p. 17). En especial se sugiere explorar cuáles fueron las enseñanzas de género que se presentaron en las familias de origen de los integrantes de las familias consultantes, aunque no hay que dejar de indagar acerca de otras redes importantes, como son los pares, compañeros y compañeras de trabajo, maestros, etcétera. En algunas ocasiones es recomendable que el propio psicólogo asuma la postura de preceptor y proporcione información a la familia acerca del proceso de construcción social de los roles de género. Algunas preguntas re-

presentativas de este aspecto son las siguientes: ¿desde cuándo empezaron a tener estas ideas acerca de lo que debe realizar una mujer y un hombre en el seno familiar?; a lo largo de su vida, ¿qué personas comparten estas ideas?; ¿de qué manera los otros han sido determinantes para consolidar esta perspectiva?; ¿qué experiencias recuerdan con respecto a la adopción de estas ideas?; ¿en qué contextos en los que han vivido se consideran estas ideas como lógicas y "naturales"?; ¿qué influencia tienen en sus vidas las personas que están de acuerdo con esta forma de vida de mujeres y hombres en el interior de las familias?

- Identificar de qué manera estas perspectivas que han dominado sus vidas han influido en la generación de diversas problemáticas familiares. Algunas preguntas que se pueden realizar son: ¿estas ideas acerca de lo que debe ser una madre/un padre han influido en su relación de pareja?; ¿cómo han afectado la forma en que se relaciona con sus hijos?; ¿han limitado algunas cosas que le gustaría realizar?; ¿de qué manera se vincula esta forma de pensar con los problemas actuales que presenta la familia?; ¿qué experiencias acerca de lo que debe ser una mujer/un hombre han tenido más influencia en el desarrollo de estas dificultades?, etcétera.

Ampliar los relatos familiares acerca de los roles de género

El paso siguiente a la reflexión de las creencias actuales sobre las identidades y prácticas genéricas es posibilitar la emergencia de relatos diferentes, en los que exista la posibilidad de una mejor convivencia y mayor equidad entre los integrantes de la familia. Esta etapa implica una construcción paulatina de los nuevos relatos, los cuales poco a poco irán tomando fuerza y reemplazando a las antiguas historias limitantes. Algunas ideas útiles para ampliar estos relatos de las creencias de género son las siguientes:

- Identificar aquellos momentos o acontecimientos experimentados por la familia que no se hayan basado en los roles de género tradicionales. Para tal fin pueden realizarse las siguientes preguntas: ¿en qué momentos los miembros de la familia han podido convivir de manera diferente a la que comúnmente consideran normal?; ¿qué beneficios trajo consigo esta manera diferente de convivir?; ¿qué ha pasado cuando esta idea acerca de cómo ser hombre/mujer no se ha apoderado de usted?; ¿qué cosas diferentes y a la vez agradables ha podido realizar?;

experimentar esta forma distinta de ser y comportarse ¿qué significó para usted y su familia?, etcétera.

- Identificar voces con creencias alternativas a las dominantes presentadas por los integrantes de las familias y la manera en que estas perspectivas diferentes benefician la relación familiar. Es importante que algunas de estas voces procedan de un contexto cercano al de los consultantes, posibilitando la formación de una nueva red social en la que se compartan perspectivas de género más flexibles y benéficas para las familias. Para realizar esta indagación se plantean preguntas similares a las realizadas para identificar el proceso de construcción de las creencias de género actuales, pero ahora dirigidas a identificar las redes sociales que tienen creencias de género distintas. Algunos ejemplos de preguntas que se pueden usar para este propósito son: ¿recuerdan a personas que conozcan que tengan ideas diferentes respecto de lo que significa ser mujer y hombre dentro de la familia?; la forma en que ustedes conviven actualmente, ¿en qué contextos no se consideraría la opción normal o única?; en sus vidas ¿qué personas se han opuesto a pensar de esta manera acerca de las mujeres y los hombres?; ¿de qué manera se comportan estas personas?; ¿qué impacto ha tenido esto en sus vidas?; ¿de qué manera sería benéfica para ustedes la presencia de estas personas en sus vidas?; ¿cómo podrían fortalecerse los vínculos con estas personas?; ¿qué beneficios traería a sus vidas asumir esta forma de pensar y de comportarse?; ¿qué cosas diferentes podrían disfrutar en su relación de pareja?; ¿cómo beneficiaría esto la relación con sus hijos e hijas y con ustedes mismos?, etcétera.
- Aprovechar escenarios futuros para construir y consolidar estos nuevos relatos. Se pueden realizar los siguientes cuestionamientos: al seguir asumiendo nuevas formas de convivencia familiar, ¿cómo imagina su relación de pareja y familiar dentro de cinco años?; ¿qué cosas podrán realizar que sean gratas para ustedes?; ¿qué obstáculos vislumbra que aparecerán al asumir esta nueva forma de ser y de comportarse?; ¿cómo vencerán estos obstáculos?; ¿quiénes compartirán este nuevo estilo de vida?; ¿cómo influirán estas personas en sus vidas?; ¿qué pensamientos y acciones habrán sido importantes para poder convivir de esta manera?, etcétera.

Cuadro 2.2. Recomendaciones para el trabajo del psicólogo al tratar problemáticas de género en las familias
a. Reflexionar acerca de su propia perspectiva respecto de los roles de género: • Asumir una postura de validación de los sentimientos y/o pensamientos de las personas. • Evitar asumir prejuicios derivados de los propios puntos de vista acerca de los roles de género. • Asumir diversas perspectivas en relación con las identidades y prácticas genéricas. • Introducir en la terapia puntos de vista de voces diferentes a la del terapeuta. • Interrogar a la familia acerca del impacto que tienen en ellos la postura del psicólogo y los temas tratados en la terapia. • Incluir a otros terapeutas o apoyarse en un equipo de reflexión.
b. Reflexionar acerca de los roles de género existentes en las familias: • Explorar las ideas de las familias acerca de lo que significa ser hombre o mujer y cómo influye esto en los roles familiares. • Indagar acerca de las creencias familiares ante el incumplimiento de los roles atribuidos a hombres y mujeres. • Comentar y dar información acerca del proceso de construcción de las creencias familiares en las identidades y prácticas de género. • Identificar la influencia de estas creencias de género en la generación de las problemáticas familiares.
c. Ampliar los relatos familiares acerca de los roles de género: • Identificar aquellos momentos en los que se han asumido roles de género flexibles. • Identificar voces alternativas a las creencias dominantes que se presentan en las familias y reflexionar acerca del beneficio de tomarlas en cuenta. • Aprovechar escenarios futuros para construir y consolidar nuevos relatos sobre los roles de género en las familias.

Reflexión final

Las transformaciones que se han presentado en las últimas décadas en las identidades y prácticas de género han repercutido de manera importante en la sociedad. En el ámbito familiar ha posibilitado la esperanza de relaciones más equitativas, democráticas y armoniosas. Sin embargo, la coexistencia de la diversidad de creencias en torno de los roles de género en las familias también ha propiciado la aparición de problemáticas familiares hasta antes inexistentes (o las ha vuelto visibles) –por ejemplo, el manejo del dinero o la distribución de las obligaciones y actividades, que antes eran claramente diferenciadas de conformidad con el sexo y la edad– o inadvertidas –como la violencia familiar o la infidelidad masculina. Se puede afirmar que las cuestiones relacionadas con la perspectiva de género van a estar presentes en mayor o menor medida en la mayoría de las problemáticas familiares, por lo que es trascendental que el psicólogo que trabaje con familias sea consciente de ello y posibilite la reflexión en torno de la influencia que estos discursos de género tienen en la convivencia de hombres y mujeres en el interior de las familias.

Conversación

Francisco Javier Robles, Shuyin Durán, Karen Vega

SHUYIN: *Al reflexionar desde hace tiempo sobre el tema de género, me resulta interesante la visión actual que se tiene de los movimientos feministas, en especial con respecto a la aportación histórica para la promoción de cambios sociales, como bien lo explicas en este capítulo. Han sido cambios que han costado vidas, incluso de muchas mujeres que lucharon por tener un lugar equitativo en la sociedad, situación que lamentablemente aún no se ha logrado como se desearía. En este sentido, la* ONU *sigue dando cifras alarmantes acerca de la cantidad de personas que viven en situación de pobreza en el mundo, mujeres la gran mayoría de ellas. Lamentablemente, también en México sigue existiendo esta inequidad económica, como se refleja en los salarios, con los hombres ganando más que las mujeres en el desempeño del mismo puesto, con muchas políticas empresariales que ven "con malos ojos" que una mujer pida permiso para ir por sus hijos a la escuela o para atenderlos porque se encuentran enfermos, entre otras situaciones similares. Asimismo, todavía existen tradiciones arraigadas en varias entidades de la república mexicana que perpetúan la inequidad de género; por ejemplo, en algunas localidades existe la idea de que las niñas no deben ir a la escuela, ya que deben dedicarse a atender a su familia y, cuando sean mayores, esperar a casarse para repetir los patrones aprendidos en casa. En fin, podría citar varias situaciones en las que la equidad aún está lejos de alcanzarse. Ante esta perspectiva, me gustaría saber tu opinión acerca de las condiciones de vida que esperan a las mujeres en general en el futuro.*

FRANCISCO JAVIER: Quisiera dirigir mi respuesta acerca de la perspectiva que tengo sobre el futuro de las relaciones entre hombres y mujeres en las familias, la cual, al igual que otros autores (Martínez, 2005; Montesinos, 2002 y Páramo, 2005), la concibo conformada por la coexistencia de formas tradicionales de prácticas de género y las formas emergentes que ya se han explicado a lo largo del capítulo. Esto nos lleva a encontrar múltiples y complejas características en las relaciones familiares, debido a las ideologías y prácticas genéricas asumidas por cada uno de sus integrantes e, incluso, por sus redes sociales. Confío en que las condiciones socioculturales vayan transformándose de manera paulatina, de tal forma que generen situaciones más equitativas entre mujeres y hombres. En este sentido, quisiera recomendar la lectura del libro *El placer sagrado*, de Riane Eisler (2000), donde esta antropóloga realiza un análisis profundo de los cambios sociales y culturales que se han presentado en las últimas décadas y que permiten pensar en la posibilidad de consolidar un modelo solidario[9] para las relaciones humanas. Brevemente quisiera comentarte algunas ideas planteadas en este libro, las cuales comparto, y que pueden responder a tu pregunta: Eisler denomina *revolución de la conciencia* a todos los cambios radicales que se han presentado en la sociedad y que permiten revalorar las formas de convivencia basadas en la equidad y la solidaridad; entre estos cambios menciona los movimientos feministas, las instituciones que trabajan por los derechos de los niños, los colectivos de hombres y mujeres que rechazan las relaciones de género basadas en un modelo tradicional de género, etc. –aunque también señala los contramovimientos que han aparecido para evitar que se amplíen y consoliden estos cambios hacia nuevas y más equitativas formas de convivencia. Su perspectiva para el futuro es que estamos en una etapa crucial, durante la cual podemos seguir ampliando estos cambios –tanto en lo individual, como en lo familiar y lo social–, los cuales son posibles debido a la capacidad que tenemos los seres humanos para convivir de maneras más solidarias. Para finalizar con esta respuesta, comparto contigo una cita de esta autora en la que habla de la potencialidad tanto de hombres como de mujeres para construir espacios de convivencia solidaria con los otros:

> A pesar de toda la insensibilidad y dolor considerados normales en gran parte de la historia registrada [...] mujeres y hombres se las han arreglado de alguna manera para relacionarse entre sí de maneras afectuosas y placenteras. Incluso en medio del odio, la crueldad y la violencia, logramos una y otra vez dar y recibir amor y encontrar alegría no sólo en la pasión sexual sino en los gestos más simples, tocando la mano de alguien, dando un beso o una sonrisa amistosa

---

[9] Eisler identifica dos principales modelos en las sociedades: *a.* el modelo basado en relaciones dominantes, en el que existe una valoración de lo que culturalmente ha sido asociado con lo masculino, en detrimento de lo femenino, además de presentarse una institucionalización de la violencia, del autoritarismo, etc.; y *b.* el modelo basado en relaciones solidarias, en el que se valora por igual lo masculino y lo femenino y se privilegian las relaciones no-violentas, basadas en la equidad y la solidaridad.

[...] incluso en los peores momentos conseguimos encontrarlo en los eventos naturales más comunes: una puesta de sol, una flor, un cielo con luz de luna (Eisler, 2000, p. 87).

SHUYIN: *Esto me lleva a pensar acerca de quiénes han contribuido a promover condiciones para una convivencia equitativa entre mujeres y hombres, así como a reflexionar con respecto a esta población que constituimos los psicólogos(as) y psicoterapeutas y que finalmente también contribuimos a esta misma lucha, dentro del consultorio y fuera de él, con escritos, investigaciones, discursos, etcétera. Estoy convencida de que representamos una parte importante –junto a los profesionales de otras disciplinas que también se han sumado a esta voz en favor de la equidad– del cambio social. Me gustaría que platicaras sobre lo que piensas acerca del papel que tenemos como transformadores del cambio social desde la perspectiva de género.*

FRANCISCO JAVIER: Es interesante el comentario que realizas acerca de la contribución que, en cuestiones de género, han realizado las personas que constituyen la comunidad psicológica y que en muchas ocasiones pasa inadvertida. A lo largo del capítulo se puede apreciar cómo los psicólogos que han asumido esta perspectiva de género han transformado la manera en que se concebía la teoría y la práctica de la terapia familiar. En términos generales, comparto la opinión de diversas investigadoras (Hernández, 2002; Walters, Carter, Papp y Silverstein, 1991) que afirman que esto ha permitido ampliar la visión en torno de las problemáticas que presentan las familias. Por ejemplo, quisiera mencionar cinco aspectos que han sido tomados en cuenta en la práctica de la terapia familiar:

a. Ser consciente de la influencia de la perspectiva de género en la ideología y el comportamiento de las personas, así como en la forma en que se relacionan con los demás, lo que ha llevado a que se tomen en cuenta estos factores para comprender de manera más amplia las diversas problemáticas que presentan las familias.
b. Reconocer la situación de inequidad existente entre hombres y mujeres, en la que generalmente estas últimas han sido relegadas a una posición de desventaja. En el ámbito de la terapia, esto ha permitido reflexionar acerca de la utilización de diversas prácticas psicoterapéuticas y el impacto diferente que tenían en hombres y mujeres, con lo cual, en ocasiones –sin que esa fuera la intención–, se fortalecía la posición de superioridad e inferioridad del hombre y la mujer, respectivamente. A

su vez, esta reflexión ha llevado a la adopción de prácticas que asumen una postura de mayor equidad entre hombres y mujeres.

c. La inclusión de la experiencia de mujeres y hombres que se han alejado de las identidades y prácticas de género tradicionales. Esta situación ha llevado al terapeuta a tener que abandonar su posición de experto único para compartirla con las de mujeres y hombres, los cuales son considerados como expertas y expertos en sus propias vidas, con la posibilidad de compartir con nosotros sus propias experiencias, recursos, expectativas, sufrimientos, etc., que son realmente aprovechados –y no solamente escuchados, como si fuera una práctica de catarsis– con el fin de encontrar nuevas posibilidades en sus vidas.

d. Tomar en cuenta no solamente los aspectos del entorno individual o familiar, sino los de contextos más amplios, como la localidad, las instituciones religiosas o laborales en las que se desenvuelven las personas.

e. Reflexionar acerca de la manera en que conviven los hombres y las mujeres que integran a las familias y cómo ésta se encuentra relacionada con los discursos de género dominantes –en lugar de pensar en conductas que son producto de factores intrapsíquicos y/o biológicos–, lo que a su vez crea la necesidad de indagar acerca de la forma en que estos discursos han sido construidos y de qué manera podemos reconstruirlos, de tal suerte que permitan una mejor convivencia en el ámbito familiar.

Podríamos añadir algunos puntos más; sin embargo, me parece que ser conscientes de los ya mencionados sería un gran paso para empezar a transformar los ámbitos en que nos desenvolvemos. Estoy convencido de que ser multiplicadores de la relevancia que tienen estos aspectos sería un aporte importante en nuestro contexto social: compartir la trascendencia de la perspectiva de género con las personas que convivimos –alumnas(os), consultantes, colegas, amigas(os), etc.– a través de diversos medios –en nuestra práctica terapéutica, conferencias, escritos, etcétera. En este sentido, me parece que todavía hay mucho camino por avanzar. En mi experiencia, me he encontrado con psicólogas(os) que minimizan estos aspectos y que consideran que los problemas presentados por hombres y mujeres deben ser vistos como estrictamente individuales, ya porque no dan importancia a los factores socioculturales y se basan en explicaciones puramente psicológicas –por ejemplo, pensar que la principal causa de que las mujeres sean víctimas de violencia se debe a características de su personalidad o de su relación con la figura paterna–, o bien porque piensan que ya se han alcanzado condiciones de equidad entre hombres y mujeres y culpabilizan a quienes no las aprovechan –por ejemplo, pensar que la mujer es culpable de seguir viviendo con un hombre violento, o que un hombre sufra por no poder involucrarse emocionalmente con su familia.

KAREN: *En el material presentado, textualmente se lee la siguiente afirmación: "En algunos casos extremos se deposita en las mujeres de la familia la responsabilidad de los cuidados, pero siguiendo con este propio patrón de evitar autocuidarse". Ante esta enunciación que resulta ser destructiva para las mujeres, ¿qué opciones de trabajo tiene el terapeuta? Es decir, ¿en qué nivel debe enfocar su atención para colaborar con una familia en la que se presenta esta situación?*

FRANCISCO JAVIER: Como mencioné en el capítulo, me parece importante la reflexión en torno a la forma en que se fueron construyendo las pautas de género entre los integrantes de las familias mediante la indagación de las experiencias de vida que los han llevado a concebir que las mujeres son las encargadas de este cuidado emocional en el ámbito familiar, así como de los efectos negativos que produce esta historia limitante. Esto es un paso importante, ya que permite concebir esta forma de comportarse solamente como una opción entre otras en las que los roles pueden ser más equitativos. Esto posibilita dejar de concebir los roles de género tradicionales como "naturales". En este sentido quisiera comentar dos aspectos que podrían ser útiles para los psicólogos que abordan este tipo de temáticas:

a. Valorar estas prácticas –cuidado de los demás, sensibilidad, interdependencia, etc.–, que son tradicionalmente asociadas a las mujeres, ya que tienen un significado importante en sus vidas y permiten el desarrollo de conductas de cooperación, colaboración y solidaridad en las familias. Esto es importante porque se puede caer en el error de etiquetar negativamente estas prácticas y valorar sólo las conductas tradicionalmente masculinas –independencia, autonomía, racionalidad, etc. Lo que se propone desde esta perspectiva es buscar liberarse de un guión de género dominante que afecta negativamente la vida en familia de mujeres y hombres; por ejemplo, con respecto a este tema que me preguntas, no es que se conciba como negativo el que las mujeres se encarguen del cuidado de los demás, sino los efectos que provoca que vean este rol como algo obligatorio y que los demás integrantes de la familia no se involucren en esta tarea por los mismos motivos.

b. Tener presente que las prácticas de género son construidas y mantenidas por medio de nuestras experiencias en diversos contextos relacionales, por lo que se debe evitar concebir estas situaciones como problemáticas individuales. Es necesario que esto se tome en cuenta, ya que existe una tradición importante en psicología que promueve la idea de que las personas recuperen el control de sus vidas, censurando a toda aquella persona que es susceptible de ser influida por los demás –etiquetándolas como inmaduras, dependientes o víctimas de algún problema psicológico que no han resuelto en sus vidas. Sin embargo, esta perspectiva, además de incrementar el sentimiento de culpa de las personas en relación con sus problemas –a fin de cuentas, es su responsabilidad individual pensar que las cosas deben ser de tal o cual manera–, pasa por alto las consecuencias sociales que tienen que enfrentar las personas conforme van modificando dicho rol. Debido a esto, es relevante que el psicólogo indague acerca de los contextos relacionales –familia de origen, amigos, compañeros de trabajo y/o escuela, la pareja y/o los hijos, etc.– que fortalecen estos roles tradicionales, así como de los contextos que pueden construir para generar nuevas formas de relación en las familias.

KAREN: *Hablando de las transformaciones y rupturas por las que atraviesan las familias en la actualidad, otra modalidad que puede presentarse es aquella en la que la pareja la forman dos personas del mismo sexo y, en algunos casos, ambos(as) se convierten en padres de un niño(a). Ubicándonos en el contexto de la sociedad en la que vivimos, esta nueva familia enfrentará retos distintos de los que tendría una familia tradicional; en este sentido, ¿cómo puede un psicólogo apoyar a una pareja o familia que se aparta de lo aceptado y de lo establecido, buscando lograr una estabilidad definida desde sus propios parámetros?*

FRANCISCO JAVIER: Esto implica un reto importante, sobre todo en países como el nuestro, donde todavía es escasa la información acerca de lo que pasa en las llamadas familias homoparentales o con progenitores del mismo sexo. Me parece útil que el psicólogo asuma una visión antropológica e intente comprender la cultura de cada familia –reglas familiares, estilos de convivencia, características específicas del tipo de familia, etc.–, lo cual posibilitaría un apoyo más adecuado para cada una de las familias. Por otra parte, y tratando de relacionar esto que me preguntas con el tema expuesto en este capítulo, pienso en la dificultad que enfrentan estas familias al "transgredir" estereotipos tradicionales de una sociedad en la que la idea dominante es que la pareja de padres o madres tienden a establecer conductas perversas con sus hijos o que los hijos de estas familias pueden sufrir un daño psicológico al no contar en sus vidas con la presencia masculina o femenina, daño psicológico que puede constituirse en una influencia negativa para otros niños o jóvenes que provienen de familias con una estructura más tradicional. Al igual que en otras situaciones ya comentadas en este capítulo, me parece importante indagar cómo tales ideas dominantes han afectado la vida de las familias, así como reconocer el valor único que tales familias tienen y todas las habilidades que han desarrollado y puesto en práctica para poder llegar a conformarse como familias.

Finalmente, quisiera decirte que tu pregunta me genera, a su vez, más preguntas que respuestas, lo que me lleva a insistir en la importancia de conocer más acerca de estos temas, por lo que quisiera recomendar a los lectores, además de la consulta de textos especializados acerca de las personas homosexuales (Castañeda, 1999; Riesenfeld, 2000), la de aquellos que incluyen un debate en torno del reconocimiento social de estas familias.[10]

KAREN: *En cuanto a las limitaciones que un psicoterapeuta enfrenta al trabajar con las familias, una de ellas podría ser que los miembros de la familia coincidan en que su forma de relacionarse es la que debe permanecer en su dinámica, aun cuando el terapeuta se dé cuenta de que se trata de relaciones poco equitativas y democráticas que distan de las transformaciones positivas que se proponen a lo largo del desarrollo del tema. Si esto llegara a suceder, ¿cómo puede el psicólogo que atiende a esta familia manejar su concepción de lo que "debería cambiar" y lidiar con la postura que la familia defiende y sostiene?*

FRANCISCO JAVIER: Preferiría pensar en formas de generar el reconocimiento de otras alternativas de relación más equitativas, en lugar de pensar en "lidiar" con la postura que sostienen las familias. Mi postura terapéutica

---

[10] En lo particular recomiendo la revisión de la revista *Debate Feminista*, en su edición de octubre de 2005, que dedica el número al tema de las familias homoparentales.

es evitar pensar de antemano que una determinada dinámica familiar es la correcta o incorrecta o que mis creencias personales acerca de cómo debería relacionarse una familia deberían privilegiarse por encima de la perspectiva de las familias que llegan a consulta.[11] Esto no quiere decir que el psicólogo deba asumir una postura pasiva en la consulta o que no deba incluir su perspectiva teórica y personal en los casos en que ésta no coincida con la de las familias, sino que debe plantear su perspectiva como una alternativa más democrática y más satisfactoria para las familias; un ejemplo de este ofrecimiento sería compartir algunas experiencias de otras familias acerca del impacto que tuvo en sus vidas asumir determinado tipo de relación entre sus integrantes. Otras alternativas que me parecen útiles para abordar estas situaciones se desarrollan con mayor precisión en el capítulo "Generando ideas útiles en el trabajo con las familias", que compartes con nosotros en este mismo libro.

KAREN: *En tu opinión, ¿cuál consideras que es la influencia que el género del terapeuta tiene sobre el sistema familiar? Si se presentara una situación difícil dentro del contexto terapéutico por este hecho; por ejemplo, pienso que en el trabajo con una familia "tradicional" insertada en un contexto machista, o quizás hasta en una familia de tipo matriarcal, en la que hay roles muy marcados y establecidos, el hecho de que el terapeuta sea hombre o mujer va a marcar una diferencia importante, pues podría implicar tanto que la familia no regrese a la siguiente sesión como que desista del proceso terapéutico por la diferencia de género del terapeuta. Ya que el punto de vista de un terapeuta del sexo opuesto podría ser fácilmente cuestionado y descalificado, ¿cómo sugieres que debe abordarla el psicólogo?*

FRANCISCO JAVIER: Me parece que lo primero que debe de cuestionar el psicólogo es el mito de que su presencia es neutral en el proceso de terapia. Este mito es avalado por una tradición científica tradicional que postula que el terapeuta posee una visión objetiva de los hechos, lo cual implica que éste queda ubicado como un observador externo y, por ende, neutral a la situación de las familias. Esta posición ha sido cuestionada por algunas premisas teóricas asumidas en la terapia sistémica, como lo son la ciber-

---

[11] Deseo aclarar lo siguiente: pienso que hay situaciones que obligan a que el psicólogo asuma una posición más activa –por ejemplo, en casos de violencia física, abuso sexual, etc.– y en las que es importante buscar alternativas para evitar las dinámicas familiares destructivas.

nética de segundo orden o la postura construccionista, la cual plantea que el psicólogo va a ser, junto con la familia, parte del llamado sistema terapéutico, en el que ambos componentes van a entrar en interacción y a influirse y transformarse mutuamente. Dicha forma de concebir la participación del psicólogo en la terapia es relevante, ya que lo obliga a cuestionarse acerca de la repercusión que puede tener su persona en las familias consultantes. Uno de los principales aspectos que influyen en este sentido es el sexo del terapeuta y lo que éste representa para los consultantes. Quisiera comentar tres ideas que pueden ser útiles para abordar esta situación:

a. Que el psicólogo sea consciente de la influencia que su persona ejerce en las familias y reflexione acerca de ello. En este sentido, algunas preguntas que sugiere la psicóloga Elsa Jones son las siguientes: "¿Qué significado atribuye el consultante al género del terapeuta? ¿Esto contribuye a su cooperación o la perjudica? ¿De qué modo influye en el significado que el consultante atribuye a las enunciaciones del terapeuta?" (1999, p. 76).

b. El psicólogo debe asumir una actitud de transparencia (White, 2002) mediante la cual exprese a las familias consultantes sus propias dudas acerca de la influencia que ejerce sobre ellos –y, más específicamente, respecto del significado que para ellos tiene el ser hombres o mujeres– y, asimismo, que le permita reconocer sus propias limitaciones personales. Ejemplos del uso de esta postura de transparencia pueden ilustrarse por medio de las siguientes preguntas: *Esta idea que le estoy comentando ¿tendría un significado diferente si yo fuera mujer/hombre? Creo que esta idea que le comento puede tener un sentido diferente al que quisiera que tuviera debido a que la dice un hombre/mujer; ¿qué representa para usted que yo se la haya dicho? Mi experiencia como mujer/hombre me impide comprender completamente el significado que tiene esta experiencia para usted; ¿podría explicarme qué repercusiones ha tenido esto en su vida? ¿Qué piensa que es necesario que tome en cuenta para que mi experiencia como hombre/mujer no me dificulte comprender esta situación que me relata?* Etcétera.

c. Incluir perspectivas procedentes de personas de sexo diferente al del psicólogo. Esto se puede realizar solamente incorporando en la sesión las reflexiones de dichas personas –otros psicólogos, supervisores, personajes conocidos u otros consultantes–; por ejemplo, ante una situación de discriminación de género, el terapeuta puede recurrir a alguna experiencia en la que se describa este tipo de opresión: *esta situación que comparte conmigo es similar a la de una de mis consultantes; tal vez la forma en que ella la percibía y algunas cosas que realizó ante la misma le puedan ser de utilidad.* También puede incorporarse en la sesión a personas que representen voces diferentes de las del género del terapeuta; por ejemplo, se puede invitar a algunas sesiones a un colega hombre en el caso de que el terapeuta titular sea mujer o viceversa; se puede trabajar con un equipo de reflexión integrado por hombres y mujeres; o bien, aquel consultante que sienta que no es comprendido del todo puede invitar a una persona que siente que lo escucha y lo comprende, a partir de una visión masculina o femenina, para que asuma en alguna sesión el rol de consultor adjunto del terapeuta.

Bibliografía

Baker, J., Pierce, I., Jordan, J. y Surrey, J. (2001). La psicología femenina: un enfoque relacional. En J. Fadiman y R. Frager. *Teorías de la personalidad.* México: Oxford.

Biscotti, O., Casabianca, R., Figueroa, E., Fried Schnitman, D., García, A. y Herscovici, P. (1996). Juicio a la terapia sistémica. *Sistemas Familiares, 12* (2), 59-72.

Burin, M. (1998a). Ámbito familiar y construcción del género. En M. Burin y I. Meler. *Género y familia. Poder, amor y sexualidad en la construcción de la subjetividad.* (pp. 73-86). Buenos Aires: Paidós.

—— (1998b). Estudios de género. Reseña histórica. En M. Burin y I. Meler. *Género y familia. Poder, amor y sexualidad en la construcción de la subjetividad.* (pp. 19-29). Buenos Aires: Paidós.

—— (1998c). Las terapias familiares con orientación en género. En M. Burin y I. Meler. *Género y familia. Poder, amor y sexualidad en la construcción de la subjetividad.* (pp. 331-345). Buenos Aires: Paidós.

—— y Meler, I. (2000). *Varones. Género y subjetividad masculina.* Buenos Aires: Paidós.

Careaga, G. (2001). Orientaciones sexuales alternativas e identidad. En G. Careaga y S. Cruz. *Sexualidades diversas, aproximaciones para su análisis.* (pp. 119-130). México: PUEG-UNAM-Fundación Arcoiris.

Castañeda, M. (1999). *La experiencia homosexual.* México: Paidós.

—— (2002). *El machismo invisible.* México: Grijalbo.

Castro, I. (2004). *La pareja actual. Transición y cambios.* Buenos Aires: Lugar.

Cherry (productor/creador) y Zummerman (guionista). (2005). *Desperate Housewives.* U.S.A.: Touchstone, Television.

Debate Feminista. (2005). *Revista Debate Feminista: matrimonio homosexual, familia homoparental, 18* (2). México: Autor.

Eisler, R. (1990). *El cáliz y la espada: nuestra historia, nuestro futuro.* Santiago de Chile: Cuatro Vientos.

—— (2000). *El placer sagrado II. Nuevos caminos hacia el poder personal y el amor.* México: Pax.

Fuller, N. (1997). *Identidades masculinas.* Lima: Pontificia Universidad Católica de Perú.

Freedman, J. y Combs, G. (1996). *Narrative Therapy: The Social Construction of Preferred Realities.* New York: Guilford Press.

Gilligan, C. (1982). *In a different voice.* Cambridge: Harvard University Press.

Hernández, P. (2002). Convergencias entre los enfoques narrativos y feministas: una mirada desde la vida de una mujer inmersa en el mundo de los derechos humanos. En F. Gutiérrez. *Psicoterapia familiar y de pareja. Modernidad y posmodernidad.* (pp. 7-42). México: CEFAP.

Izquierdo, M. (1998). *El malestar en la desigualdad.* Valencia: Cátedra.

Jiménez, L. (2003). *Dando la voz a los varones. Sexualidad, reproducción y paternidad de algunos mexicanos.* Cuernavaca: UNAM-Centro Regional de Investigaciones Multidisciplinarias.

Jones, E. (1999). El género del terapeuta. Contribución a la construcción de significado en la terapia. *Sistemas Familiares, 15* (2), 73-80.

Lamas, M. (2002). *Cuerpo: diferencia sexual y género.* México: Taurus.

Martínez, G. (2005). Las representaciones de los géneros en la construcción de los espacios público y privado. En R. Montesinos. *Masculinidades emergentes.* (pp. 49-78). México: Porrúa.

Maturana, H. (1991). *El sentido de lo humano.* Santiago de Chile: Hachette.

Medina-Mora, M., Borge, G., Lara, C. *et al.* (2003). Prevalencia de trastornos mentales y uso de servicios: Resultado de la encuesta nacional de epidemiología psiquiátrica en México. *Salud Mental, 26* (4), 1-16.

Montesinos, C. (2002). *Las rutas de la masculinidad. Ensayos sobre el cambio cultural y el mundo moderno.* Barcelona: Gedisa.

Olson, M. (1997). "Conversación" y "texto": dos lenguajes para una perspectiva de la terapia que sea sensible al género. En M. Pakman. *Cons-*

trucciones de la experiencia humana. Vol. II. (pp. 195-243). Barcelona: Gedisa.

Organización Panamericana de la Salud. (1997). *Taller sobre género, salud y desarrollo: Guía para facilitadores.* Washington, D.C.: Autor.

Páramo, T. (2005). Cultura machista e identidad social. En R. Montesinos. *Masculinidades emergentes.* (pp. 219-255). México: Porrúa.

Payne, M. (2002). *Terapia narrativa. Una introducción para profesionales.* Barcelona: Paidós.

Ravazzola, C. (2005). Violencia familiar: Actualización de recorridos teóricos y técnicos desde la terapia sistémico-relacional y perspectivas que incluyen estudios de género. *Sistemas Familiares, 21* (3), 17-33.

Reimers, S. y Dimmock, B. (1994). La humanidad y los hombres humanos: una orden del día para terapeutas familiares. *Sistemas Familiares, 10* (1), 65-77.

Riesenfeld, R. (2000). *Papá, mamá, soy gay.* México: Grijalbo.

Salles, V. (2001). Familias en transformación y códigos por transformar. En: C. Gomes. *Procesos sociales, población y familia. Alternativas teóricas y empíricas en las investigaciones sobre vida doméstica.* (pp. 103-126). México: Miguel Ángel Porrúa.

Sluzki, C. (2004). La crisis de la masculinidad y de la feminidad: una perspectiva evolutiva. *Psicoterapia y Familia, 17* (1), 3-17.

Tarragona, M. (1990). La mujer en la terapia familiar: hacia una terapia sensible al género. *Psicoterapia y Familia, 3* (2), 20-27.

Tolalpa, E. (2005). La masculinidad en el nuevo contexto cultural: un invitado ausente. En R. Montesinos. *Masculinidades emergentes.* (pp. 181-217). México: Porrúa.

Villanueva, R., Robles, F. y Galicia, X. (2006). El impacto de las redes de apoyo en la resignificación del proyecto de vida en mujeres con la experiencia de embarazo en la adolescencia. *Psicoterapia y Familia, 19* (2).

Walters, O., Carter, E., Papp, P. y Silverstein, O. (1991). *La red invisible. Pautas vinculadas al género en las relaciones familiares.* México: Paidós.

White, M. (1994). *Guías para una terapia familiar sistémica.* Barcelona: Gedisa.

—— y Epston, D. (1993). *Medios narrativos para fines terapéuticos.* Barcelona: Paidós.

Capítulo 3

La infidelidad en las familias

Marino Aparicio Burón

Y que yo me la llevé al río
creyendo que era mozuela,
pero tenía marido.

Federico García Lorca, *La casada infiel, 100 poesías escogidas*

Introducción

Carmen y Luis eran una pareja que asistía a terapia por ayuda. Él fue quien solicitó el servicio de pareja. Estaba muy molesto y dolido por haberse enterado de que su esposa le había sido infiel. En la sesión explicaba que no entendía por qué su esposa le hizo tanto daño, y quería que ella lo redimiera de alguna manera. Por su parte, Carmen expresó que su vida de casados había sido muy frustrante, pues Luis tomaba, era violento y también le había sido infiel años atrás; en ese entonces ella le reclamó, pero resolvieron seguir juntos. Tras haber cometido la infidelidad, ella se siente arrepentida, sabe que hizo mal, pero también considera que ahora "están a mano" y no le parece justo que mientras ella tuvo que tolerar la infidelidad de su marido –conducta a la que él restó importancia–, ahora que él es el engañado se queje y pida una reparación del daño.

La narración anterior permite una reflexión, de entre muchas posibles, acerca de los cambios que se han registrado en las últimas décadas en el comportamiento de las parejas, con una condición de mayor igualdad entre hombres y mujeres, y no sólo de los derechos que cada uno tiene dentro de la relación, sino también en los límites y las sanciones a que cada miembro se hace acreedor por romperlos, en especial cuando se habla de la infidelidad. Cabe señalar que la infidelidad es un fenómeno que se ha presentado tanto en hombres como en mujeres durante muchos siglos y en diversas culturas y que ha sido regulado y castigado de diferentes maneras, la mayoría de las veces con desventaja para la mujer.

Algunos ejemplos de la infidelidad en diferentes épocas

Pongamos algunos ejemplos, de diferentes culturas y en diferentes momentos, de cómo se ejercía y castigaba la infidelidad según el sexo.

En Babilonia (2000 a.C.), las mujeres eran consideradas socialmente inferiores. El rey Hammurabi establece su famoso código de 252 artículos, en el que se consideraba al matrimonio como monogámico pero daba sólo a los hombres la posibilidad de tener concubinas. El adulterio femenino era fuertemente castigado: se les "echaba al agua, atada[s] a su amante para que se ahogaran" (Bonilla, 1993; Morali-Daninos, 1980). Bajo el dominio asirio, a la mujer adúltera se le cortaba la nariz y a su amante se le castraba.

En la Grecia antigua, los hombres eran quienes ejercían la autoridad familiar, política y sexual; en este último terreno se consideraban dos órdenes para su ejercicio: el familiar, con la esposa, orientado socialmente hacia la reproducción; el otro, orientado hacia el placer. Las mujeres carecían de cualquier derecho político y legal. Tenían los mismos derechos que los esclavos. En esta época, las prostitutas, mejor conocidas como hetairas, gozaban de mejor condición social que las esposas y tuvieron su pleno desarrollo en el siglo IV a.C.; se les consideraba mujeres cultas que proporcionaban gozo y placer a los hombres, mientras que la esposa fungía como madre y compañera, cuidadora de los hijos y de los bienes del marido. Ejemplo excelso de las concepciones de esta cultura lo tenemos en *La odisea*, de Homero, obra en la que se ensalzan las aventuras amorosas de Odiseo en su largo camino a casa y en donde también se enaltece la fidelidad de su esposa, Penélope, quien no se había casado ni yacido en lecho con ningún otro hombre durante los veinte largos años de ausencia de su marido, a la vez que había tenido que soportar el acoso de sus numerosos pretendientes, quienes veían en ella, más que a una mujer, un rico botín por la riqueza que poseía.

En la Roma antigua, la sexualidad era considerada como una necesidad natural de gran importancia, por lo que los actos sexuales del hombre efectuados fuera del matrimonio no eran penados. La sexualidad presenta la misma división que en Grecia: la familiar (con la esposa), que era socialmente requerida, y la extraconyugal (con las prostitutas), en la que se buscaba el placer. La prostitución estaba presente en todos los estratos sociales; sin embargo, la mujer podía ser repudiada en caso de adulterio. Eran consideradas inferiores a los hombres, a quienes debían obediencia. El primitivo derecho romano otorgaba al esposo el derecho de matar a su mujer si era sorprendida en flagrante adulterio (esta venganza también la podía hacer el padre cuando la hija estuviese aún bajo su potestad). Posteriormente, la *Lex julia de adulteris* convirtió al adulterio en delito público, con la facultad de ser acusadores incluso personas diferentes del marido o el padre de la adúltera.

En Europa, en la época caballeresca medieval, bastaba con la simple sospecha para convertir a la mujer en reo de muerte, "porque ese honor, que había de lavarse con sangre, era un privilegio masculino que sólo debía guardar la mujer" (Bonilla, 1964, cit. en Larrañaga, 1999).

Infidelidad y género en México en diferentes épocas

En México, en sus diferentes épocas históricas, se han visto diversas manifestaciones y posibilidades respecto del género y de los actos de infidelidad. Así, durante el periodo de dominación azteca se consideraba al hombre como el jefe indiscutible de la familia, y a la mujer en poco se le valoraba. Las parejas eran monógamas, con excepción de los hombres de la nobleza, quienes tenían derecho a la poligamia por sus leyes y costumbres. Pese a esto, sólo se consideraba a una esposa como cónyuge formal y a las demás como concubinas oficiales. Para los que no tenían permitido la poligamia, cometer adulterio suponía una pena: se les mataba aplastándoles la cabeza a pedradas, pero la mujer era previamente estrangulada (Barbosa, 1994; Soustelle, 1955). Cervantes de Salazar brinda una explicación más detallada de la forma en que se castigaba el adulterio:

> A los adulteros, siendo hombres pleveyos y de poca suerte, llevavan al campo y entre dos piedras le machucaban la cabeza, esta ley se cumplía, y su pena se executaba con tanta severidad, que, aunque no uviese mas de un testigo, ni bastava hazienda, favor ni parentesco con el cacique, para quel adultero dexase de ser castigado (en Barbosa, 1994, p. 126).

Se cuenta que el mismo rey de Texcoco, Nezahualpilli, mandó matar a una hija suya que había cometido adulterio, aunque su marido ya la había perdonado y aun abogado ante el rey por ella (Pomar, cit. en Barbosa, 1994, p. 127).

Con la llegada de los españoles a México se introdujeron otras ideas religiosas, morales y culturales, muchas de ellas diametralmente opuestas a las de los indígenas. El papel de la mujer resultó ser el de simple objeto y servidora sexual. El hombre era el amo y dueño de los hijos y la esposa. Se tenía como norma el matrimonio monogámico pero también se toleraba que el hombre tuviera otro hogar ilícito (denominado "casa chica"). El adulterio se siguió dando y el hombre era menos castigado por la ley y la sociedad en comparación con la mujer, pues se le castigaba sólo si su amante era una mujer casada, ya que con ello afrentaba a otro hombre (Montano y Neria, 1994, p. 6). Esta situación resultaba contradictoria con los mandamientos señalados por la Iglesia, pero las mujeres españolas, debido a su formación tradicionalista de no rebelarse contra el hombre, aceptaban que su esposo tuviera relaciones sexuales extramaritales con mujeres indígenas. El Santo Oficio era la institución eclesiástica encargada de perseguir y castigar, entre otras muchas conductas ilíticas, la bigamia, la cual sancionaban con diferentes penas: la excomunión, la herejía, marcada en la frente con un hierro candente. Sin embargo, en aquellas localidades a las que el brazo de los jueces o los obispos no llegaba, "el pundonor significaba una amplia justificación para los maridos asesinos y 'restauradores de su honor', quienes a veces sólo eran obligados a pagar una indemnización" (Lavrin, 1991).

En el México independiente, el papel que tomó el hombre fue el antecedente del machismo. La mujer continuó siendo sólo una prestadora de servicios en la casa, como el cuidado de los hijos y la satisfacción sexual. El pensamiento masculino era que mientras más mujeres tuviera un hombre, más viril aparecería ante los demás, si bien, por otro lado, eran muy celosos de su propia mujer.

Más adelante, el código de 1871 (Ramos y Villafañe, cit. en Montano y Neria, 1994) sancionaba a los adúlteros de manera desigual: a la mujer se le imponían dos años de cárcel y una multa, mientras que al cómplice no se le castigaba si desconocía el estado civil de la mujer. Al hombre se le sancionaba con dos años de cárcel sólo si cometía el adulterio en la casa conyugal, pero si lo hacia fuera de ésta, se le castigaba con un año de prisión.

Durante el porfiriato, la poligamia mantenía mayor presencia entre los hombres que entre las mujeres, quienes se refrenaban más debido a su gran devoción católica. Las leyes que empezaron a promulgarse a partir del siglo XX intentaron combatir la discriminación de la mujer eliminando el castigo por el delito de adulterio. En el código penal de 1929 se incluyó el adulterio, manifestando que se castigaría sólo cuando se hiciera en el domicilio conyugal o con escándalo.

En México, la primera parte del siglo XX se caracterizó por el predominio de las familias tradicionales, en las cuales se promovía una división sexual del trabajo –los hombres en el rol de proveedores y las mujeres dedicadas exclusivamente al hogar y a la crianza de los hijos–; dicha división ha ido cambiando con el tiempo y adoptando roles menos rígidos, los cuales implican nuevos retos no sólo para hombres y mujeres de manera aislada, sino para el sistema-pareja, que promueve la equidad en el desempeño de los roles, igualdad de oportunidades y mayor apertura en la comunicación.

Hoy en día, a pesar de que jurídicamente se sancionan por igual el adulterio masculino y el femenino, socialmente sigue teniendo mayor aceptación la infidelidad masculina, pues todavía es considerada, en algunos lugares, sinónimo de virilidad, mientras que la infidelidad femenina se juzga con mayor severidad. Se sigue observando que los hombres son más proclives a la infidelidad que las mujeres (Avelarde, Reyes, Díaz-Loving y Rivera, 1996; Casas, Gudiño y Nadelsticher, 1986) y que existen más probabilidades de que la mujer sea infiel si trabaja. Por lo general, el hombre es infiel por la permisividad social y por motivos predominantemente sexuales, mientras que la mujer lo es por motivos predominantemente afectivos: cuando están aburridas de la relación, cuando no se llevan bien con su pareja, cuando perciben poco amor, pasión o comprensión en su relación (Casas *et al.*, 1996). En la cultura mexicana, la infidelidad masculina se debe a la creencia de que el varón tiene derecho a establecer relaciones sexuales con varias mujeres, mientras que a la mujer se le educa para aceptar la infidelidad de parte de su pareja.

Otros autores (Bonilla, Hernández y Andrade-Palos, 1998) no encontraron diferencias significativas en la actitud hacia la infidelidad por sexo, pero sí lo hicieron en cuanto al tiempo de la relación y a la profesión: obtuvieron que a mayor cantidad de años de matrimonio, mayor actitud favorable hacia la infidelidad, y que los profesionistas mostraron una actitud más positiva hacia ésta que los que sólo contaban con estudios técnicos.

De esta forma podemos hacer un esquema en el que se identifica a la infidelidad según su ámbito específico y en relación con la mujer y el hombre.

Cuadro 3.1. Comparación de la tolerancia e incidencia de la infidelidad por género		
Tema	*Hombre*	*Mujer*
Ámbito Jurídico.	Penado civilmente.	Penado civilmente.
Ámbito Familiar.	Tolerado.	Penado.
Ámbito Social.	Tolerado.	Penado.
Prevalencia.	Mayor que en las mujeres.	Menor que en los hombres.
Motivación para la infidelidad.	Sexual.	Afectiva.
Infidelidad *vs* tiempo de la relación.	A mayor tiempo, mayor laxitud para la infidelidad.	A mayor tiempo, mayor laxitud para la infidelidad.
Infidelidad *vs* escolaridad.	A mayor escolaridad, mayor laxitud para la infidelidad.	A mayor escolaridad, mayor laxitud para la infidelidad.

Como se pudo observar con los anteriores ejemplos, históricamente ha existido una inequidad de género en cuanto a la visión que tenían o la sanción a que se hacían merecedores los hombres y las mujeres que cometían actos de infidelidad. En estas sociedades patriarcales, en las que el hombre mandaba, se manejaba una permisividad masculina para tener relaciones sexuales diversificadas, mientras que en las mujeres la infidelidad era un acto sumamente castigado, sobre todo si eran casadas, puesto que era un hombre, su marido, a quien se estaba afrentando.

De esta manera, el rol de género (construcción social de lo "masculino" y lo "femenino") tradicionalmente asignado propició prácticas y sanciones diferenciadas respecto de la infidelidad: de la mujer se esperaba que se mantuviera casta hasta el matrimonio y que sólo tuviera relaciones sexuales con su marido, pues así se mantendría inmaculada como esposa y como madre; la virilidad del hombre, sin embargo, durante mucho tiempo fue valorada por el número de amantes que éste pudiera tener.

Con el acceso de las mujeres a actividades definidas hasta hace poco como exclusivamente masculinas (por ejemplo, el sustento económico), su incorporación al trabajo, las ideas de la liberación femenina, los anticonceptivos, el crecimiento del laicismo, la disminución del número de hijos, etc., se ha requerido de nuevas definiciones de las relaciones maritales y familiares y, por ende, de la concepción de la equidad de género (Manrique, 2004; Sluzki, 2004). El cambio paulatino que están experimentando los roles de género ha tenido un fuerte impacto en las familias y, de manera específica, en las relaciones entre hombres y mujeres; ejemplo de ello es el aumento del grado de libertad, tanto para el varón como para la mujer, que se refleja en un sinnúmero de dilemas cotidianos: quién paga cuando se sale a comer, quién cierra la puerta, quién saca a bailar y, sobre todo, quién enamora a quién (Maldonado, 1993). Un fenómeno observable en relación con estos cambios es el de la infidelidad femenina, pues si antes este fenómeno representaba una catástrofe para los hombres, hecho evidenciado por la dureza de los castigos a que se sometía a la mujer, ahora es más frecuente que ocurra o, por lo menos, es más tolerada que antaño, si comparamos el grado de severidad del castigo socialmente aceptado que se les imponía con el que se les impone en la actualidad. De esta manera, poco a poco el fenómeno de la infidelidad está modificando su prevalencia por sexo, e incluso empieza a ponerse en entredicho la concepción tradicional de la infidelidad misma.

Pero, para continuar con la explicación de este fenómeno, visto como problema de las parejas que convinieron en mantener una relación monogámica, y la intervención en el mismo, es importante entender a qué nos referimos cuando hablamos de infidelidad.

¿Qué es la infidelidad?

Podemos definir la infidelidad como la relación que uno de los miembros de la pareja sostiene fuera de una relación formal establecida y convenida con carácter de exclusividad sexual y/o emocional, sin el conocimiento y/o consentimiento de la otra parte..

De esta manera, podemos identificar a la infidelidad con las siguientes características:

Cuadro 3.2. Características básicas de la infidelidad
• Se da una relación extra, fuera de una relación mongámica, sea ésta matrimonial o no (noviazgo, unión libre, etcétera). • La liga con la relación extra puede ser emocional, sexual o de ambos tipos. • La liga puede ser fugaz o de largo plazo. • Se viola el convenio inicial de exclusividad sexual y/o emocional que se tenía con la pareja formal. • La relación extra se produce sin el conocimiento y/o consentimiento de la pareja inicial.

De esta forma, la infidelidad se identifica como problema en aquellas relaciones en las que se establecía un compromiso de exclusividad, esto es, un compromiso de que se tendría sólo esa relación, de que sería una relación monogámica. De esta manera, el término fidelidad tiene que ver con la observancia de ese compromiso.

Los conceptos de confianza y fidelidad son pilares de los convenios matrimoniales occidentales. Dicho convenio se manifiesta, en el matrimonio, en un acto legal, público y, muchas veces, religioso, en presencia de familiares y amigos. Es por ello que la pareja engañada percibe la infidelidad como una violación de dichas cláusulas fundamentales de la unión efectuada. Los efectos que resultan de este fenómeno se filtran en los distintos ámbitos –individual, de pareja, familiar y social–, pues su descubrimiento provoca la explosión de un complejo de emociones que de no controlarse puede producir violencia entre los miembros de la pareja y que a la postre dificulte el proceso de reconciliación o de separación/divorcio y deje secuelas en las futuras relaciones de los individuos involucrados (Brown, 1991).

Aspectos que deben tomarse en cuenta para el tratamiento de la infidelidad

> Dicen que soy mujeriego, no lo puedo remediar,
> por eso sufro y reniego pa' qué lo voy a negar.
> El matrimonio es tan bueno que remedia todo mal,
> yo por las morenas peno y por las rubias igual.
> La nariz de una chatita es de fuego la señal,
> a la hora de ir a la cita no deja ni respirar.
> Si la chatita es trompuda para mí es monumental
> y así no me cabe duda que es producción nacional.
> Entre mis dulces amores uno vale mucho más,
> quien me quiere sin rencores y me cuida en cantidad.
> Una viejita muy linda que no creo yo merecer
> con su corazón me brinda el más divino querer.
>
> Manuel Esperón y Pedro de Urdimalas
> (1949, disco 1, pista 10)

En la intervención terapéutica, los temas que más controversia han provocado en el manejo de la infidelidad han sido: las creencias de género respecto de este fenómeno; la confidencialidad del terapeuta si la infidelidad está aún oculta; si se tiene que terminar la relación infiel para poder emprender una terapia de pareja, y cómo proceder cuando se presentan violencia o celos entre los miembros de la pareja o cuando éstos ya han decidido la separación y/o el divorcio. A continuación se comentan algunos aspectos que el psicólogo puede tomar en cuenta en estas áreas.

Creencias de género respecto de la infidelidad masculina

Como se pudo apreciar en el pequeño esbozo de la historia de la infidelidad en México arriba descrito, y como claramente se observa en la canción "Dicen que soy mujeriego", que popularizó Pedro Infante, la infidelidad en el hombre mexicano ha sido un privilegio digno de orgullo, pues para un *mujeriego*, lograr varias aventuras era uno de los mayores indicadores de virilidad y reconocimiento entre sus congéneres. Contrariamente, la mujer tenía que mostrar recato y prudencia en este sentido, so pena de recibir el desprecio social y de su pareja. De esta manera se observa cómo, en las relaciones monógamas, la infidelidad era un derecho exclusivo del hombre y una acción merecedora de castigo si era la mujer quien la cometía. El México actual ya no es el que pintan en las películas de la época de oro del cine mexicano, como en el caso de *Dos tipos de cuidado* (I. Rodríguez, 1952), cinta en la que los hombres, vestidos de charros, competían a manera de juego divertido para ver quién conseguía más mujeres; tampoco las mujeres de ahora son las abnegadas que tenían que perdonar una y otra vez las infidelidades de su pareja. En el México de hoy se reconoce la diversidad en el tipo de relaciones de pareja, pero en aquellas que siguen un modelo monogámico, tanto hombres como mujeres buscan la equidad de género, que incluya tanto los derechos como las obligaciones que ambos deben observar respecto de la fidelidad.

En este sentido, es importante que las parejas que atraviesan por una crisis de infidelidad masculina analicen las creencias de género que tiene cada miembro de la pareja y, con ello, la forma en que interpretan este fenómeno. Para tal efecto se puede hacer un comparativo de la infidelidad como un tipo particular de violencia y, de esta forma, usar algunos modelos ya creados para trabajar también con el tema.

Jorge Corsi, un investigador de la violencia familiar, habla de "desnaturalizar" la violencia[1] y, de la misma forma, los miembros de la pareja podrían formularse preguntas conducentes a desnaturalizar la infidelidad como algo consustancial a los hombres, esto es, tendrían que hacerse preguntas destinadas a reconocer que la infidelidad no es algo que se da de manera natural en los hombres o que se prohíbe de manera natural a las mujeres.

Michael White (1994, p. 172) sugiere una forma de trabajo en pareja para erradicar la violencia, lo cual podría extrapolarse para que la pareja

---

[1] Comunicación personal, 14 de mayo de 2004.

busque significados alternativos a la narración dominante[2] en la que la infidelidad está diferenciada por género. Esta forma de trabajo quedaría constituida por los siguientes pasos:

a. Indagar en torno de la teoría que la pareja tiene de la infidelidad en general y de sus ideas acerca de cómo fue que ésta ocurrió entre ellos.
b. Tras hacerles un resumen para demostrar que se entendieron sus ideas, se pueden buscar los relatos alternativos que los alejen de la visión tradicional de la infidelidad masculina.

Algunos ejemplos de preguntas que se pueden realizar al hombre en esta etapa son:

¿Qué otras ideas pueden existir respecto de la infidelidad?
¿Habrá alguna posición que reconozca que en una relación monogámica la infidelidad es algo que daña a la otra persona, independientemente de su género?
¿Cree que usted está más de acuerdo con esas instrucciones empobrecedoras vinculadas con la idea de ejercer poder en la relación a través de la infidelidad o acaso le resulta más atractiva la idea de ir apreciando cada vez más los recursos y la capacidad personales?
¿Qué cree que encaja mejor con el tipo de persona que es usted?
¿Considera usted que debe continuar sometiendo esta relación a conceptos jerárquicos respecto de la infidelidad o que debe huir de ellos y aventurarse a un arreglo más equitativo y viable?
¿Debería usted ajustarse a los mandatos destinados a satisfacer la avidez y la conveniencia de los hombres o piensa que debería mejor opo-

---

2 De acuerdo con la terapia narrativa, en la que se basa este autor, la "historia dominante" es entendida como la narración predominante mediante la cual las personas relatan su experiencia, en la cual el problema se percibe o crea por el significado que éstas atribuyen a los hechos, y dicho significado determina a su vez el comportamiento de las personas, con lo cual contribuyen, inadvertidamente, a que el problema persista. En este mismo modelo se menciona también a las "historias alternativas" como aquellas que describen las situaciones problemáticas de las personas con un significado distinto, que es más alentador y generador de posibilidades en sus vidas. En la terapia se busca que las personas localicen, generen y traigan a su vida estas historias alternativas, con el propósito de que les ofrezcan un sentido distinto de sí mismas y una distinta relación con los problemas. Se busca que una nueva historia pueda emerger y que ilumine a las personas al mediar entre pasado, presente y futuro a través del curso de sus vidas y sus problemas.

nerse a ellos y dejar que sea la prudencia lo que influya en sus decisiones?

c. Tras el debate que se está generando entre la narración dominante y la alternativa, se pueden explorar las posibles consecuencias que tendría la ruptura con la antigua convención (White, 1994):

Si usted se opone a las ideas de la supremacía masculina, quizás esa nueva actitud lo aparte de los demás hombres. ¿Cómo manejaría esa situación?

Si usted rechaza esas ideas, puede encontrarse en una situación difícil cuando en una reunión con sus amigos hombres se justifique la infidelidad entre ellos. ¿Qué consecuencias cree que puede tener todo esto en el futuro de la relación con sus amigos y cómo piensa afrontar esas consecuencias?

Si logra comprender la experiencia opresiva que sufren las mujeres que son víctimas de infidelidad, le va a resultar intolerable que alguno de sus compañeros bromee diciendo que el verdadero placer se encuentra en la práctica de la infidelidad. ¿Cómo se las va a arreglar en una situación semejante?

Si las nuevas ideas desplazan a las antiguas, usted va a tener una gran dificultad para apreciar muchas de las bromas que se hacen en el bar. ¿Cómo cree que tomarán sus amigos el hecho de que usted ya no festeje esas bromas?

d. Después de explorar las consecuencias del cambio, y ya con este nuevo marco de ideas, se puede hacer un trabajo en el que se vea si es posible reconstruir la relación de las parejas que así lo han decidido, o bien si este nuevo marco permitirá una separación menos dolorosa. Con este trabajo se buscará que la pareja reconozca que al haber establecido su relación con un esquema monogámico, ambos tienen los mismos derechos y obligaciones respecto de su compromiso de fidelidad y que el dolor que se produce al tener este tipo de crisis, así como la demanda de reparación del daño, es independiente del género. Por ejemplo, en el caso que se narró al principio de este capítulo, en el que Luis solicitaba terapia por la infidelidad de su esposa Carmen, con todo y que él previamente había sido infiel, se buscaría que cada quien reconociera el dolor que sintió el otro al haberse convertido en víctima de la infidelidad, aceptando que no existen atenuantes o privilegios para uno u otro por el hecho de ser hombre o mujer. La reparación del daño, entonces, tendría que ser mutua, con cada uno de los cónyuges elaborando propuestas para reconstruir la relación o bien para separarse en los mejores términos.

Antes de finalizar este punto, quiero agregar que la propuesta anterior para crear narraciones alternativas también podría aplicarse en la infidelidad bajo la que subyacen historias dominantes del tipo "aventuras románticas" (Pittman, 1994). El mundo occidental en el que vivimos nos bombardea de manera constante con mensajes en los que las infidelidades aparecen como llamativas, apasionantes, arriesgadas y que vale la pena vivirlas. Tanto en el cine como en las telenovelas, o incluso en los avisos comerciales que ofrecen los más diversos productos, se puede observar la promoción de la aventura romántica que intenta justificar su existencia en aras del "enamoramiento" o apasionamiento que deleita por su furtividad y libera de la vida monótona de la relación formal. Esta visión de la aventura amorosa finalmente se constituye en una historia dominante con la cual tanto hombres como mujeres podrían explicarse la infidelidad y, con ello, justificarse para llevarla a cabo. Con la búsqueda de historias alternativas se propiciarían relatos que fomenten mayor congruencia con el convenio de exclusividad que establecen las parejas monógamas y éstas actúen en consecuencia.

Infidelidad oculta

Guadalupe era una mujer de 32 años que llevaba dos años de casada. Trabajaba tiempo completo y llegaba en la tarde a su casa, a esperar a su marido. En el trabajo conoció a un compañero con el que se llevaba muy bien y, sin darse cuenta, poco a poco se involucró más con él, hasta enamorarse y tener relaciones sexuales. Ella no percibía problemas en su relación matrimonial y tampoco entendía de qué manera se involucró con su compañero de trabajo, pero ello ocurrió. Ahora no sabe qué hacer, pero le queda claro que por el momento no quiere terminar con ninguna de estas dos relaciones, si bien tampoco se siente a gusto engañando a su esposo, a quien no quiere revelarle su infidelidad.

Cuando existe una infidelidad secreta se complica el tratamiento en la terapia de pareja, por lo que varios autores (Dattilio y Padesky, 1990; Elbaum, 1981; Silverstein, 1998; Vaughan, 1998) sugieren como una tarea de los terapeutas descubrir las agendas ocultas de los integrantes de la pareja e indagar sobre lo que está sucediendo para que esta relación extra permanezca y se mantenga oculta y así identificar su función en el sistema-pareja; antes de empezar a cuestionarse si debe revelarse o no, hay que averiguar el qué y el para qué de la infidelidad, indagar qué significado tiene ésta para la persona, de qué manera ayuda o perjudica si se revela su existencia y qué pasos tienen que darse para que la pareja tenga una sólida base de confianza. El psicólogo puede solicitar una cita individual para indagar directamente al respecto. Una vez analizado este aspecto, resulta de vital importancia que el terapeuta no participe como cómplice en el ocultamiento del secreto, pues no debe aliarse con uno de los miembros, dado que esto se volvería un obstáculo para el trabajo en pareja.

Cuando, como resultado de dicho análisis, se ha decidido revelar la infidelidad, Brown (1991) sugiere que se haga en la casa, si no hay riesgo de violencia, pero también puede hacerse en un sitio donde haya control de emociones, como un lugar público o, de preferencia, durante la terapia. Al terapeuta no le corresponde revelar la infidelidad; su función únicamente consistirá en apoyar al cónyuge a quien corresponda revelarla por sí mismo(a). Se tiene que ser directo e ir al grano desde el inicio de la conversación. Si el sujeto ha decidido revelarla en la consulta, desde el inicio debe abordarse el tema, pidiendo que otros temas emergentes sean tratados posteriormente dada la preponderancia de aquél. Proceder así permite que el compañero que hará la revelación no divague y que el resto de la sesión se dedique a trabajar en los efectos del desvelamiento.

Revelar la infidelidad por voluntad propia no aligera el dolor producido, pero sí permite un grado de preparación que puede reducir el dolor provocado en la víctima de la infidelidad que cuando ésta llega a descubrirlo de otra forma. La persona, al decir que tiene otra relación, toma la responsabilidad de realizar acciones que tiendan a mejorar la relación formal, ya sea en su seguimiento o en su terminación.

Terminar o continuar con la infidelidad

El que una persona haya decidido continuar con la infidelidad también ha causado polémica respecto de los pasos que conviene seguir en el tratamiento en pareja, pues mientras la mayoría de los autores considera como requisito indispensable que haya una moratoria en ella para poder seguir con la terapia conjunta de la pareja formal (Lusterman, 1995; Brown, 1991; Nichols, 1988; Elbaum, 1981), otros consideran que esto no debe afectar en absoluto, ya que, contrariamente, esta segunda relación puede proporcionar más información sobre la función que ejerce con respecto a la relación formal (Marret, 1990).

Para explicar más detalladamente las posturas de los autores que se niegan a dar terapia conjunta cuando se mantiene la infidelidad, Nichols (1988) comenta que sería una falta de ética o, en el mejor de los casos, carente de equidad continuar tratando a una pareja mientras veladamente se acuerda con uno de los miembros esconder información acerca de la otra relación, pues esto conduciría a una coalición con uno de los miembros y restaría neutralidad a la postura del terapeuta. Elbaum (1981) es más específico, pues solicita al miembro que tiene la otra relación que rompa todo contacto con ella durante cinco semanas si desea que la terapia conjunta continúe. En caso de que éste rechace la solicitud, en la siguiente sesión conjunta Elbaum informa a la pareja que las sesiones ahora se harán de forma individual. Brown (1991) coincide con estas acciones y comenta que si el otro miembro de la relación inquiere el porqué de esa decisión, sólo se diga: "Su pareja ha tomado una decisión que me hace imposible seguir atendiéndolos de manera conjunta", sin explicar más para no develar el secreto; sugiere además que se turne a ambos miembros con diferentes terapeutas con el fin de evitar el impacto que podría sufrir el miembro de la pareja al enterarse de que su terapeuta sabía de la infidelidad y no la reveló.

Celos

Alberto y Gloria eran una pareja de 38 y 36 años, respectivamente. Recientemente, Alberto se había enterado de que su esposa le había sido infiel. Superar esta crisis fue muy difícil para ambos y él decidió perdonar a su esposa, tras lo cual acordaron seguir juntos. Sin embargo, Alberto ya no se sentía igual en la relación, llamaba por teléfono a su esposa constantemente, le pedía explicaciones de sus idas y venidas, y las razones de su tardanza eran motivo cotidiano de discusión. Se sentía muy inseguro y cada vez pedía más explicaciones. A su vez, Gloria estaba cada vez más molesta y abrumada y no sabía qué hacer para que Alberto dejara de celarla. Se le preguntó a Alberto qué requería de Gloria para sentirse más seguro de la relación y él explicó que quería evidencias de que Gloria ya había terminado su relación con la otra persona. Gloria tuvo que explicar de qué manera inició, mantuvo y dio fin a esa otra relación, en qué condiciones quedó con la otra persona para ya no verse más y qué cosas podrían hacer como pareja para que Alberto estuviera más seguro de la relación. Ambos reconocieron que tal cosa iba a tener efecto sólo mediante un mayor compromiso en la relación, esto es, compartiendo más tiempo como pareja y retomando aquellas cosas que hacían cuando se sentían más involucrados el uno con el otro.

Los celos son comunes en muchas crisis de infidelidad en la pareja. Francis (1977, en Thompson, 1984, p. 243) encontró que los celos de los hombres se asocian principalmente con el nexo sexual de su pareja con un tercero y la consiguiente comparación con ese rival. Las mujeres, por otro lado, tienden a relacionar sus celos con una pérdida más general de su pareja.

Lusterman (1995) explica que se ha etiquetado de manera errónea a los celos cuando surgen en una infidelidad, pues se les ha confundido con los "celos patológicos". Una pareja con celos patológicos o celotipia tiene una larga historia de explosiones de celos no provocados, que, de ser el caso de la pareja en crisis, se debe trabajar por separado en la persona que los presente; pero, si no hay historia previa de esta situación, se debe entender que el descubridor de la infidelidad tiene una "reacción traumática que puede, comprensiblemente, incluir algunos celos reactivos" (p. 263). Es por ello que los celos surgidos después del descubrimiento de la infidelidad no deben considerarse como celotípicos, sino como una reacción ante la crisis que está viviendo la pareja.

Por otro lado, Thompson (1984) explica que los celos pueden ser manejados de dos maneras: una, afectiva, en la que los terapeutas faciliten a la persona engañada la expresión verbal de sus emociones a través de preguntas directas sobre su sentir respecto de la infidelidad y validando dichos sentimientos; y una segunda manera, cognitiva, en la que los celos pueden relacionarse con el sistema de comunicación de la pareja, preguntándoseles de qué manera la infidelidad ha afectado la comunicación entre ellos. Previene, además, que si los celos de la pareja se consideran absurdos o la persona finge no sentirlos, ello provocaría que ocurrieran ciclos continuos de los mismos.

Más que hablar de celos, Brown (1991) habla de pensamientos obsesivos y explica que el primer paso para superarlos es que la pareja haga una definición conjunta del problema. El siguiente paso es reflexionar sobre las decisiones trascendentales que en ese momento desean hacer (como separarse o seguir juntos) sin tomarlas apresuradamente. También sugiere que se brinde soporte emocional, se restrinjan conductas destructivas y que, al descubrirse la infidelidad, se dé toda la información al respecto, pues, en caso de no hacerlo, se formarán minas de información no-revelada que pueden explotar en cualquier momento y convertirse en un factor que fomente la permanencia de la obsesión.

Separación o divorcio

Cuando surge una infidelidad, sin lugar a dudas trae consigo toda una conmoción de la relación formal. El resultado que ocasione dependerá de la decisión que tome la pareja, ya sea continuar con la relación o bien terminarla con la separación o el divorcio. Esta decisión debe ser analizada con calma para evitar arrepentimientos posteriores o que dicha decisión sólo sea un pretexto para no lidiar con la crisis. En caso de que se decida la separación o el divorcio, la ayuda de un especialista puede hacerla menos dolorosa. La intervención de un mediador ayuda a que se resuelvan temas centrales –la tutela de los hijos, la pensión económica, entre otros– para que, cuando se llegue a las instancias legales, el proceso tenga menos fricciones.

Cuando se produce una infidelidad, puede suceder que sólo uno de los miembros de la pareja formal tenga interés en terminar la relación. En estos casos, Dattilio y Padesky (1990) sugieren que se analicen sus razones para identificar si existen creencias tales como la desesperanza de poder mejorar la relación, o bien otras que hagan su separación más dolorosa, como el sentirse culpable de provocar tanto dolor por querer irse y sentirse responsable de acabar con dicho dolor. Para trabajar con estas creencias, los autores sugieren que se examine y se busque algún aprendizaje de este proceso (¿hay algún comportamiento o actitud que sería bueno cambiar?), que se hable del dolor sufrido y su utilidad en el proceso y de las razones por las cuales se decidió dejar la relación con el fin de reconocer que los interesados comparten la responsabilidad de dicha decisión. La parte abandonada también puede tener miedos reales sobre temas tales como las finanzas o la custodia de los hijos y pueden surgir ideas de dependencia tales como: "no podré seguir adelante sin esa persona" o "debe haber algo mal en mí". Estas ideas deben someterse a prueba con preguntas tales como: "¿en qué otros momentos de su vida pudo actuar eficazmente sin la ayuda de su pareja?"; "¿qué personas considera que son atractivas y agradables pero que no elegiría para una relación romántica?" Ayudar a ambos miembros de la pareja a examinar estas y otras actitudes que se desencadenan cuando una relación finaliza puede aumentar la probabilidad de que sean capaces de hablar directamente de ciertos temas y problemas pendientes y, con ello, revaluar si la relación debe seguir o terminar definitivamente.

Finalmente, estos autores comentan que cuando ambos miembros de la pareja llegan a terapia ya con la decisión de separarse, el terapeuta puede ayudarlos en este proceso después de una breve evaluación de las razones que tuvieron para tomar la decisión, sin que ello signifique un intento de que la pareja cambie de parecer. En esto hay que tener mucha claridad: es la pareja la que debe tomar la decisión y no el terapeuta.

Una vez decidida la separación, Brown (1991) sugiere que se vea inicialmente a ambos miembros para que así puedan decirse el uno al otro sus emociones y se preparen para otros temas; recomienda, además, que el tratamiento conjunto se haga por un corto periodo de tiempo y se propicie un proceso de mediación a fin de que arreglen asuntos de carácter legal. El trabajo debe centrarse en enfrentarlos a la realidad de que su relación está terminando, ayudarlos a poner atención al dolor y la tristeza que sienten por terminar una relación que fue tan importante para ambos y facilitar que puedan hablar sobre lo que sienten al ver que sus planes han sido truncados. El reconocimiento del dolor es el paso previo para la superación de este proceso y la posibilidad de conseguir el perdón. Un miembro puede tener ideas obsesivas sobre la infidelidad como una forma de negar la propia responsabilidad del rompimiento y para mantenerse, por la ira que le ocasionan estas ideas, alejado del dolor cuanto le sea posible. Ante esto, puede alentarse a esta persona a expresar también su molestia, centrándose en sí misma ("¡estoy muy molesto con todo esto!"; "¡estoy que me lleva el diablo!") en vez de hacerlo en el otro ("¡mandaste todo al diablo!"; "¡me destruiste la vida!"). Al hablar de su propia molestia puede centrarse en el dolor que está sintiendo y, con ello, allanar el camino para la superación de la crisis y la búsqueda del perdón. Al mismo tiempo, se estará manejando la ira de la pareja en una situación controlada, con lo que puede disminuir la probabilidad de un estallido de violencia. Este dato puede sustentarse en la investigación hecha por McCullough y Worthington (1977, cit. en Hernández-Rossette, 2000) sobre el perdón en las relaciones interpersonales cercanas, en la cual encontraron que el perdón inhibe respuestas agresivas y permite a las personas comportarse constructivamente con quienes las ofendieron.

Violencia

La familia López está integrada por Antonio, Fabiola y su hija de dos años. Vivían en unión libre y asistieron a una serie de sesiones por una infidelidad de Antonio que trajo consecuencias para su familia y su trabajo, ya que tanto la pareja como la amante de Antonio trabajaban en el mismo lugar. Fabiola reconoce que la forma en que Antonio le confesó su infidelidad fue muy dolorosa: un día llegó y le dijo que estaba enamorado de otra persona. Discutieron mucho y, por la noche, cuando Antonio dormía, ella se acercó y lo arañó. Agrega que le resulta muy difícil la situación en el trabajo, pues ambos tienen que laborar con la otra mujer y, sobre todo, porque Antonio se ha negado a dejar de comunicarse con la otra mujer. Antonio quiere que Fabiola entienda que él no lo hizo con el afán de lastimarla ni que fue algo que él hubiera planeado. Durante las sesiones, uno de los objetivos que se persiguieron fue darle soporte a Fabiola para permitirle expresar verbalmente su enojo y su dolor por la infidelidad de Antonio y que éste la escuchara y mostrara empatía por las expresiones de Fabiola y reconocimiento de las mismas. De esta manera, mediante dicho reconocimiento fueron canalizándose las intensas emociones con las que Fabiola acudió a la terapia.

La ira que desencadena el descubrimiento de una infidelidad puede llegar a niveles muy peligrosos por la presencia o el riesgo de aparición de la violencia física; de hecho, cuando ésta alcanza niveles muy elevados, se requiere de atención especializada que anteponga a la terapia la seguridad personal de ambos miembros de la pareja. Algunas veces, la separación física es la única garantía de seguridad para la pareja y deber ser recomendada. Cabe mencionar que las mujeres son quienes más frecuentemente están expuestas a la violencia familiar (INEGI, 2003).

Cuando se ha confirmado el riesgo de violencia física, el terapeuta puede ayudar a explorar opciones para garantizar la seguridad del miembro amenazado, como vivir temporalmente con un familiar, acudir a alguna asociación civil en contra de la violencia o incluso solicitar ayuda legal y judicial. El terapeuta puede ayudar al miembro violento a ver que sí tiene alternativas de control de sus actos violentos, con preguntas tales como: "¿qué haría si de repente se pusiera furioso y tuviera un oficial de policía parado justo a su lado?" o "¿qué ha hecho usted cuando se ha puesto furioso con otras personas?" (Dattilio y Padesky, 1990). Al igual que los miembros violentos tienen creencias respecto de sus actos violentos, también las personas que son golpeadas en una relación pueden tener creencias que las mantienen dentro del ciclo de violencia y dan argumentos que podrían evidenciar este hecho; por ejemplo: "yo lo hice enojar", "él no es así siempre", "me prometió que va a cambiar".

Dattilio y Padesky (1990) sugieren que las personas en situación de alto riesgo de violencia asistan a terapia individual para ayudarlas a evaluar este tipo de creencias, para que aprendan estrategias a fin de reducir los riesgos y, de ser necesario, alentarlas a que vivan separadas hasta que ambos miembros hayan superado suficientemente la crisis como para trabajar en sus problemas mutuos, bajo el mismo techo y sin riesgo. Que una persona nunca haya sido violenta no significa que no pueda llegar a serlo al descubrir la infidelidad de su pareja, por lo que debe revisarse el potencial de violencia existente mediante la identificación de factores situacionales (ausencia de soporte social, accesibilidad a toda clase de armas, descubrimiento de la infidelidad conjuntamente con la aparición de otro evento crítico como, por ejemplo, la pérdida del trabajo) y de personalidad (baja autoestima, impulsividad, historia de violencia física, abuso de sustancias, entre otras) con el fin de tomar las precauciones necesarias que permitan prevenir o minimizar que algún miembro de la pareja se encuentre en peligro (Brown, 1999). Bachman (1994, cit. en Brown) apoya esta idea cuando explica que la violencia es una posibilidad para cualquier miembro involucrado en una infidelidad, pues el odio que desencadena su descubrimiento provoca fantasías de tortura contra la pareja o el tercero involucrado, fantasías que en algunos casos pueden ejecutarse en la realidad.

Beck (1988, cit. en Dattilio y Padesky, 1990) desarrolló un modelo cognitivo de la ira en el que sugiere que el dolor y el miedo subyacen tras la mayor parte de las respuestas de rabia o ira, por lo que el terapeuta puede ayudar a cada uno de los miembros de la pareja a identificar el dolor y el miedo subyacentes por medio de preguntas (por ejemplo, "¿qué significa esto para usted?") y enseñando a la pareja a hacer este tipo de preguntas cuando la ira aparezca o se sientan furiosos, para que aprendan a identificar y controlar el dolor y el miedo en cualquier momento. Así, concluye, al expresar el dolor y el temor, el conflicto puede ser reemplazado por la mutua comprensión, el apoyo y la resolución de los problemas.

Brown (1999) sugiere algunas estrategias para prevenir la violencia que pudiera surgir de una infidelidad, y que pueden llevar a cabo los miembros de la pareja formal o incluso el otro participante en la relación infiel:

- *Prevención de la violencia por parte del miembro de la pareja formal no involucrado en la infidelidad.* Si se está a punto de perder el control y volverse violento, buscar ayuda de inmediato (llamar a un amigo, al terapeuta, etc.); recordar que hay que responsabilizarse de cualquier acción que se necesite para no perder el control; alejarse de las situaciones desencadenantes de ira; si se da cuenta de que esta "rumiando" qué actos violentos podría perpetrar, cambiar de inmediato de situación (llamar a un amigo, salir a caminar, etc.) para interrumpir ese pensamiento (técnica de detención del pensamiento); si se sabe de antemano que se tiene un problema de control de impulsos, acudir de inmediato con un terapeuta; evitar el abuso de sustancias tóxicas, alejarse de las armas y recordar que lastimarse o lastimar a otros no resolverá el problema.

- *Prevención de la violencia por parte del miembro de la pareja formal involucrado en la infidelidad.* Ser honesto y hacerse responsable de lo que se hizo; no acusar al compañero(a) de haber motivado que se buscara otra relación; no "restregar" la infidelidad en la cara del compañero(a); reconocer que el miembro de la pareja formal está muy dolido(a) y molesto(a); no tratar de arreglar, explicar o justificar la infidelidad ante el compañero(a); no comparar a los miembros de las dos relaciones; respetar y no insultar al compañero(a) y alejarse de las armas lo más posible.
- *Prevención de la violencia por parte de la tercera persona con quien se efectuó la infidelidad.* No hablar a la casa de la pareja; no establecer contacto con el compañero(a) engañado(a), y si éste(a) fue quien lo(a) busca, tratar de ser respetuoso(a), tomar la responsabilidad del rol que se jugó, finalizar cualquier discusión, y considerar la posibilidad de interrumpir por un tiempo la relación de infidelidad hasta que se defina si continuará o terminará la relación formal.

Cuadro 3.3. Aspectos particulares que conviene considerar en el manejo de una pareja en crisis por infidelidad
• *Creencias de género respecto de la infidelidad.* Revisar las ideas de la pareja respecto de la permisividad y la sanción de la infidelidad masculina y femenina, y crear historias alternativas.
• *Si la infidelidad se encuentra oculta.* Identificar si la pareja ya trató el tema de la infidelidad o si ésta permanece oculta.
• *Permanencia de la relación de infidelidad.* Explorar si la persona infiel ha decidido terminar o continuar con su relación extra mientras recibe terapia conjunta de pareja.
• *Celos.* Analizar las ideas obsesivas en torno de la infidelidad de la pareja.
• *Separación o divorcio.* Revisar las ideas de cada miembro de la pareja respecto de la continuidad o terminación de la relación.
• *Violencia.* Explorar antecedentes y situaciones de riesgo para la violencia. Prevenir eventos que pudieran desencadenar violencia.

Conclusiones

El fenómeno de la infidelidad ha acompañado al ser humano por ser monógamo, y lo acompañará mientras lo siga siendo. En México, la infidelidad también ha jugado un papel importante en el ejercicio de la sexualidad y en el desarrollo de las relaciones de pareja. De ahí la relevancia del estudio de las diferentes formas en las que se ha intervenido en el tema, si bien no para evitar el dolor y el sufrimiento de su descubrimiento ni para tener como fin último que la relación formal sobreviva o que la secundaria termine, sí para que pueda superarse la crisis de manera menos dolorosa y dañina para los involucrados, pues sus efectos no sólo se circunscriben a la pareja formal y al tercero en escena, sino que se prolonga en los hijos, familiares cercanos, amigos o en cada miembro de la pareja en sus posteriores relaciones.

Hay temas que requieren de un trato especial y de una preparación a fondo, pues el no contar con las herramientas o redes necesarias para enfrentar situaciones que involucren violencia, celos, obsesiones o la separación misma de la pareja formal puede provocar, que, en el mejor de los casos, la terapia no le sea de utilidad a la pareja o, en la peor de las situaciones, que no se prevengan riesgos a la salud física o psicológica, lo cual se traduciría en que se malogre la buena integración o la buena separación de la pareja como resultado de haber enfrentado esta crisis en su relación.

Los tratamientos para la infidelidad coinciden en que es fundamental que se trabaje sobre la comunicación de la pareja, se expresen abiertamente las emociones, se llegue a un consenso sobre el papel que cada miembro desempeñó en el surgimiento de la infidelidad y se posterguen las decisiones importantes acerca del futuro de la relación hasta que se tenga más tranquilidad emocional.

Finalmente, es importante revisar también las posturas de género con las que cada miembro de la pareja llega a sesión y se discutan las mismas para así empezar a reconocer que la infidelidad no es algo "natural" y característico de un sexo determinado (masculino), sino que ambas partes comparten el mismo compromiso de fidelidad desde el momento en que decidieron iniciar una relación monogámica.

Conversación

Marino Aparicio, Francisco Javier Robles, Shuyin Durán

FRANCISCO JAVIER: *El recorrido histórico por el que nos llevas nos permite apreciar, desde mi punto de vista, dos cosas importantes: la primera –bastante obvia– es que la conducta que denominamos como "infidelidad" la podemos encontrar a lo largo de la historia en diversas épocas, y la segunda –y menos obvia– es que la "infidelidad" como fenómeno social sólo la encontramos de manera reciente, por lo menos en el caso de los hombres, donde la permisividad oficial y social la hacían "inexistente" y/o "invisible", y en tiempos más recientes se pensaba que éste era uno de los tantos problemas que las parejas debían de solucionar en la intimidad del hogar, es decir, era una problemática en la que no debía inmiscuirse ningún agente externo. Esto me parece un gran problema, pensar que durante largo tiempo ¡no existía la infidelidad! –o que, por lo menos, no era visible–, lo cual implica que ni siquiera podía concebírsele como un problema. Esto ha cambiado en las últimas décadas hasta llegar a la actualidad, momento en el que coexisten diversos discursos acerca de las conductas "infieles"; por ejemplo, algunas parejas convienen en este compromiso de exclusividad emocional y física, otras se basan sólo en el compromiso de no infringir alguno de estos aspectos, y también hay quienes alientan la libertad de expresiones sexuales dentro y fuera de la relación de pareja. Desde tu punto de vista, ¿qué problemáticas o retos plantea la existencia de estas múltiples visiones de lo que sería o no la infidelidad?; ¿todo esto implica replantear la forma de abordar la infidelidad en la pareja?*

MARINO: Estoy de acuerdo contigo, Francisco, en que las relaciones de pareja, en la actualidad, adoptan diferentes formas en cuanto a sus compromisos respecto de la fidelidad. Podemos incluso identificar parejas que tienen claras las expresiones que no son consideradas como actos infieles o que tienen mayor permisividad en cuanto a su libertad sexual, como las parejas llamadas *swingers*. Es por eso que desde el inicio del texto me interesó aclarar que el fenómeno de la infidelidad es identificado como problema en aquellas parejas que basan su relación en un esquema monogámico y que llegan a terapia cuando alguno de ellos ha violado este convenio. Las parejas se forman estableciendo algún tipo de acuerdo respecto de los límites que tendrán como tales, y aquí hay un primer reto, pues es probable que este convenio haya sido tácito, esto es, que en el caso de la pareja monogámica ambos miembros hayan coincidido en "ser fieles" pero no hayan aclarado en concreto qué actos estarán etiquetados como "infieles" y, por ende, prohibidos en su relación. Queda claro que las relaciones coitales con una persona ajena a la pareja pueden constituir la máxima expresión de infidelidad, pero a veces la pareja se queda ahí, y no aclara qué hacer en otros casos en los que las relaciones no llegan al coito o, incluso, son sólo relaciones románticas en las que el vínculo ha sido únicamente emocional. De ahí la importancia de que al inicio de la terapia se investigue qué definición tiene la pareja de la infidelidad y de los compromisos que, como pareja, ha establecido en relación con este tema, así como respecto de las creencias de género relacionadas con la infidelidad y los límites tácticos o explícitos que se rompieron.

FRANCISCO JAVIER: *Por un momento pareciera que el problema de la infidelidad se acabaría al terminar con las parejas basadas en la monogamia; sin embargo, no creo que esto sea lo que intentes proponer. ¿Podrías aclarar este aspecto?*

MARINO: Si no existieran parejas monógamas, es casi evidente pensar que no existiría el fenómeno de la infidelidad e incluso el término no tendría sentido, pues no habría un convenio de exclusividad sexual/emocional entre los miembros de la pareja; sin embargo, como bien mencionas, no propongo que las parejas actuales se basen en una configuración especial o en un convenio poligámico universal o de libertad sexual. Mas bien lo que intento es, por un lado, validar que las relaciones monogámicas en el mundo actual no son –ni han sido– la única posibilidad de relación de pareja, y, por otro, que las relaciones que se basan en la monogamia son las que identifican a la infidelidad como una situación de crisis en la pareja con muchos elementos involucrados (celos, violencia, etc.), y, a partir de ahí, ofrezco posibilidades de intervención para ayudarles a salir adelante de esta crisis, tomando en cuenta dicho compromiso monogámico. Al final de cuentas, mi intención también va dirigida a reconocer y respetar esa multiplicidad de variantes que pueden darse cuando se conforma una relación de pareja, sin tampoco dejar de lado que, en nuestra cultura occidental, las relaciones monogámicas son las que prevalecen.

FRANCISCO JAVIER: *En los diversos temas que planteas acerca de la infidelidad compartes con nosotros algunas herramientas que pueden usarse en el espacio psicoterapéutico, las cuales son propuestas principalmente por la terapia narrativa –que pone especial énfasis en los aspectos relacionados con el contexto social–, y la terapia cognitiva –que centra su interés en el trabajo relacionado con las distorsiones del pensamiento. De acuerdo con tu experiencia, al trabajar con familias que acuden a terapia por problemáticas de infidelidad, ¿cómo integrar estas dos propuestas?, ¿cuándo basarse en un modelo o en otro?*

MARINO: Desde mi punto de vista, la infidelidad es un fenómeno complejo y que ha tenido varias aproximaciones para su explicación e intervención. Se le ha visto a partir de enfoques antropológicos, sociológicos, psicológicos, etcétera. Desde el punto de vista psicológico se le ha abordado desde diversos ámbitos, como el evolutivo, el social o el clínico; en este último ámbito se han desarrollado explicaciones y acercamientos terapéuticos de diversas escuelas como el conductismo, el psicoanálisis, el cognoscitivismo y, claro está, el enfoque sistémico. En este sentido, yo abogo por escuchar todos los enfoques que sobre este tema se han efectuado, para tener una visión más amplia de este fenómeno y, a la vez, para permitir que no exista una historia dominante, sino varias historias alternativas que sean útiles para los psicólogos o terapeutas.

En concreto, sobre el enfoque narrativo y el cognitivo, que son dos de las visiones que expreso en este texto para el manejo de temas específicos de infidelidad, creo que en sentido epistemológico no habría problema de usarlos conjuntamente, sobre todo si hablamos de esa psicoterapia cognitiva que, de acuerdo con Michael Mahoney, evoluciona hacia un constructivismo en el que no se habla de un objetivismo que identifica "distorsiones cognitivas", sino de un conocimiento en el que las personas "son participantes proactivos (y no reactivos y pasivos) en su experiencia [...] que la vasta mayoría de los procesos de ordenamiento que organizan las vidas humanas operan a un nivel de conciencia tácito [...] y que la experiencia humana y el desarrollo psicológico personal reflejan la operación continua de autoorganización individualizada" (1998, p. 65).

En cuanto a la práctica psicoterapéutica, y respondiendo a la pregunta de cuándo basarse en una o en otra, yo sugiero la propuesta narrativa como una buena introducción para que conozcamos el sistema de creencias de la pareja y entendamos la forma en que conciben la infidelidad y qué desean o esperan que suceda en la terapia. A partir de ahí, si surgen temas particulares que les preocupen (celos, violencia, etc.), en el capítulo se ofrecen guías que podrían ayudar a su manejo. Por ejemplo, si a la pareja le preocupa particularmente saber cómo lidiar con esos celos que le impiden superar la crisis, pues para el tema de los celos se hacen algunas sugerencias de intervención que pueden aplicarse para su manejo.

SHUYIN: *Desde un punto de vista personal, me parece que la visión actual de la infidelidad va de la mano con la visión de la pareja que se ha ido construyendo en estos tiempos. Las llamadas "crisis de la pareja" han mostrado que tienen que ver con el rompimiento de la idea tradicional de lo que significa ser "pareja". Como bien mencionas, la incursión de la mujer en el ámbito laboral, el feminismo, los derechos humanos, etc., han contribuido en gran medida a que este concepto vaya diluyéndose con el tiempo. El ciclo vital de la pareja se ha extendido a más años de convivencia de los que tenía anteriormente en el México colonial, por ejemplo, ya que actualmente las expectativas de vida son, en promedio, de más de setenta años. En relación con este tema, me gustaría hacerte la siguiente pregunta: ¿cuáles crees que son las consecuencias que actualmente experimenta la pareja si los conceptos tradicionales acerca de la misma se han ido rompiendo y, sin embargo, parece ser que sus integrantes no encuentran otras bases o creencias en las que apoyarse para continuar una relación de largo plazo?*

MARINO: No cabe duda de que los seres humanos van adaptándose a las circunstancias generadas por el entorno. Tanto hombres como mujeres tienen que ir amoldando sus conductas a estas circunstancias. El caso de las parejas es similar. En el México de hoy podemos reconocer parejas con relaciones, creencias y valores diferentes de los que prevalecían en los años setenta, y qué decir de las familias mexicanas en momentos, lugares y tiempos anteriores. Por poner un ejemplo, en la película mexicana *¿Por qué nací mujer?* (González, 1968) aparecen varias parejas que tienen dificultades por la rigidez de sus creencias y roles y en las que se observa el predominio de la autoridad del hombre sobre la mujer. Hoy en día, la pareja ha tenido que irse acomodando a los cambios requeridos por la transformación social y, más que de ruptura, yo hablaría de transformación de las relaciones, creencias y valores. Los roles masculino y femenino han tenido que modificarse en todos los ámbitos, pero sobre todo en el familiar, el de pareja y el laboral. Las mujeres participan más en las actividades económicas, y el hombre, aunque con mucha menor rapidez que la mujer, ha ido incorporándose a actividades anteriormente etiquetadas como femeninas, como las labores domésticas, por ejemplo. En cuanto a la infidelidad, vemos que la búsqueda de la equidad en las relaciones de género poco a poco ha fomentado que este fenómeno no se considere un privilegio único de los hombres, ya que también la mujer ha podido exigir fidelidad de parte de su pareja y que con más frecuencia reporte que también ella ha cometido actos infieles (Aparicio, 2001). Pese a esto, en nuestra sociedad aún se sigue percibiendo la infidelidad masculina como sinónimo de hombría o, por lo menos, como juego o travesura sin mayores consecuencias (muestra clara de ello es la proliferación de los llamados *table dances* en la ciudad de México), y a la femenina continúa identificándosele como algo denigrante o, por lo menos, indeseable. De ahí que en la propuesta que presento en este capítulo –la cual busca que las parejas que desean que su relación se fundamente en la equidad y el respeto a valores como la fidelidad– el hombre debe reflexionar sobre las ideas dominantes de la infidelidad masculina a fin de construir una relación distinta, en la que ambos miembros de la pareja participen y crezcan respetando los valores que ellos mismos, como pareja monogámica, desean.

¿Qué otras bases o creencias tiene la pareja para continuar con una relación de largo plazo? Pues creo que son precisamente aquellas en las que los terapeutas de la pareja centran su atención: *comunicación, negociación* y *manejo de conflictos*. Por ejemplo, Bryant y Conger (1999) encontraron que el soporte social de las parejas es un factor vinculado al éxito para mantener relaciones durante más de veinte años. Todo esto permitirá que las parejas construyan relaciones de largo plazo y, lo que es más importante, que estas relaciones tengan bases más satisfactorias para ambos miembros.

SHUYIN: *Mi segunda pregunta sería: ¿cuál crees que sea el futuro para la pareja actual cuando la infidelidad sigue siendo un "invitado latente" en un mundo que tiende a la globalización y donde las interacciones humanas van desde lo* real, *es decir, con contacto cercano y físico, hasta lo que pudiera llamarse* ficticio, *como es el caso de las relaciones cibernéticas?*

MARINO: Aunque el índice de casos de infidelidad sigue siendo mayor en los hombres que en las mujeres, entre estas últimas se han incrementado los casos reportados de infidelidad (Aparicio, 2001), pese a que no queda claro si esto se debe a que sean más infieles que antaño o a que tienen mayor oportunidad de manifestarlo sin padecer consecuencias negativas por ello o a que no se contaba con una medición similar en épocas anteriores. Hoy en día se sigue manteniendo una mayor laxitud respecto de la infidelidad masculina, pero esto poco a poco seguirá cambiando en una búsqueda de la equidad en la relación de pareja respecto de su compromiso de fidelidad monogámica, y trabajos como éste intentan ser una propuesta para lograr dicha equidad.

¿Cómo impacta el uso de Internet en el binomio fidelidad-infidelidad? Me parece que impacta en la necesidad de que las parejas sean más claras y comuniquen abiertamente qué conductas en este sentido serán consideradas como infieles, qué compromiso adquieren al respecto y qué consecuencias tendrán en caso de transgredir dichos compromisos. No es algo sencillo, pues la privacidad que propicia el uso de una computadora puede crear la ilusión de mayor confidencialidad, pero a la larga será una situación difícil de mantener, lo que puede generar conflictos en la pareja.

Bibliografía

Avelarde, M., Reyes, D., Díaz-Loving, R. y Rivera, S. (1996). Efectos del paso del tiempo sobre el amor, la interacción, los celos y la infidelidad. En: AMEPSO. La *psicología social en México.* (pp. 275-281). México: AMEPSO.

Aparicio, M. (2001). *Estrategias terapéuticas en el manejo de la infidelidad en terapia de pareja.* Tesina de licenciatura. México: UNAM.

Barbosa, A. (1994). *Sexo y conquista.* México: UNAM.

Bonilla, P. (1993). *La infidelidad en la pareja. Conceptualización e implicación en hombres y mujeres mexicanos.* Tesis de doctorado. México: UNAM.

——, Hernández, M. y Andrade-Palos, P. (1998). Actitud hacia la infidelidad y su relación con algunas variables sociodemográficas. En AMEPSO. *La psicología social en México.* (pp. 188-192). México: AMEPSO.

Bryant, C. y Conger, R. (1999). Marital Success and Domains of Social Support in Long-Term Relationships: Does the Influence of Network Members Ever End? *Journal of Marriage and the Family, 61*(2), 437-450.

Brown, E. (1991). *Patterns of Infidelity and Their Treatment* [Patrones de la infidelidad y su tratamiento]. New York: Brunner/Mazel.

—— (1999). *Affairs: A Guide to Working Through the Repercussions of Infidelity* [Aventuras: una guía para trabajar sobre las repercusiones de la infidelidad]. San Francisco: Jossey-Bass Publishers.

Casas, M., Gudiño, S. y Nadelsticher, A. (1986). La infidelidad en matrimonios mexicanos. En AMEPSO. *La psicología social en México.* (pp. 392-398). México: AMEPSO.

Corsi, J. (2000). *Violencia familiar. Una mirada interdisciplinaria sobre un grave problema social.* Buenos Aires: Paidós.

Dattilio, F. y Padesky, C. (1990). *Terapia cognitiva con parejas.* Bilbao: Desclée de Brower.

Elbaum (1981). The Dynamics, Implications and Treatment of Extramarital Sexual Relationships for Family Therapists. *Journal of Marital and Family Therapy, 7*, 489-495.

Esperón, M. y De Urdimalas, P. (1949). Dicen que soy mujeriego [grabada por P. Infante]. En *60 rancheras inmortales 1* [CD]. México: Warner Music Latin. (2002).

González, R. (director). (1968). *¿Por qué nací mujer?* [cinta cinematográfica]. México: Sanem.

Hernández-Rossette, S. (2000). *Actitud y estilos de afrontamiento ante la infidelidad en hombres y mujeres mexicanas.* Tesis de licenciatura. México: UNAM.

INEGI. (2003). *Encuesta Nacional sobre la Dinámica de las Relaciones en los Hogares.* Aguascalientes, México.

Larrañaga, E. (enero-junio, 1999). Los amantes (la codificación de la infidelidad: entre el honor y el amor). *Vínculo Jurídico,* 37-38. Recuperado el 9 de diciembre de 2005 de: http://www.uaz.edu.mx/vinculo/webrvj/rev37-38-3.htm

Lavrin, A. (1991). *Sexualidad y matrimonio en la América hispánica. Siglos XVI-XVII.* México: Grijalbo.

Lusterman, D. (1995). Treating marital infidelity. En R.H. Mikesell (ed.). *Integrating Family Therapy: Handbook of Family Psychology & Systems Theory.* (pp. 259-269). Washington, D.C.: American Psychological Association.

Maldonado, I. (1993). Como a través de la bruma (notas acerca del género masculino). En *Familias: una historia siempre nueva*. México: Porrúa/CIIH-UNAM.

Mahoney, M. (1998). La continua evolución de las ciencias y psicoterapias cognitivas. En: Neimeyer, R. y Mahoney, M. (comps). *Constructivismo en psicoterapia.* Barcelona: Paidós.

Manrique, R. (2004). Terapia de pareja en tiempos difíciles. Masculinidad perdida e insatisfacción encontrada. *Psicoterapia y Familia, 17* (1), 18-29.

Marret, K. (1990). Extramarital Affairs: A Birelational Model for Their Assessment. *Family Therapy, 17* (1), 2-28.

Montano, E.E., Neria, L.A. (1994). Actitud hacia la infidelidad en parejas casadas. Tesis de licenciatura. México: UNAM.

Morali-Daninos, A. (1980). *Historia de las relaciones sexuales.* Colección ¿Qué sé? México: Cruz-Presses Universitaires de France.

Nichols, W. (1988). *Marital therapy. An integrative approach.* New York: The Guilford Press.

Pittman, F. (1994). *Mentiras privadas.* Buenos Aires: Amorrortu.

Rodríguez, I. (director/guionista). (1952). *Dos tipos de cuidado* [cinta cinematográfica]. México: Televoz.

Silverstein, J. (1998). Countertrasference in Marital Therapy for Infidelity. *Journal of Sex and Marital Therapy, 24*, 293-301.

Sluzki, C. (2004). La crisis de la masculinidad y de la feminidad: una perspectiva evolutiva. *Psicoterapia y Familia, 17* (1), 3-17.

Soustelle, J. (1955). *La vida cotidiana de los aztecas en vísperas de la conquista.* México: Fondo de Cultura Económica.

Thompson, A. (1984). Extramarital Sexual Crisis: Common Themes and Therapy Implications. *Journal of Sex and Marital Therapy, 10* (4), 239-254.

Vaughan, P. (1998, abril). *The Monogamy Myth* [El mito de la monogamia] (30 párrafos). Recuperado el 5 de agosto de 2001 de: http://www.vaughan-vaughan.com

White, M. (1994). *Guías para una terapia familiar sistémica.* Barcelona: Gedisa.

Capítulo 4

Las familias que se separan

Shuyin Durán Torres

Los amorosos callan.
El amor es el silencio más fino,
el más tembloroso, el más insoportable.
Los amorosos buscan,
los amorosos son los que abandonan,
son los que cambian, los que olvidan.
Su corazón les dice que nunca han de encontrar,
no encuentran, buscan.
Los amorosos andan como locos
porque están solos, solos, solos,
entregándose, dándose a cada rato,
llorando porque no salvan al amor.
Les preocupa el amor. Los amorosos
viven al día, no pueden hacer más, no saben.
Siempre se están yendo,
siempre, hacia alguna parte.
Esperan,
no esperan nada, pero esperan.
Saben que nunca han de encontrar.
El amor es la prórroga perpetua,
siempre el paso siguiente, el otro, el otro.
Los amorosos son los insaciables,
los que siempre –¡qué bueno!– han de estar solos [...]

Jaime Sabines (1998, p. 27)

Introducción

El divorcio es un tema que se ha vuelto común en la sociedad actual. Una variedad de películas de diferentes países han retomado este tema, como es el caso de Tres colores: Blanco, *película que pertenece a la trilogía del director Krzysztof Kieslowski (1994). La historia de esta cinta inicia en Francia, con el juicio de divorcio de Karol y Dominique. Ella –de nacionalidad francesa– argumenta que el matrimonio "no ha sido consumado", humillando a Karol –de origen polaco–, al hacer público su problema de impotencia sexual. Él se siente en desventaja para defender sus ideas en el juicio de divorcio debido a su escaso conocimiento del idioma francés, pero, sobre todo, porque aún sigue enamorado de su esposa. Dominique le tiende una trampa que lo obliga a huir a su país natal. En Polonia, Karol hace amistad con personas que lo ayudan a realizar finalmente su venganza en contra de ella. En el transcurso de la historia se aprecia, en diferentes comportamientos, la desesperación que Karol siente por estar lejos de Dominique: le habla por teléfono e intenta buscarla, pero ella suele hacerle patente su rechazo mediante comentarios denigrantes acerca de su sexualidad o dejándole escuchar por teléfono que está teniendo relaciones sexuales con otro hombre, lo que sólo le provoca mayor sufrimiento. Todo ello le da más fuerza a Karol para tomar venganza por las numerosas humillaciones que le hizo pasar. Decide hacer varios negocios que le permiten adquirir una buena cantidad de dinero y, con ayuda de un amigo, escenifica su propio funeral y designa a Dominique heredera de su fortuna. Pareciese que ella sufre por la desaparición de Karol, pero a la vez está ansiosa por recibir la herencia. Dominique se sorprende cuando Karol se le aparece en la habitación del hotel donde ella se hospeda, tras lo cual tienen relaciones sexuales. A la mañana siguiente, él ha desaparecido y la policía toca a la puerta del cuarto y se lleva a Dominique acusada de robo. Karol observa la escena y considera realizada su venganza, pero, por la forma en que la ve alejarse a bordo de la patrulla, el espectador percibe aún la llama del amor que alguna vez sintió por ella. Y así es como acaba la historia.*

Esta película recuerda aquellos matrimonios en los que uno de los integrantes de la pareja aún sigue comprometido con la relación, pero el otro ya no, lo que hace que el proceso de divorcio sea muy doloroso. El divorcio es un fenómeno que ha sido retomado como punto medular de varias investigaciones multidisciplinarias, así como en revistas para todo público y en películas, como la anteriormente mencionada, ya que el cambio de paradigma sobre el significado de la pareja ha ocasionado un incremento de las separaciones conyugales en la última década.

En la antigüedad, el divorcio era un fenómeno inexistente en la mayoría de las sociedades, ya que los matrimonios eran considerados indisolubles, si bien la duración del vínculo era corta debido a los índices de mortalidad a una edad temprana. Otra característica de estos matrimonios era que estaban basados en convenios realizados por las familias de los contrayentes, por cuestiones de dinero o poder. Es a partir de finales del siglo XVIII que se vuelve común que las personas puedan elegir al cónyuge con quien desean contraer nupcias y a partir de la afinidad mutua –a esto se le conoce como la *revolución sentimental* (Meler, 2001). En la modernidad se espera que duren por mucho más tiempo debido a que la expectativa de vida ha aumentado considerablemente; por ejemplo, en el caso de México ha pasado de 35 años a principios del siglo XX a más de 70 en el año 2000 (Meler, 2001; INEGI, 2003). Tal vez por esto, los índices de divorcio han aumentado en las últimas décadas en un sinnúmero de países, lo que ha sido nombrado por diversos autores como una crisis matrimonial.[1] Este aumento es generado por múltiples factores, entre los que se encuentran:

- Una mayor participación de la mujer en los ámbitos académico y laboral,[2] de tal manera que la misma pueda generar un ingreso económico, lograr independencia y, con ello, no tener que soportar cualquier unión que le resulte insatisfactoria.[3]
- En la actualidad, la sociedad es más tolerante con el divorcio, con todo y que en algunos países la religión ejerce aún gran influencia en la opinión pública, la cual considera el divorcio como "una versión contemporánea del repudio bíblico" (Meler, 2001).
- Los aspectos relacionados con el dinero, las clases sociales, los intereses familiares "están pasando a segundo plano en los países democráticos y, por consiguiente, los problemas individuales determinan cada vez más la elección recíproca de los cónyuges. De ahí el número creciente de divorcios" (De Rougemont, 1997, p. 280).
- Modificación de los criterios para evaluar la eficiencia del vínculo matrimonial. En este sentido, Meler (2001) menciona que en tiempos premodernos se centraba en el linaje y la propiedad, mientras que la familia moderna se centraba en los hijos; la familia actual, por su parte, se centra en la pareja y en la felicidad particular de los cónyuges. El foco en la individualización permite que los arreglos familiares sean ahora factibles de ser formulados de nueva cuenta y brinda asimismo la posibilidad de su disolución. Respecto de los cambios observados en el vínculo matrimonial, López, Salles y Tuirán (2001) comentan lo siguiente:

---

1 Entre los investigadores que piensan de esta manera, se encuentra De Rougemont (1997), quien menciona que la crisis actual se puede apreciar por el aumento del número de divorcios, en lo cual el continente americano ocupa el primer lugar. En el caso de México, el índice de divorcios por cada 100 matrimonios aumentó de 7.4% en el año 2000 a 11.3% en el 2004 (INEGI, 2006).

2 De acuerdo con Tuirán (2006), en México existe un promedio de 15 millones de mujeres activas en el mercado laboral –según datos proporcionados por la Secretaría para el Desarrollo Social (Sedesol)–, lo cual corresponde a 30% del Producto Interno Bruto (PIB).

3 De acuerdo con estadísticas del INEGI, en México, la mayor parte de las solicitudes de divorcio la realizan mujeres con un alto nivel de escolaridad y económicamente activas.

La erosión del poder patriarcal se da paralelamente a un proceso cada vez mayor de individuación que engloba la gestación y afianzamiento de la autonomía de los miembros que componen el grupo familiar. Aunque hoy se pueda corroborar la presencia de rasgos patriarcales en la estructuración de relaciones familiares, éstos se combinan (en ciertas familias) con pautas más democráticas de gestión familiar, lo cual otorga mayor complejidad a los perfiles de las familias (p. 641).

El divorcio actual representa una ruptura de la estructura familiar tradicional –basada en la unión de un hombre proveedor económicamente, una mujer que se encarga de los cuidados del hogar, y los hijos de esta unión–, sobre todo cuando la pareja que se separa ha tenido hijos. Estos cambios de la vida matrimonial en las sociedades modernas nos llevan a plantearnos diversos cuestionamientos: ¿qué le sucede a la pareja del siglo XXI?; ¿sobre qué nuevos rubros se establece?; ¿qué le pasa a la familia cuando se separa? En las siguientes secciones de este capítulo se describen las fases por las que atraviesan las familias durante el proceso de divorcio, así como algunas de sus causas y las problemáticas a las que se enfrentan. Finalmente, también se proponen algunos lineamientos terapéuticos que han sido utilizados en las familias que presentan problemas ante un divorcio.

El concepto de divorcio

La palabra *divorcio,* de acuerdo con el *Diccionario de la lengua española* de la Real Academia (1999), significa "acción y efecto de divorciar o divorciarse" (p. 768); y el verbo *divorciar* significa "disolver o separar [...] por sentencia, el matrimonio, con cese efectivo de la convivencia conyugal" *(idem).* Magallón (1988) comenta que la palabra divorcio tiene su raíz etimológica en el verbo *divertere,* que quiere decir que "cada cual se va por su lado". En este sentido, Moore (1998) realiza la siguiente reflexión:

> La palabra "divorcio" no significa "acabar" o "terminar"; significa alejarse, separarse o volverse en distintas direcciones. Divorcio y diversión son dos palabras que están estrechamente relacionadas, pues ambas proceden del latín *divertere.* Su etimología sugiere que el divorcio no es un fracaso de dos personas en mantener un compromiso, sino más bien una prueba de la tendencia del destino a llevarnos en distintas direcciones. Cuando nuestras ideas sobre los finales se fundan en juicios moralistas, creamos una cultura de la culpa, de fantasías de perfección imposible y un concepto erróneo de la responsabilidad (pp. 250- 251).

A continuación se comenta el concepto legal del divorcio a fin de comenzar a desarrollar el tema a partir de lo que marca la ley, de tal manera que se esclarezca lo que constituiría legalmente un divorcio.

El divorcio y la legalidad (el caso de México)[4]

Hasta hace poco tiempo, en muchas sociedades el matrimonio era considerado indisoluble. Sin embargo, con los cambios sociales e ideológicos que han transformado la visión tradicional de la familia, también se ha modificado el concepto de matrimonio como un vínculo permanente. Esto ha llevado a que se busquen alternativas para su disolución, como es el caso del divorcio con carácter legal. Cada país tiene sus propias normas y leyes para legalizar el divorcio; sin embargo, todavía hay naciones donde el divorcio no es legal, por lo menos si es la mujer la que lo pide sin el consentimiento de su marido, como en los países islámicos. En el caso de México, el código que rige esta cuestión es el Código Civil.[5]

Definición legal del divorcio

De acuerdo con el Código Civil para el Distrito Federal (2005) y el Código Civil Federal (2005) en su artículo 266, el divorcio "disuelve el vínculo del matrimonio y deja a los cónyuges en aptitud de contraer otro".[6] Lo

[4] Se considera importante exponer el tema legal del divorcio, ya que para que éste último exista, debe presentarse un marco legal de por medio; en caso de no existir el divorcio legal cuando se firman los acuerdos por parte de los cónyuges, se considerará existente solamente la separación de la pareja por no haber precisamente sustento legal que le dé validez. El lector no-mexicano requiere información que le permita comparar las leyes de su país con las de México y ampliar con ello su visión en torno del divorcio.

[5] Cada estado de la república mexicana se rige por su propia ley civil, la cual se aplica según sea el estado en el que se contrajo matrimonio o el domicilio en el que se tiene la residencia conyugal. El Código Civil Federal se aplica cuando se trata de territorios federales o cuando se trata de mexicanos que quisieran contraer matrimonio en el extranjero. El Código Civil del Distrito Federal es el que rige actualmente en la ciudad de México.

[6] En octubre de 2008, meses después de que este capítulo quedara concluido, se oficializaron reformas al Código Civil del Distrito Federal relacionadas con el proceso de divorcio, el cual ahora puede ser solicitado por uno solo de los integrantes de la pareja sin que se requiera señalar una causa determinada, como sucedía antes, por

anterior indica que la ley permite a los cónyuges contraer nuevas nupcias si ésa es su decisión. Aunque no todos los que se divorcian lo hacen para casarse de nuevo, algunos "lo que desean es acabar con situaciones que no les permiten vivir con felicidad" (Rodríguez, 2003). Ante la ley existen dos tipos de divorcio: necesario[7] y por mutuo consentimiento o voluntario. Este último se divide en voluntario administrativo y voluntario judicial.

---

lo que se le ha denominado popularmente como "divorcio express" o "unilateral" (es importante enfatizar que, hasta la fecha de edición del presente libro, este tipo de divorcio sólo aplica para los residentes de la ciudad de México). De esta manera, el texto del artículo 266 del Código Civil del Distrito Federal queda de la siguiente manera: "El divorcio disuelve el vínculo del matrimonio y deja a los cónyuges en aptitud de contraer otro. Podrá solicitarse por uno o ambos cónyuges cuando cualquiera de ellos lo reclame ante la autoridad judicial, manifestando su voluntad de no querer continuar con el matrimonio, sin que se requiera señalar la causa por la cual se solicita, siempre que haya transcurrido cuando menos un año desde la celebración del mismo" [n. del coord.].

[7] El artículo que se refiere a este tipo de divorcio es el 267 del Código Civil (2005). En él se mencionan veintiún causas para la realización de un divorcio necesario: i. adulterio; ii. un hijo concebido, antes de la celebración del matrimonio, con una persona distinta de su cónyuge sin conocimiento alguno de esto; iii. la propuesta de uno de los cónyuges para prostituir al otro; iv. incitación a la violencia de un cónyuge al otro para cometer algún delito; v. actos inmorales de los cónyuges para corromper a los hijos; vi. enfermedad incurable contagiosa o hereditaria de uno de los cónyuges; vii. trastorno mental de algún miembro de la pareja; viii. separación injustificada de los cónyuges por más de seis meses; ix. separación de los cónyuges por más de un año, sin importar el motivo; x. declaración de ausencia o la presunta muerte del cónyuge al que se está demandando; xi. sevicia, amenazas o injurias graves hacia el cónyuge o hacia los hijos; xii. la falta de colaboración económica para el sostenimiento del hogar y para la educación de los hijos por parte de alguno de los cónyuges; xiii. acusaciones o calumnias hechas por uno de los cónyuges al otro, por delito que merezca pena mayor a dos años en prisión; xiv. por un delito doloso cometido por alguno de los cónyuges, el cual haya sido condenado por sentencia ejecutoriada; xv. alcoholismo o el hábito de juego que amenace con causar la ruina de la familia; xvi. por delito doloso en el que alguno de los cónyuges haya arremetido contra los bienes del otro o de los hijos, y por el cual haya sido condenado por sentencia ejecutoria; xvii. violencia familiar; xviii. incumplimiento injustificado de las determinaciones de la autoridad para corregir la violencia familiar; xix. por la ingesta de sustancias ilícitas o las lícitas no destinadas para uso terapéutico que produzcan efectos psicotrópicos amenazando causar la ruina de la familia; xx. el uso de los métodos de fecundación asistida cuando no ha sido consentida por ambos cónyuges; xxi. el impedimento, por parte de alguno de los cónyuges, para desempeñar una actividad lícita, la cual no perjudica el cumplimiento de su obligación para con el hogar y los hijos.

Divorcio necesario

Divorcio necesario es aquel que "cualquiera de [los] cónyuges [...] reclama ante la autoridad judicial, fundado en una o más causales a que se refiere el artículo 267 del Código Civil" (p. 34). Lo anterior no aplica cuando se trata de un divorcio por mutuo consentimiento (Código Civil para el D.F. y Código Civil Federal, 2005; INEGI, 2006; Rodríguez, 2003). Rodríguez (2003) comenta que el divorcio necesario suele ser vergonzoso, ya que expone y desprestigia al cónyuge demandado o al que demanda, puesto que, con tal de "motivar su demanda o para impugnar la de la contraria" (p. 64), se hace alusión a situaciones de la vida conyugal y otras circunstancias que deberían permanecer en el ámbito privado.

Divorcio por mutuo consentimiento o voluntario

La primera variante de este tipo de divorcio es el voluntario administrativo, el cual se describe en el artículo 272 del Código Civil:

> Aquel que se tramita a través de alguna Oficialía del Registro Civil, siempre y cuando se encuentre legislado en la entidad que corresponda, y sea por mutuo consentimiento de los cónyuges, que sean mayores de edad, no tengan hijos y de común acuerdo hubieran liquidado la sociedad conyugal (INEGI,2006).

Por lo tanto, en este tipo de divorcio sólo se levanta un acta ante el juez del Registro Civil del domicilio correspondiente, quien los convocará en quince días para que se presenten a ratificar su acta de divorcio.

El segundo tipo de divorcio voluntario es el judicial, el cual se realiza debido a que no se cumplió con todas las características que requiere el divorcio de tipo administrativo, como la presencia de hijos dentro del matrimonio, pero sigue siendo voluntario porque ambos cónyuges están de acuerdo en divorciarse. Este divorcio se explica en el artículo 273 del Código Civil del D.F., el cual establece que cuando los cónyuges no cumplan con las condiciones establecidas en la ley para requerir el divorcio administrativo, lo solicitan ante el juez de lo familiar, siempre y cuando haya transcurrido un año o más desde la celebración de su matrimonio (Código Civil del D.F., 2005; Rodríguez, 2003). En este tipo de documento se conviene el cuidado de los hijos, así como la convivencia que éstos tendrán con el cónyuge que no guarde su custodia, la repartición y administración de bienes y el monto de la pensión. En caso de que aún no se hayan puesto de acuerdo los cónyuges sobre el cuidado de los hijos, será un juez quien lo decidirá, a menos que éstos últimos no hayan cumplido los doce años, ya que la ley favorece a la madre para que se queden a su cargo.

La mujer tiene derecho a recibir una pensión alimenticia en caso de que no tenga ingresos suficientes y no se haya casado de nuevo o se una en concubinato. Se resalta que el hombre tiene los mismos derechos de pensión en caso de encontrarse imposibilitado para trabajar o desempleado mientras no se vuelva a casar. Cuando ambos cónyuges generan ingresos y no hay hijos, no hay pensión alimenticia, a menos que el demandante exija una pensión por daños y perjuicios o por daño moral, en casos como el adulterio o causas específicas que ameriten cárcel.

El divorcio y el desamor

Victoria, una mujer de aproximadamente veinte años de edad, tenía un año de matrimonio con Alfonso, varón de veinticinco años. Victoria estaba estudiando ciencias de la comunicación, mientras que Alfonso ya trabajaba en el área de administración de empresas, profesión que estudió. Ambos llegaron a consulta debido a problemas en su matrimonio. En su relato comentaban que los primeros seis meses de matrimonio habían sido especiales. Victoria estaba muy entusiasmada con esta nueva etapa en su vida y Alfonso solía tener gestos galantes para con ella: le llevaba flores cada semana, la invitaba al cine, la llevaba a lugares que a ella le gustaba visitar, en fin, realizaba un sinnúmero de acciones que lo convertían, para Victoria, en "el hombre perfecto". Sin embargo, después de estos seis meses, de pronto él comenzó a cambiar su trato para con ella: dejó de llevarle flores, en ocasiones ya no podía ir casa a comer en compañía de Victoria porque empezó a tener más responsabilidades debido a un ascenso que recibió en el trabajo, todo lo cual provocó que ella comenzara a sentirse triste por esta situación. Por su parte, Victoria comenzaba a enfadarse sin motivo alguno con Alfonso, reñían con mayor frecuencia y eran pocas las ocasiones en que lograban acuerdos. Alfonso parecía ahora más distante y eran ya pocas las veces que solían salir juntos. Él comenzó a trabajar también los fines de semana, por lo que su convivencia disminuyó aún más. Victoria solía llorar por lo que sucedía en su relación. No sabía lo que estaba pasando y, al parecer, Alfonso tampoco. Comenzaron a sentir dudas acerca de si su matrimonio había sido una decisión correcta. Ignoraban si el amor que alguna vez los unió se había transformado en desamor, si las ilusiones que habían tenido juntos habían desaparecido. De lo que sí estaban seguros era que sus sentimientos estaban confusos y no sabían cuál sería el futuro de su relación.

El amor en las parejas

En la mayoría de las ocasiones, el amor ha sido, ya sea en libros, revistas, películas, anuncios, en la televisión, en la radio e, incluso, hasta en tarjetas de regalo, uno de los temas relevantes en la relación de pareja y factor decisivo para que ambos miembros decidan acoplarse –trátese de matrimonio o unión libre. Pareciera –tal y como la sociedad lo ha manejado en la actualidad– que el amor es el eje rector para que una pareja decida estar junta y que, por lo tanto, cuando éste desaparece, se vislumbraría una inminente separación. Debido a esto es que una de las razones por las cuales se puede constituir la pareja es el amor y, contrariamente, que la falta de amor (desamor) sea motivo para la disolución de la relación de pareja. En la sociedad occidental actual, alentadora de la monogamia, el amor se ha convertido en factor necesario para legitimar cualquier vínculo de pareja, permitir el impulso erótico que se presenta en ésta y considerar que dicha relación es fuerte. Sin embargo, esta intensidad parece no garantizar que su presencia sea constante, de tal manera que sirva como motivación de la pareja para que ésta perdure indefinidamente. Con respecto a esto, Moore (1998) comenta que el "amor a primera vista" no siempre es señal de una relación verdadera por lo que, en la práctica, se puede considerar que el amor se traduce solamente en "una actividad dirigida a vivir en compañía, con alguna comodidad que permita adquirir bienes, administrarlos, tener hijos, criarlos, divertirse y enfrentar problemas sociales y otras tareas que distan de lo que sería una vida exclusivamente placentera [...]" (Escotto, 1994, p. 351).

Efectos del amor y el desamor en las parejas

El concepto del amor ha sido constantemente utilizado en varios contextos: la literatura, la sociología, la antropología, la psicología e, incluso, la religión. Existen tantos conceptos del amor como formas de manifestarlo. Según Escotto (1994), el amor "es una emoción, las emociones como tales establecen la semántica del mundo, esto quiere decir que son el significado individual interno y único de algo o alguien, de un hecho o de una persona, de un animal o cosa" (p. 349). Para Maturana es "la emoción que constituye el dominio de conductas donde se da la operacionalidad de la aceptación del otro como un legítimo otro en la convivencia" (1997, p. 24). Para algunas personas significa "estar con el ser amado en las buenas y en las malas" o un sentimiento permanente, indestructible y omnipotente –el amor lo puede todo–, mientras que para otras es un sentimiento que se va alimentando día con día. Las múltiples formas en que lo conciben las personas tienen un impacto notable en sus vínculos emocionales y, de manera especial, en su relación de pareja. En el marco contextual de cada uno de los miembros de la pareja, lo que significa y representa el amor contribuye a la construcción de expectativas que cada uno de ellos tenga de la vida en pareja y de lo que debe ser una pareja en el contexto social.

Uno de los conceptos más comunes en las relaciones de pareja es el del *amor romántico*, el cual está basado en una idea de la pareja perfecta y constituida para toda la vida. Moore (1998) menciona que el amor romántico es una ilusión, por lo menos en lo que respecta a su permanencia, ya que la intensidad del amor va menguando, produciendo un intenso dolor en los casos en que se extingue y suele traer consigo la disolución de la relación sentimental. La intensidad de esta emoción amorosa, en la que se basaba en un principio la relación, va adquiriendo matices que antes no se habían contemplado, como lo comenta Escotto (1994):

> La relación utilitaria, amor conyugal, está llena de compromisos y sujeta al respeto de un juramento que pretende basarse en el afecto, y el amor, como tal se hace bajo la forma más vehemente de la convicción, sin embargo caduca tan pronto como recibe los golpes y vicisitudes de la existencia que hacen del afecto humano algo frágil y voluble y en el que la reflexión y las creencias están presentes en todo momento, haya conciencia o no de ello. Son las mismas necesidades humanas las que hacen que este juramento se renueve condicionalmente, pues el amor no está implícito y la unión dura mientras dura el respeto y el compromiso en todos los aspectos, de esta forma la fidelidad es constancia y cumplimiento (p. 346).

En muchos de los casos en que se extingue el amor, las personas tienen que enfrentarse con la destrucción de su propio concepto del amor para toda la vida, lo que en ocasiones les provoca una sensación de vacío existencial y la urgente necesidad de replantearse aspectos importantes de sus vidas.

Otro concepto importante es el de la pasión como factor representativo del amor. Meler (2001) encuentra una paradoja en el hecho de que todavía haya quien defienda la idea de que la estabilidad y la satisfacción de la pareja están estrechamente vinculadas con la pasión amorosa, ya que generalmente se acepta que ésta es un comportamiento sumamente inestable en cualquier relación sentimental. Otra crítica la realiza Moore (1998), quien considera ilusoria a la pasión amorosa; este autor menciona que esta "ilusión es peligrosa, pero aún así seguimos depositando una ingenua confianza en esta clase de amor y nos gustan las películas y novelas que retratan estas ilusiones" (p. 188). Para De Rougemont (1997), depositar la felicidad en el amor pasional, sentimiento que es promovido por diversos medios publicitarios en la sociedad moderna, supone "una capacidad de aburrimiento casi morbosa, o la intención secreta de hacer trampas" (p. 282). La gente que se casa exclusivamente con la esperanza de vivir de manera intensa esta pasión amorosa –aun sin creer en el matrimonio– tiende a frustrarse por no poder ver realizada esta ilusión, lo cual produce la pérdida del amor en la relación.

Otra idea común acerca del amor es aquella que lo considera como un ente que mantiene viva la relación, que es alimentado por cada uno de los integrantes de la pareja, por lo que, una vez rota la relación, se tiende a buscar al culpable de "haberlo matado" y de las causas por las cuales se terminó. Moore menciona que esta búsqueda de responsables tiene como propósito "evitar el dolor causado por las inexorables y a veces crueles exigencias del destino, pero al evitar ese dolor podemos condenarnos a nosotros mismos a sufrir durante años esas mismas emociones e imágenes de las que tratamos de escapar" (Moore, 1998, pp. 241-242). De manera paradójica, esta concepción del amor puede llevar a las personas a infligirse daño a sí mismas en aquellos casos en que se consideran culpables del rompimiento del vínculo emocional.

Al extinguirse el sentimiento amoroso y aparecer la sensación de desamor se produce un sentimiento de dolor en la pareja, independientemente del concepto de amor en el que se haya basado la relación. Así como al inicio de la relación se vive un sentimiento intenso de amor, en los momentos inmediatamente posteriores a la finalización de la relación de pareja se vive un dolor intenso. Esto se asemeja a un proceso de duelo en el que pueden surgir sentimientos de negación, desilusión, tristeza e ira que, en algunos casos, tal vez nunca se resuelvan en su totalidad (Robinson, 1991).

El proceso de divorcio en las familias (propuesta de Robinson)

En los casos en que deciden iniciar un proceso de divorcio, los cónyuges tienen que enfrentar problemáticas adicionales, ya que dicho proceso involucra aspectos sociales y psicológicos que afectan a cada uno de los integrantes de la pareja (Guttman, 1993; Robinson, 1991). El divorcio implica una crisis familiar que no solamente afecta a los individuos que forman la pareja, sino a los hijos, si los tienen, a los familiares que están a su alrededor y a la comunidad con la que mantienen contacto –como compañeros de trabajo, amigos y vecinos.

Con base en una perspectiva sistémica, Robinson (1991) identifica una serie de fases por la que pasan las familias que han decidido divorciarse. Cada etapa describe procesos emocionales que vive la pareja y muestra las tareas importantes que ésta debe completar antes de pasar a otra nueva fase. Tales fases no son rígidas, ya que una persona puede haber realizado los cambios necesarios de una etapa y dejado pendientes algunos cambios necesarios de una fase anterior. Es importante mencionar que, debido a su complejidad, son pocas las parejas que pueden llegar a negociar todas estas fases de manera armoniosa, ante lo cual es recomendable que busquen ayuda externa. A continuación se comentan las características principales de cada una de estas fases.

Fase 1: reconocimiento del fracaso de la relación de pareja

En esta fase, las parejas se encuentran con varias dificultades debido a la confusión que experimentan respecto de su relación, pues ésta se torna ambigua debido al proceso de progreso y regresión de la misma y a que existe una reacomodo de las necesidades psicológicas y físicas de cada uno. Durante esta etapa la pareja puede recapacitar y generar nuevos compromisos para la relación, de tal manera que se llegue a una reconciliación; si esto no se da, seguramente pasarán a la siguiente etapa, esto es, la concerniente a la decisión de separarse o divorciarse. De acuerdo con Guttman (1993), durante este proceso se desarrolla una crisis entre dos opuestos, pues "el conflicto es entre las atracciones y las barreras, reforzando el matrimonio de un lado y las atracciones asociadas con el divorcio por el otro". Insatisfecha, la pareja comienza a poner su atención en las debilidades de la relación y a centrar su atención en otras personas importantes en sus vidas; en estos casos, tales personas actúan a manera de puentes entre la vida anterior y la perspectiva de una vida futura para cada uno de los miembros de la pareja. Las personas que sirven de *puentes* hacia una vida futura pueden ser familiares, amigos, un terapeuta o un abogado, cuyo papel principal es el de ser elementos propiciatorios de una nueva vida.

Fase 2: decisión de la separación

La segunda etapa se refiere al momento en que alguno de los integrantes de la pareja toma la decisión definitiva del divorcio o la separación. Guttman (1993) explica que, por lo general, se pueden identificar dos posiciones distintas respecto de la decisión de divorcio: la del cónyuge "iniciador", "provocador" o "activo" del proceso y la del cónyuge "provocado" o "pasivo". Debido a esto, es común que en el proceso exista un cónyuge que se oponga abiertamente a la separación. Según Robinson (1991), hay distintas maneras de provocar estrategias para que este proceso se dé, tales como las escaladas de acciones cuyo objetivo es conseguir la exasperación de la pareja; otro es el sabotaje, táctica mediante la cual el iniciador provoca al cónyuge de una manera dolosa para lastimarlo y hacerle ver que no desea continuar más con la relación. Ésta es una etapa durante la cual la toma de decisiones se hace difícil debido a la intensidad de los sentimientos de las parejas. El cónyuge pasivo suele tener sentimientos de amargura y rencor y mostrarse temeroso del futuro, mientras que el cónyuge que pide la separación suele mostrar sentimientos de ira y desesperación. Para el cónyuge pasivo, la más remota posibilidad de que el proceso pudiese retroceder es capaz de promover que éste realice un esfuerzo mayor para lograr la reconciliación, lo cual, por estar fundado en una falsa esperanza, resulta ineficaz por estar enfocado en una dirección equivocada (Guttman, 1993). Ambos cónyuges pueden presentar sentimientos de desilusión y fracaso por lo sucedido en su matrimonio. Suele pasar que, en esta etapa, la situación se vuelva insoportable y uno de los cónyuges abandone el hogar, sólo para regresar posteriormente, ya sea por la presión ejercida sobre él o de *motu proprio*. En este momento su preocupación está más orientada hacia los problemas con la pareja que hacia las necesidades de los hijos. Sólo algunos matrimonios informan a los hijos sobre su nueva condición antes de la separación.

Fase 3: planeación de los resultados de la separación

La tercera etapa consiste en la preparación y planeación de los resultados. Muchas de las parejas suelen manejar bien la parte de la planeación, sin embargo, a veces sucede que cuando uno de los cónyuges es renuente a la separación, promueva nuevas dificultades con el fin de retrasar el proceso de separación para no enfrentarse con la situación que está por presentarse. También suele suceder que uno de los cónyuges (o ambos) suele mostrarse violento, lo que precipita el abandono del hogar por parte de aquel de ellos –usualmente el esposo– que suele perpetrar la violencia. Es en este momento cuando el cónyuge que tendrá que abandonar el hogar se da cuenta por primera vez de que está a punto de perder su casa, su esposo(a) y la relación diaria con sus hijos(as), lo cual conlleva a que se pregunte a sí mismo sobre la forma en que vivirá y el lugar donde lo hará, así como acerca del futuro de sus hijos(as). Por su parte, el cónyuge que se queda en el hogar se da cuenta de que pronto estará solo, con la gran responsabilidad del cuidado directo de la prole, así como con la falta del soporte económico y emocional de su cónyuge. En esta fase se enfrentan ambos cónyuges con las redes sociales próximas. Por lo general, los(as) abuelos(as) suelen proporcionar soporte emocional a sus nietos(as). Se informa a los(as) amigos(as), a la escuela y a los vecinos acerca de la nueva situación familiar.

Fase 4: la separación

En esta fase, uno de los cónyuges se reinstala en otro sitio, ya sea con la familia de origen, es decir, en casa de sus padres, solo o con alguna nueva pareja, mientras que el otro cónyuge permanece en el hogar habitual del matrimonio con los(as) hijos(as). Suele suceder que la pareja acuerde vivir bajo el mismo techo pero separadamente o que uno de los cónyuges se ausente y regrese al hogar conyugal varias veces mientras que la separación física se concrete finalmente. En este momento es difícil para ambos cónyuges redefinir el tipo de relación que cada uno de ellos mantendrá con sus hijos, por lo cual es importante que en esta etapa se refuercen los lazos afectivos del padre y la madre con sus hijos, de tal manera que se dejen claras las nuevas bases sobre las que se fundamentarán ahora sus relaciones.

Fase 5: fase legal o pública de la separación

En esta quinta etapa, el proceso de divorcio pasa del ámbito privado, que sólo involucraba a la familia y a una comunidad restringida, al ámbito publico de lo legal. La separación judicial es lo que se lleva a cabo en este momento y la familia está expuesta al escrutinio público y a los comentarios (vea Guttman, 1993). Al dejar el proceso de divorcio en otras manos, los cónyuges dejan de tener control sobre el mismo y esto afectará sus vidas, las vidas de sus hijos, de la familia extensa, así como las vidas de sus posibles futuras parejas. Este proceso puede exacerbar el dolor y la violencia entre los cónyuges por el estrés que vive la familia debido a situaciones cotidianas como la disposición de la casa, la manutención del hogar y de los hijos. Es en esta etapa cuando las familias de escasos recursos materiales se ven en la necesidad de vender su casa y sus bienes o transferir el pago de la renta al cónyuge que se quede con la custodia de los hijos, mientras que el otro cónyuge experimenta la presión de tener que vivir en otro lado, tal vez fuera de su comunidad, y de perder el contacto con redes sociales importantes. Guttman (1993) comenta que cuando hay una gran diferencia de recursos entre los miembros de la pareja, el cónyuge en desventaja buscará, en sus primeras acciones, la forma de hacerse de la mayor cantidad de recursos posible, como poner dinero fuera de la vista de su consorte o vender muebles sin el consentimiento de éste.

Generalmente, cuando la madre conserva la custodia de los hijos será la primera vez que experimente que los demás esperan de ella que se defina como un individuo independiente, separado de la relación conyugal. Como es sabido, es común que las mujeres se enfrenten con la dificultad de encontrar empleos con un sueldo suficiente que les permita tener una buena posición económica para pagar el cuidado de los(as) hijos(as) mientras ellas salen a trabajar; igualmente, para obtener una plaza laboral influyen su nivel educativo, su experiencia profesional y sus habilidades, cualesquiera que éstas sean. Si la custodia queda en manos del padre, situación poco común, es más probable que los(as) hijos(as) experimenten la presencia de una madrastra en casa. Cuando el padre pide la custodia, las razones pueden ser las siguientes: porque la madre no quiere hacerse cargo de los hijos; porque el padre cree ser una mejor autoridad que la madre; para intimidar a la madre con chantaje o para obtener una ganancia económica (Robinson, 1991).

Fase 6: la familia tras la separación

La última etapa se refiere a la familia una vez efectuado el divorcio. A ciertos paterfamilias suele sucederles que tienen dificultades para distinguir entre la relación marital que tenían antes de la disolución del vínculo matrimonial y la relación que como padres tienen con sus hijos, por lo que resulta indispensable separar estos aspectos de interacción en el proceso de divorcio. Los niños no establecen esta diferencia entre los padres, a menos que la relación entre padres sea violenta. En este sentido, el objetivo es forjar relaciones más flexibles, de tal manera que se fortalezcan las relaciones entre padres e hijos, y aquéllos vayan renunciando a la relación conyugal que solían tener.

Según Guttman (1993), existen cuatro aspectos que tanto los hombres como las mujeres deben atender después del divorcio: "[...] transición legal (llenada para el divorcio), la transición económica (establecimiento de propiedad), transición social (cambios en el estilo de vida y roles y redesarrollo de una red social satisfactoria) y transición co-parental (rol parental, custodia y visitas)". Es una etapa en la que se redefinen la forma de organizar y manejar los asuntos del hogar, ya que se enfrentan cambios en las relaciones sociales, y en la que el cónyuge que no tenga la custodia debe adaptarse al cambio de residencia y a la pérdida de una vida familiar cotidiana. Existe un periodo de reestablecimiento de la autoestima para desarrollar un panorama propio que les permitirá tener una vida independiente. Incluso puede haber un nuevo matrimonio de alguno de los ex cónyuges, el cual puede transmitir las emociones no-resueltas de la antigua a la nueva relación (Robinson, 1991). También es en esta etapa cuando se van disolviendo las relaciones de amistad que se tenían en la relación matrimonial.

De acuerdo con Guttman (1993), las personas divorciadas se ajustan bien a los cambios cuando se dan tres condiciones: *a.* cuando perciben que, en su vida, los beneficios del divorcio son más altos que los costos; *b.* cuando atribuyen su satisfacción a relaciones estables y de largo plazo, y *c.* cuando las acciones que involucran a sus hijos y al ex cónyuge son percibidas de forma consistente con las expectativas que tienen de sí mismas. Este autor comenta que las personas que se perciben a sí mismas con los suficientes recursos personales y económicos para subsistir enfrentarán el proceso de divorcio con menos temor. Los recién divorciados se enfrentan con la nueva subcultura de las reglas subrepticias y la idiosincrasia de la soltería. Según Guttman, una de las atracciones sobresalientes del estilo de la soltería es "el premio ganado por los sentimientos de libertad e independencia" (p. 79).

Una de las tareas obligadas en la etapa posterior al divorcio es la que consiste en redefinir los roles del padre y de la madre en relación con los hijos, que, si bien va acompañada de otro reto –la redefinición de la familia–, parte de la idea de seguir siendo una familia pero con diferente estructura. Esto ayudará a cada uno de los miembros de la familia recién separada a reorganizar los patrones de apego mediante el establecimiento de nuevas formas de satisfacer sus necesidades y de promover la calidad de vida de los mismos, lo cual permitirá el funcionamiento de la familia y el desarrollo de la unidad familiar, aunque con diferente forma (Robinson, 1991; Guttman, 1993). Este proceso también incluye la transición de los ex cónyuges de una posición en la que se culpabiliza al otro por lo que pasó a otra de mutua responsabilidad y de reflexión. Guttman (1993) dice que una de las formas para lograr este objetivo consiste en que ambos padres establezcan un nuevo tipo de relación entre ellos y otro tipo de relación con los hijos que:

> (a) los ayude a rebajar al mínimo el costo del divorcio (como hacer más por los hijos), (b) mantener la alternativa a un máximo nivel de atracción (como hacer algo para sí mismo), y (c) mantener la consistencia cognitiva (como balancear (a) y (b) con las propias actitudes, creencias y expectativas). Alcanzar esta meta es una tarea difícil, pero es el camino al éxito [...] Ganar en el contexto del proceso del divorcio significa que la persona divorciada ha alcanzado el cambio para lograr un nivel más alto de crecimiento personal y autoactualización (pp. 75-76).

Cuadro 4.1. Modelos de fases por las que atraviesan las familias en el proceso de divorcio

Fase	*Proceso de transición emocional de la pareja*	*Cambios de segundo orden requeridos por el estatus de la familia para proceder de acuerdo con el desarrollo*
1. Reconociendo el fracaso marital	Trabajar juntos para decidir si se realiza un nuevo compromiso con el fin de continuar la relación.	Aceptación mutua de los cónyuges y participación de ambos en la ruptura de la relación.
2. La decisión de separarse o divorciarse	Reconocimiento de uno o ambos cónyuges de la incapacidad para resolver los conflictos de la pareja y, por ello, de continuar con el matrimonio.	Aceptación mutua del fracaso del matrimonio y acuerdo para acabar con él por separación o divorcio. Consideración de las necesidades de los hijos tras la separación.

Fase	*Proceso de transición emocional de la pareja*	*Cambios de segundo orden requeridos por el estatus de la familia para proceder de acuerdo con el desarrollo*
3. Preparación y planeación de los resultados	Capacidad para compartir, en ese momento y en el futuro, las responsabilidades.	Informar a los hijos acerca de la separación. Acordar la custodia de los hijos y las visitas del paterfamilias que abandona el hogar. Lidiar con las dificultades relacionadas con la familia extensa, colegas y amigos.
4. Separación	Disminuir el apego respecto de la ex pareja marital y reelaborar la relación coparental. Empezar con el duelo por la pérdida de la familia intacta. Dar soporte al apego que los hijos sienten por el otro padre.	Reestructurar las relaciones maritales y las paternas o maternas. Anunciar la decisión a la familia extensa y a las redes sociales de los cónyuges.
5. El proceso legal	Olvidar las fantasías de la reunión familiar. Manejar los sentimientos de ira, amargura, tristeza, etc., debidos al proceso de duelo. Recuperar la inversión emocional de uno mismo en el matrimonio.	Revisar el proceso de la decisión de divorcio desde el punto de vista legal, físico, coparental y comunitario. Permanecer conectado con las familias extensas y las redes sociales.
6. La familia tras la separación	Mantener contacto con el ex cónyuge para realizar las funciones parentales. Fortalecer la relación de los hijos con el otro padre. Reconocer que el ex cónyuge puede tener nuevas relaciones sentimentales.	Formar relaciones más flexibles. Realinear, organizar y manejar la vida familiar sin la presencia de la pareja. Reconstruir la relación con las redes sociales propias y con las del otro cónyuge.

FUENTE: Robinson, M. (1991). *Family transformation through divorce and remarriage. A systemic approach.* New York: Routledge.

Efectos del divorcio en los integrantes de la familia

Es importante conocer las posibles etapas por las que puede transitar una familia al enfrentar un proceso de divorcio; sin embargo, también existen situaciones específicas de cada uno de los integrantes de la familia ante una separación. A continuación se describen algunas situaciones específicas por las que atraviesa cada uno de los integrantes de la pareja, y posteriormente se ahonda en las situaciones por las que pasan los hijos ante la separación familiar.

Las parejas y el divorcio

David y Pamela llegaron a consulta porque deseaban mejorar su matrimonio. Hacía dos años que habían contraído nupcias, pero estaban separados en los últimos meses porque habían iniciado la construcción de su propia casa y, por ello, decidido vivir cada quien en la casa de sus respectivos padres con el fin de ahorrar y concentrar los recursos en dicha empresa. Sin embargo, esta separación voluntaria empezó a causar problemas a su relación.

Los cambios que en las últimas décadas ha sufrido la interacción de la pareja han provocado también nuevos dilemas que ésta debe enfrentar y que, en muchos casos, llevan a la ruptura de la relación. Para algunos investigadores (cf. De Rougemont, 1997), la incursión de la mujer en la vida profesional y sus demandas de igualdad son factores importantes en el aumento del índice de divorcios.

Otro aspecto que es importante comentar con respecto a las relaciones de pareja, con todo y que actualmente son más frecuentes las relaciones basadas en la solidaridad y el amor, es la aparición de conflictos causados por los intereses individuales debido a la obsesiva búsqueda personal de la felicidad. A pesar de que esto podría interpretarse como un rasgo de autonomía de los hombres y mujeres que conforman las nuevas relaciones de pareja, siguen presentándose problemáticas relacionadas con una concepción más tradicional de la relación amorosa; por ejemplo, a pesar de que una mujer alcance objetivos individuales e independientes, puede considerar el hecho de sentirse amada por su pareja como el requisito indispensable y principal para considerarse plenamente realizada en la vida, mientras que los hombres aprovechan su autonomía para aislarse –tanto afectiva como físicamente– de su pareja, sin, por ello, dejar de considerar importante el afecto de ésta (Meler, 2001). Esto se aprecia claramente en el caso de David y Pamela, a quienes, a pesar de considerarse una pareja moderna, con libertad y confianza mutua, la decisión de vivir en la casa de sus respectivos padres los estaba afectando, sobre todo a Pamela, la cual sentía que la relación se estaba deteriorando, pues David se había vuelto menos afectuoso y daba cualquier pretexto para no reunirse con ella de manera cotidiana.

Las mujeres, los hombres y el divorcio

Pamela comenzó a sentirse muy triste y comentaba que solía "deprimirse" por el alejamiento físico, emocional y sexual que empezó a mostrarle David, su pareja. Acudió a asistencia psiquiátrica para controlar con medicamento la ansiedad que le causaba esta situación. David mostró interés por la condición física de Pamela, pero su actitud continuaba siendo de desgano y alejamiento durante las sesiones terapéuticas.

Hubo sesiones en las que parecía mejorar la comunicación entre ellos, sin embargo, David seguía presentando poco entusiasmo ante los resultados. En una sesión a la que no pudo acudir ella, David comentó que había cambiado de planes y decidido que lo mejor era separarse de Pamela, ya que sólo estaba con ella por costumbre y había dejado de amarla. David se veía consternado, sobre todo porque sabía que esta decisión lastimaría a Pamela. En una sesión posterior, una vez que David comentó a Pamela lo que había dicho en la sesión anterior, ella se sintió muy triste y confundida ya que no entendía esa decisión tan abrupta. Sin embargo, en pocos días su separación era evidente. Pamela interpuso una demanda de divorcio exigiendo el pago de una indemnización por daños morales y psicológicos, ya que también se había enterado de que David le había sido infiel. David y Pamela sufrieron los embates del proceso de divorcio. Como no había hijos de por medio, no hubo problemas de patria potestad, pero ambos sufrieron emocional, física y económicamente este proceso debido a las demandas y los argumentos legales interpuestos. El amor se había acabado en esta relación. Ella continuó con su vida y él también, pero esta experiencia será parte de su memoria por mucho tiempo y seguramente cambiará su perspectiva en cuanto a la elección de pareja se refiere.

Las diferencias que se han encontrado entre mujeres y hombres respecto del divorcio afloran desde la etapa previa al divorcio, en la cual se perciben ya diversas razones para disolver la relación de pareja. De manera general –como en el caso de Pamela y David–, las mujeres se refieren constantemente a la ausencia de responsabilidad y comunicación por parte de los hombres, mientras que estos últimos se quejan de las constantes críticas, discusiones y molestias dirigidas a ellos por parte de las mujeres. En este mismo sentido, Guttman (1993) comenta que son las mujeres más que los hombres quienes tienden a tomar la decisión de divorciarse con base en la existencia de problemas en la relación y, por otro lado, a comparar las ventajas de la relación conyugal con las que ofrecerían las nuevas alternativas, ya sean actuales o potenciales.

A muchas mujeres la experiencia del divorcio las obliga por primera vez a tener que buscar por sí mismas los medios de subsistencia y a percibirse como personas autónomas, fuera de una relación matrimonial, lo cual las pone en desventaja para adaptarse a los requerimientos –laborales, económicos, sociales, etc.– de esta nueva etapa de sus vidas, a la vez que afecta su estabilidad emocional. Meler (2001) comenta que incluso la mayoría de las mujeres que ya trabajaban con anterioridad se encuentran en situación de desventaja en materia laboral, en comparación con sus ex maridos, debido a que su contribución durante el vínculo matrimonial era "complementaria" y, por ende, no se habían considerado a sí mismas como mujeres económicamente autónomas, sino como "madres que trabajan", situación que influía en el nivel de éxito que obtenían en sus áreas laborales.

Una característica distintiva que se ha encontrado en las mujeres divorciadas es que vuelven a casarse en menor porcentaje que los hombres. Asimismo, que pueden permanecer casadas o separadas, pero, si logran una estabilidad económica para sus familias, es menos probable que vuelvan a buscar otra unión matrimonial. En el caso de que haya matrimonios subsiguientes, éstos se deben en gran parte a estrategias de supervivencia. A pesar de que los datos muestran que las mujeres presentan una menor tendencia que los hombres a volver a involucrarse en una relación formal, también hay mujeres que, transcurrido un tiempo tras su divorcio, decidieron regresar con la pareja de quien se habían separado, incluso en casos en que la relación se había caracterizado por el ejercicio de la violencia. En este sentido, Robinson (1991) comenta que esto puede explicarse con base en los siguientes argumentos: primero, con base en una perspectiva de género, menciona que, a pesar de la separación, sigue existiendo un poder económico y físico que el ex cónyuge ejerce sobre la mujer; y, con base en una perspectiva psicodinámica, se piensa que algunas mujeres involucradas en este tipo de matrimonio han crecido en el seno de familias violentas, razón por la cual muestran una predisposición a establecer relaciones violentas.

En el caso de los hombres, sobre todo de los que han sido los iniciadores del proceso de divorcio, es posible que sea la primera vez que estén conscientes de que se enfrentan a la pérdida de su hogar y su pareja y la convivencia cotidiana con sus hijos. En los casos en que su pareja fue quien solicitó el divorcio, probablemente tengan episodios de celos e ira y ejerzan actos de violencia –ya sea física o psicológica– en contra de ella, de sus hijos o, incluso, de ellos mismos (Robinson, 1991).

De acuerdo con Meler (2001), el sufrimiento de los hombres divorciados radica en la soledad y en el dolor causados por la separación de sus hijos, aunque, por otro lado, construyen para sí mismos la idea de que el fruto económico de su trabajo pertenece sólo a ellos a la vez que consideran que no es su problema si su ex cónyuge puede o no solventar el mantenimiento de los hijos, lo que provoca que el alejamiento se fortalezca. En otros casos es la mujer quien contribuye a esto, excluyendo al padre de la educación de los hijos y tratando de disolver el vínculo que pudiera tener con ellos. Si bien la perspectiva laboral hasta ahora parece ser mejor para los hombres, en muchas ocasiones las mujeres han interpuesto una demanda de divorcio debido a la claudicación laboral de sus esposos. Son comunes los reclamos de la mujer debido a la ausencia de ayuda económica por parte del ex cónyuge y, por otro lado, el hombre plantea su inconformidad por la restricción de las visitas para ver a sus hijos. Mientras que en las mujeres es más común que se presenten trastornos emocionales durante el proceso de divorcio, los hombres pueden presentar conductas adictivas al alcohol, las drogas y el tabaco, así como un estado de ansiedad constante.

Cuadro 4.2. Principales diferencias entre hombres y mujeres ante la crisis del divorcio

Hombres	*Mujeres*
• Tienden a casarse en mayor porcentaje que las mujeres después del divorcio. • Al darse cuenta de la ventaja laboral y económica, algunos hombres se desentienden de la responsabilidad económica para con sus ex parejas y, sobre todo, para con sus hijos. • Después del divorcio, los hombres tienden a experimentar dolor y soledad por la ausencia de los hijos. • En ocasiones suelen presentar episodios de violencia física o psicológica en contra de su ex pareja, de sus hijos o de ellos mismos. • Algunos hombres suelen presentar trastornos adictivos como el alcoholismo, la drogadicción y el tabaquismo, aunados a estados de ansiedad.	• Suelen tomar la decisión del divorcio por razones emocionales más que los hombres. • A muchas mujeres, el divorcio las obliga a enfrentar por primera vez el cálculo de sus propios recursos para hallar el sustento por sí mismas. • Las mujeres se encuentran en condiciones de desventaja laboral en relación con los hombres, por lo que el esfuerzo requerido para conseguir estabilidad económica es mayor que el realizado por éstos. • En comparación con los hombres, suelen contraen segundas nupcias en menor proporción. • En algunos casos, las mujeres promueven la exclusión del padre del vínculo familiar y restringen la frecuencia de visitas de éste a los hijos. • Es común que las mujeres presenten trastornos emocionales como tristeza y depresión durante y después del divorcio.

Los(as) hijos(as) y el divorcio

Cristina y Juan, matrimonio de nivel socioeconómico acomodado, llevaban diez años de casados, pero habían decidido divorciarse debido a la violencia ejercida por Juan sobre Cristina y las dos hijas que tenían en común. Dos años antes, Juan fue ascendido al nivel de subdirector en la importante empresa trasnacional en que laboraba. Cristina se dedicaba al hogar y a sus dos hijas, de ocho y seis años. A partir del ascenso, Juan comenzó a regresar más tarde de la oficina y cuando llegaba a casa era sólo para dormir. Tenía poca convivencia con su familia. En una ocasión, Juan llegó casi a medianoche a la casa y encontró a sus hijas peleándose. La niña de ocho había golpeado a su hermana menor porque no le quería dar un juguete y esta última lloraba fuertemente. Al ver esta escena, el padre se puso furioso, les gritó a las niñas y las sacudió con violencia. Cristina, que bajó las escaleras para ver qué pasaba, vio a su marido gritando y a su vez empezó a gritarle; acto seguido, éste la abofeteó enfrente de las niñas. Al ver lo que había hecho, Juan salió de la casa. Al día siguiente llamó a Cristina para disculparse por su actitud. Cristina se sentía "dolida" por la situación, pero lo perdonó. Dos noches posteriores al incidente, Juan había ido con el director de la empresa y el gerente a un bar y llegó a casa en estado de ebriedad. Cristina lo estaba esperando en su recámara y al verlo en tal estado le pidió que durmiera en el sillón de la sala, lo que provocó que Juan se enojara y empezara a pegarle a Cristina en el rostro. Las niñas se habían levantado al escuchar ruido y fueron testigos una vez más de la violencia de su padre. Al ver que su madre lloraba, ellas también rompieron en llanto. Juan tomó algunas de sus pertenencias y se marchó de la casa. Al día siguiente Juan decidió irse a casa de sus padres. Una semana después, las niñas se preguntaban por su ausencia. Cristina sólo les dijo que se había ido de viaje.

Después de varias semanas de ausencia por parte de Juan, Cristina decidió interponer la demanda de divorcio. Sus hijas comenzaron a tener problemas de conducta en la escuela y eran constantes los reportes que mandaban sus maestras por su mal comportamiento. Cristina trató de explicar al personal de la escuela la situación por la que atravesaba la familia, pero las autoridades de la institución decidieron que, a menos que las niñas tomaran tratamiento terapéutico, se les iba a cancelar la reinscripción para el siguiente ciclo escolar. Cristina localizó a Juan y le comentó la situación de las niñas. Acordaron que cada fin de semana él las visitaría y conviviría con ellas mientras el proceso de divorcio se resolvía. Al llegar a terapia, la niña de ocho años comentó que se sentía mal porque pensaba que ella era la culpable de que su "papito" estuviera fuera de casa. Ante esta situación, Cristina accedía a todos los caprichos ma-

teriales de sus hijas con tal de no sentir remordimiento debido a la situación, pero esto sólo empeoró las cosas. Por su parte, Juan les comentaba a las niñas que "pronto regresarían mamá y papá y que volverían a estar juntos", y como ellas veían que Cristina no hacía nada porque tal cosa sucediera, las niñas empezaron a enojarse con ella y a mostrarle resentimiento.

Durante el proceso de divorcio, los hijos suelen tener distintas actitudes dependiendo de factores tales como la edad, etapa de desarrollo y forma de comprender la situación. Los niños tratarán de dar un sentido a la situación que enfrentan. Aun cuando son pequeños se dan cuenta de que el matrimonio de sus padres no está del todo bien, como en el caso de las hijas de Cristina y Juan, ya que habían visto a sus padres discutir, a su madre llorar y a su padre ausentarse de la casa por varios días. El nivel de conciencia y reconocimiento está relacionado también con la estructura de la personalidad y con las habilidades de los padres para manejar las dificultades, de tal forma que las fronteras generacionales sean menos endebles y que los problemas permanezcan sólo entre los miembros de la pareja. De manera general se puede afirmar que a la gran mayoría de los niños se le dificulta entender las razones por las cuales la familia ya no puede continuar unida, a pesar de que muchos de ellos entienden que existen problemas serios en el ámbito familiar.

El cambio de estructura de la familia exige que los padres reorganicen las pautas de relación que solían tener con sus hijos. La custodia, las visitas, la redefinición de los roles, las responsabilidades y los derechos de cada padre son aspectos que deben tomarse en cuenta ahora para las nuevas relaciones con los hijos. Cuando ambos padres pueden continuar desempeñando su papel como tales con sus hijos, los beneficios para éstos son notorios (Guttman, 1993). Debido a esto, es prioritario que los ex cónyuges pongan atención a la manera en que van a desempeñar los roles paterno y materno al consumarse la separación, procurando que la relación entre ambos progenitores y los hijos se lleve a cabo de la mejor manera posible, ya que, de lo contrario, esto puede ocasionar un impacto negativo en estos últimos, como se pudo apreciar en el caso de las hijas de Cristina y Juan.

Es importante mencionar el caso especial de los hombres, quienes con mayor frecuencia delegan sus responsabilidades paternas en sus ex parejas, desentendiéndose de la crianza de los hijos y de las responsabilidades económicas que tiene para con ellos. A pesar de esto, se ha observado un incremento paulatino de la participación masculina en la crianza de los hijos; incluso se encuentran casos de padres que abogan para que las leyes puedan resolver el asunto de la custodia a fin de que ésta se reparta de forma equitativa, de tal manera que los hombres ya no queden relegados a fungir como simples proveedores económicos después de un divorcio. De esta manera, los hijos podrían mantener una relación con ambos padres (Meler, 2001).

Estilos de parentalidad después del divorcio

Después de su divorcio, Juan se convirtió en el papá "Disneylandia" con sus hijas, ya que les compraba todo lo que le pedían. A pesar de que su ex esposa Cristina le comentaba que esto no era lo ideal para las niñas, lo siguió haciendo. El proceso de divorcio seguía estancado debido a que Juan se negaba a firmarlo. Cristina lidiaba con sus hijas entre semana y el mal comportamiento de éstas iba empeorando. A pesar de los esfuerzos terapéuticos, la mayor continuaba enojada con su madre. Se invitó al padre a una sesión de terapia familiar y éste no accedió. Un día, la hija mayor comentó en terapia que ya no quería a su papá porque lo había visto con una mujer muy fea. Accidentalmente lo vio paseando por la calle en compañía de su nueva pareja. Esto causó un gran impacto en la niña y ésta compartió el hecho con su hermana. Las niñas comenzaron a negarse a ir con su papá los fines de semana. Cristina le comentó a Juan lo que había visto su hija y éste no tuvo nada que decir. Decidió entonces cambiar de actitud y dar el divorcio a Cristina; aceptó también ponerse de acuerdo con ella respecto de la crianza de las niñas.

Como se pudo apreciar en el caso de Juan y Cristina, después de un divorcio los roles familiares tienen que adaptarse a la nueva situación, lo que a su vez provoca cambios en la interacción de sus integrantes, destacadamente en la relación de los padres y las madres con sus hijos. En este sentido, Robinson (1991) menciona cinco tipos de relación que asumen los padres con sus hijos después de un divorcio:

1. *Cooperativos*. Cuando el padre o la madre o ambos intentan que su relación se caracterice por una especie de "amistad tentativa", en la cual se maneje de algún modo el apoyo mutuo para mantener la relación de los hijos con ambos padres.
2. *Colaterales*. Cuando las interacciones entre el padre y la madre son mínimas y cautelosas, aun cuando se apoyan en el cuidado de los hi-

jos. El único tipo de relación que sostienen es a través del contacto usual y algunas visitas.
3. *Rígidos.* Carentes de cooperación, con interacciones conflictivas y en los que los hijos se cuestionan respecto de la lealtad debida a su padre y a su madre y pueden mostrarse incapaces de establecer una relación con quien no vive con ellos.
4. *Agresivos.* Aquellos en que ambos progenitores mantienen constantes desacuerdos y conflictos que involucran a los hijos y en los que el contacto más frecuente entre los cónyuges tiene lugar durante pleitos y discusiones.
5. *Paranoides.* Cuando el progenitor que tiene la custodia de los hijos mantiene una relación hostil y violenta hacia el otro padre, lo que suele ir acompañado de amenazas o litigaciones constantes. En este tipo de relación, los niños suelen fantasear con el padre ausente e idealizarlo.

Es importante mencionar que la relación que ambos progenitores sostienen con sus hijos puede ir variando de tipo y mezclándose a través del tiempo. Al principio puede ser de tipo cooperativo, para después transformarse en otro de extrema hostilidad. Es difícil para lo hijos tolerar las despedidas del padre que los visita porque ello es un recordatorio de que sólo es un visitante.

Efectos principales del divorcio en los hijos

Entre los principales efectos que tiene la separación familiar sobre los hijos (Arditti y Prouty, 1999; Meler 2001), se encuentran los siguientes:

1. *Derrumbe precoz de la imagen idealizada de los padres.* Los niños suelen idealizar a los padres en sus etapas tempranas de desarrollo, ya que éstos se convierten en modelos. Cuando se produce un conflicto entre el padre y la madre en esta etapa temprana, la expresión de ira y desesperación tal vez sea tan fuerte que es probable que los niños sean testigos de comentarios hostiles de cada uno de los progenitores hacia su contraparte, lo que provoca que esta idealización se vaya diluyendo. Debido a esto, los niños pueden presentar rasgos de tristeza o desesperación que pueden reflejarse en su desempeño escolar.
2. *Carencias emocionales tempranas.* Los miembros de la pareja pasan por un momento desgarrador y se sienten inseguros en el intento de retomar

sus vidas. Esto puede provocar un aislamiento por parte de cada uno de los progenitores, lo que a su vez ocasiona una disminución de la atención a las necesidades de los hijos, quienes en esos momentos necesitan más que nunca de la cercanía emocional de sus padres. Muchos de los hijos de familias divorciadas se crían con las madres, quienes en la etapa posterior al divorcio están más preocupadas –y ocupadas– por conseguir el sustento económico para ellas y sus hijos que por ser receptivas de la angustia de los mismos. Si a esto agregamos el alejamiento físico y emocional de los padres, es comprensible el alto porcentaje de niños que experimentan carencias afectivas en la etapa inmediatamente posterior a la separación de sus padres.

3. *Percepción del rechazo de los padres a aspectos de los hijos identificados con el "otro".* Cuando, para uno de los progenitores, los hijos se vuelven una representación de su ex pareja, tiende a rechazarlos por esa causa. Aunque hay padres que expresan este dolor conscientemente, hay otros que no proceden así, lo cual afecta la autoestima de los hijos por sentirse víctimas de un rechazo injustificado.
4. *Confusión en el establecimiento del juicio de realidad.* Cada uno de los cónyuges relata la versión de lo sucedido y defiende su discurso de tal manera que logra hacer quedar al otro como mentiroso y/o culpable de la separación. En ocasiones suelen tener opiniones contrapuestas y, en muchos casos, para confirmar la versión de cada uno se recurre a los hijos. En los casos en que esto se presenta de manera intensa, los hijos pueden experimentar confusión por la disparidad de las versiones de ambos progenitores y su propia experiencia respecto de las razones que los llevaron a la decisión del divorcio, lo cual suele traer como consecuencia una distorsión de su juicio de realidad y, en ocasiones, otros trastornos psicopatológicos.
5. *Tendencia a transgredir las normas sociales.* Los hijos que son utilizados como mensajeros, jueces o árbitros de sus padres pronto aprenden a desconfiar de ellos y, por lo tanto, a desafiar las normas sociales en los contextos donde se encuentren –familia, escuela, sociedad, etc. Tienden a impugnar las reglas como producto de la renuncia a la identificación con los padres. Pueden aparecer conductas impositivas y transgresoras debido al desacuerdo existente entre los padres como figuras de autoridad.
6. *Desarrollo prematuro defensivo.* Esto puede suceder cuando alguno de los hijos es utilizado como "paño de lágrimas" por parte de uno de sus progenitores. En estos casos se promueve una inversión de roles: los

hijos desempeñan ahora el rol parental respecto de su padre, de su madre, o de ambos, debido a la incapacidad de estos últimos para fungir como tales. Es decir, los hijos asumen el rol de cuidadores, protectores y responsables emocionales de alguno de sus progenitores.

7. *Duelo ante la separación.* Es importante comentar que el divorcio representa un proceso de duelo para los hijos –al igual que para sus padres–, ya que se dan cuenta de que estarán perdiendo algo –emocional, física, económicamente, etc.–, por lo que es importante atender los efectos de este proceso.

Si bien tales efectos no se cumplen en todos los casos, pueden ser ejemplos claros de algunas situaciones que enfrentan los hijos de padres separados o divorciados. A continuación se comentan algunas alternativas que puede realizar el psicólogo a fin de enfrentar ciertas problemáticas que presentan las familias después de haber pasado por la experiencia del divorcio.

Cuadro 4.3. Principales efectos de la crisis del divorcio en los hijos

Efectos del divorcio	*Probables consecuencias en los hijos*
Derrumbe precoz de la imagen idealizada de los padres.	Bajo desempeño escolar, sentimientos de tristeza,,futilidad, pérdida de confianza en los otros y en sí mismos.
Carencias emocionales tempranas.	Experimentación de carencias afectivas, tal vez sentimientos de soledad y angustia.
Percepción del rechazo de los padres a los aspectos de su personalidad que identifican con el "otro".	Sentimiento de rechazo, baja autoestima.
Confusión en el establecimiento del juicio de realidad.	Distorsión de la realidad, problemas de conducta.
Tendencia a transgredir las normas sociales.	Impulsividad, conductas transgresoras y desafío a la autoridad.
Desarrollo prematuro defensivo.	Confusión, corazas emocionales que encubren una inmadurez no-elaborada.
Duelo por la separación.	Negación de la separación familiar. Sentimientos de soledad, ira o tristeza. Aislamiento.

El divorcio y la terapia

El divorcio de Helena y Ronaldo había sido francamente desgarrador para ambos. Hubo varias peleas entre ellos durante las etapas inicial y final del

divorcio debido a diferencias por los bienes materiales y por la custodia del hijo que tenían en común. Helena estuvo asistiendo a terapia durante varios meses debido a los continuos conflictos que tenía con su ex esposo. Su hijo, homónimo del padre, contaba con quince años de edad cuando sus padres decidieron divorciarse. Ronaldo hijo se sintió enojado y confundido cuando sus padres decidieron separarse. Hubo varios días en los que dejaba de comer por la tristeza que sentía. Preocupada por la situación, Helena invitó a su hijo a tomar un proceso terapéutico al igual que ella, pero con otro terapeuta, y en ocasiones se le invitaba a participar en las sesiones familiares, siempre y cuando así lo decidiera. Una vez divorciados, los padres pudieron establecer acuerdos más satisfactorios para ellos y para su hijo. Ronaldo padre se iría a vivir a Estados Unidos y, por ello, serían pocas las veces que podría ver a su hijo, por lo que acordaron verse tan frecuentemente como fuera posible, hablarse por teléfono y mantenerse en contacto mediante correo electrónico.

Este caso ilustra la situación de aquellas parejas que deciden divorciarse y asistir a terapia para encontrar nuevas posibilidades de solución a los problemas que aquejan a los miembros de la familia. La terapia tiene como uno de sus objetivos principales la consideración del descubrimiento de nuevos panoramas de reflexión sobre una situación insatisfactoria –como es el caso del divorcio– con el fin de tomar en cuenta otras perspectivas para abordarla. Las familias acuden a terapia en las distintas fases del proceso de divorcio, ya que en algunas ocasiones éstas suelen ser confusas, bien porque pueden entremezclarse unas con otras, bien porque los límites entre las mismas no son diáfanos. Por lo tanto, es importante definir la perspectiva con que se abordará el proceso del divorcio y el objetivo de la terapia, considerando las necesidades de la familia.

De manera general puede dividirse en dos etapas al apoyo psicológico que se da a las familias ante un proceso de divorcio:

a. La primera se enfoca en la etapa preliminar al divorcio, cuando la pareja aún está indecisa de tomar la decisión de separarse. Por lo general esta indecisión se caracteriza por la mezcla del deseo de estar juntos y el de separarse ante la presencia de diversas problemáticas en su relación. En estos casos, la terapia está encaminada a la reflexión sobre los principales problemas de la pareja, y cada uno de los cónyuges expresa lo que le molesta del otro y lo que desearía que cambiara en su relación. Basado en esta información, el terapeuta puede animar a la pareja a realizar acciones que la lleven a promover cambios positivos en la relación de pareja y que serán una especie de "indicadores" para la decisión de seguir juntos o no.

b. La segunda se enfoca en la etapa en que el divorcio ya se ha decidido o, incluso, cuando la separación ya se ha consumado. De manera general, en estos casos la terapia va dirigida principalmente a apoyar la adaptación de las familias a esta nueva etapa de sus vidas, a apuntalar el manejo de los efectos emocionales que ha producido el divorcio y a la toma de acuerdos por parte de los ex cónyuges para asumir sus roles parentales. La parte final del presente capítulo se centrará en esta etapa de la terapia y en ella se explicarán de manera general algunas estrategias útiles en la terapia al atender diversas problemáticas de la familia una vez tomada la decisión del divorcio.

Desarrollo de habilidades sociales en familias divorciadas

La mejor manera en que se puede ayudar a la familia es mediante el desarrollo de las habilidades propias de cada uno de sus integrantes, las cuales les servirán para adaptarse a la etapa posterior al divorcio. Esto implica apoyo psicológico preventivo, es decir, que se realiza antes de que se presente algún problema –o en la etapa en que apenas uno o varios estén apareciendo– con el fin de evitar que surjan o provoquen un impacto considerable en la familia (Robinson, 1991). En tales casos, el psicólogo puede utilizar diversas opciones de trabajo, tras lo cual informará a la familia acerca de las diversas temáticas con que la apoyará en esta etapa; entre éstas se encuentran las siguientes: características generales de las etapas por las que pasa la familia ante un divorcio; principales retos que enfrenta cada uno de los integrantes de la familia; recursos y habilidades que éstos tendrán que desarrollar para adaptarse a esta etapa; experiencias de otras familias que han podido adaptarse de manera positiva a esta fase de sus vidas, etcétera. Esto se puede realizar en talleres, cursos, sesiones individuales, de pareja o grupales a través de experiencias vivenciales, técnicas que apoyen el desarrollo de la comunicación familiar y el manejo de emociones, técnicas de solución de problemas, conocimiento e identificación de necesidades individuales y familiares. Todo esto posibilita la prevención de diversas problemáticas en las familias después del divorcio.

Reelaboración del pasado y el futuro de la familia

De acuerdo con Macías (1994), la terapia de separación-divorcio tiene dos aspectos principales:

a. El primero es promover una verdadera liberación respecto del pasado y de las culpas asociadas a esa etapa, en la cual es común que los integrantes de las familias se culpabilicen a sí mismos o a alguno de los otros miembros por considerar que son responsables de la separación. En estos casos es importante evitar que se fortalezca este sentimiento o que se señale a alguien como villano o culpable de todo lo sucedido; en lugar de esto, conviene adquirir conciencia de la diversidad de situaciones que llevaron a la decisión de divorciarse, a concebir el divorcio como una situación provocada por múltiples factores que requiere la corresponsabilidad de ambos miembros de la pareja, sin que alguno de ellos tenga que ser necesariamente el culpable o el perverso que provocó la separación. Esto no significa olvidarse del pasado sino liberarse de las cadenas de odio y rencor, de tal manera que se utilicen las energías para la reconstrucción de una nueva vida. Es importante que las personas involucradas en un proceso de divorcio comprendan que no pueden cambiar el pasado, pero sí la actitud que tienen en esa etapa de sus vidas, lo cual puede lograrse primordialmente con el otorgamiento del perdón, tanto al otro como a uno mismo.

b. El segundo aspecto consiste en poner énfasis en la reconstrucción del futuro, tomando en cuenta las nuevas características que asumen las familias después de un divorcio. Un primer paso para esto es comprender los errores cometidos en el pasado, las pautas de conducta tradicionales en las relaciones personales y familiares que no han funcionado o aquellas experiencias del pasado que no han sido resueltas y que se relacionan con los conflictos familiares actuales. Es importante ser consciente de todo esto para identificar las conductas negativas que deben erradicarse en el futuro; asimismo deben identificarse los comportamientos que se consideren positivos y se desee que sigan apareciendo. Es precisamente considerando el futuro que se puede reconstruir la vida familiar (O'Hanlon y Weiner-Davis, 1993), ya que muchas familias, por encontrarse atrapadas en el pasado, no pueden deshacerse de los sentimientos de culpa y frustración, mientras que proyectándose hacia el futuro pueden construir una imagen de la vida deseada por ellas, identificando los cambios y acciones necesarios para que tal futuro se vuelva realidad.

Macías (1994) propone un ritual[8] de separación que puede llevarse a cabo en la terapia con el propósito de ayudar a la pareja a desprenderse del pasado y a crear la perspectiva de un futuro con una vida nueva. Esto se realiza siempre y cuando los miembros de la pareja que se separa deseen hacerlo y tal procedimiento se propone debido a que los procesos legales suelen crear un ambiente negativo, caracterizado por la elección de acuerdos con la intervención de abogados e instancias civiles. Los pasos para la realización de este ritual son las siguientes:

1. Se pide a los ex cónyuges que asistan con sus hijos y que cada uno invite a un(a) amigo(a) o persona de confianza como testigo. Si lo desean, pueden traer a un familiar cercano.
2. Se indica a los ex cónyuges que se coloquen uno enfrente del otro y al lado de sus testigos y/o familiares. Si sólo tienen un hijo, se pide a éste que se coloque del lado del progenitor que tiene la custodia, pero, si son más, se les pide que se repartan a ambos lados.
3. Se les pide que, por turnos, realicen lo siguiente:
   a. Que reconozcan y se agradezcan mutuamente los momentos felices y los buenos tiempos que pudieron compartir.
   b. Que se pidan y otorguen perdón por las fallas o errores que hayan cometido y,
   c. Que confirmen su disposición de buena voluntad en su relación coparental, así como los buenos deseos en sus vidas futuras.
4. Después se solicita a los testigos y/o familiares invitados que le confirmen a él o a ella –al que les haya pedido asistir– su disposición para apoyarlo(a) en esta etapa difícil y lo mucho que significa la relación con él o ella. Se les indica que si quieren decirle algo positivo al otro cónyuge y/o a los hijos, pueden hacerlo.
5. Se indica a los ex cónyuges que, por turnos, reiteren su afecto a cada

---

[8] En la práctica de la terapia familiar es común el uso de rituales con el fin de apoyar el paso de una etapa a otra en la vida de las familias –por ejemplo, ante la partida o muerte de uno de sus miembros, el cambio de residencia o la llegada de nuevos miembros. Jannine Roberts define los rituales terapéuticos como "actos simbólicos coevolutivos que incluyen no sólo los aspectos ceremoniales de la presentación real del ritual, sino también su proceso de preparación. Puede o no incluir palabras, pero contiene partes abiertas y cerradas que se 'mantienen' unidas por medio de una metáfora orientadora. La repetición puede formar parte de los rituales, ya sea en el nivel de contenido, la forma o la ocasión" (en Imber-Black, Roberts y Whiting, 1997, pp. 30-31).

uno de sus hijos, lo que cada uno de ellos significa para él o ella y su compromiso permanente con respecto a la relación padre-hijo o madre-hijo.

6. Se pide a los hijos que digan a cada uno de sus padres algo positivo, algo que quisieran agradecerles, lo que cada uno significa para ellos, lo que este proceso de divorcio está representando en sus vidas y a pedir respeto a su libertad de mantener la relación que deseen tener con cada uno de sus progenitores.
7. Finalmente, el terapeuta pregunta si alguien quiere decir algo más que sienta que puede ayudar a aliviar un poco el dolor en este proceso para tener mayor paz interior. Si así lo desea, el propio terapeuta puede hacerlo.

Es importante mencionar que la realización de este ritual se sugiere en los casos en que la pareja haya logrado un buen acuerdo durante el proceso terapéutico. Las personas que presentan un mayor impacto emocional debido al proceso del divorcio suelen encontrar un sentimiento de confort al ser reconocidos estos momentos felices en la etapa en que la pareja vivió junta, lo que posibilita lidiar con la pérdida presente y reelaborar el pasado y el futuro de la vida familiar.

Promover la convivencia de los hijos con sus progenitores

Uno de los momentos cruciales después de que la pareja ha decidido divorciarse lo constituyen las primeras semanas posteriores al abandono del hogar por uno de los cónyuges. En la terapia es importante reforzar el vínculo entre este progenitor y los hijos, de tal forma que se comience a cimentar las primeras bases de una relación diferente, debido a que en el futuro seguirá existiendo la separación física y las relaciones serán distintas de las que hasta ese entonces habían estado caracterizadas por la unidad familiar y la convivencia cotidiana en el hogar (Robinson, 1991). Es importante que el psicólogo tome en cuenta algunos factores que influirán en la futura relación entre los progenitores y sus hijos: lo satisfactorio que haya sido para cada uno de ellos el proceso de divorcio, qué tanta hostilidad surgió entre ambos miembros de la pareja en esa etapa, lo satisfactorio del convenio, la claridad de los términos y concesiones, la frecuencia de sus encuentros en función de los hijos o de otras circunstancias de su medio social. Ésta es una etapa en la que la familia original se convertirá en dos familias monoparentales que se alternarán en el cuidado de los hijos y la convivencia con los mismos según hayan acordado, aunque esto vaya a presentarse de forma más permanente en el hogar del progenitor que tenga la custodia (Macías, 1994). Los hijos deben ser informados de forma general, de tal manera que puedan entender que este proceso es doloroso para ambos progenitores y que el divorcio ha sido una decisión razonada con el propósito de que la situación familiar mejore (Robinson, 1991; Lansky, 2004). El espacio terapéutico puede aprovecharse para mantener la confianza de los niños en sus padres, comunicándoles aquellos detalles omitidos por su padre o madre debido al temor de herirlos, por vergüenza o por pensar que no tendrían la capacidad para comprender dicha situación. Cuando los niños son mayores es necesario que se les consulte respecto de su futuro, pero no es recomendable presionarlos para que decidan con quién vivir, ya que esto provoca que se enfrenten a un dilema de lealtad. En el caso de los adolescentes, por tener mayor capacidad en la toma de decisiones, es recomendable preguntarles acerca del asunto de forma más directa, aunque deben ser concientes de que son el padre y la madre quienes tomarán la decisión definitiva (Robinson, 1991).

El terapeuta puede apoyar a la familia en la comunicación de esta decisión final dedicando una sesión exclusiva para la pareja o para el miembro de ésta que esté a cargo de los hijos –en caso de que el otro progenitor no se encuentre asequible para incluirlo en la terapia– con el propósito de discutir la forma, el contenido, tiempo y lugar en que se dará a conocer a los hijos la decisión. Todo ello para lograr un acuerdo incluyente de las distintas opciones y considerar las posibles opiniones y actitudes de los hijos ante la noticia. En una sesión subsiguiente se puede extender la invitación a los hijos a participar en la terapia para incluir sus voces en la decisión tomada inicialmente por los padres y explorar las distintas emociones y perspectivas de los hijos ante el suceso.

Manejo del impacto del divorcio en los hijos

Lansky (2004) dice que, en muchas ocasiones, los niños reciben mensajes contradictorios cuando sus padres se están divorciando, causándoles ansiedad y confusión, por lo que podrían incluso culparse a sí mismos por la separación. Si presencian que los padres se pelean, pueden pensar que también ellos podrían ser víctimas de esas peleas. Esta autora destaca la importancia de que tanto el padre como la madre conozcan acerca de los efectos negativos que tienen sus peleas en sus hijos. Además, es importante que sean conscientes de que no es necesario seguir amando a su ex cónyuge para mantener una convivencia armoniosa, de tal manera que sus hijos tengan un bienestar emocional. En este sentido, algunos consejos que sugiere Lansky a las parejas que se han divorciado y tienen hijos pequeños son los siguientes:

1. Ser conscientes de que es normal que los hijos sigan manteniendo la esperanza de que sus padres se reconcilien, sobre todo cuando ellos han podido establecer una relación coparental funcional y los conflictos por los que se separaron ya no son visibles. Es importante que se reconozcan las expectativas presentadas por los hijos y que sean aclaradas de manera directa y cariñosa.
2. Alentar a los niños a que llamen por teléfono a su padre y a su madre, pero sin utilizar estas oportunidades para hablar de temas delicados o que incumban solamente a los ex cónyuges. Las llamadas a los abuelos paternos y maternos también son útiles. Los niños suelen adaptarse con mayor facilidad a esta nueva etapa de sus vidas cuando mantienen conexión con toda la familia.
3. Es importante comunicar de manera explícita a los hijos que se les sigue queriendo y demostrárselo con acciones.
4. Reconocer los distintos sentimientos de los niños sin juzgarlos ni menospreciarlos, lo cual les ayudará a que vayan aceptando los cambios producidos por el divorcio.
5. En las sesiones terapéuticas, e incluso en casa, es recomendable animar a los niños a que expresen sus sentimientos por diversos medios: dibujos, poemas, cuentos, cartas, etcétera. Es importante fomentar la conversación en torno del significado de estas expresiones realizadas por los niños, si bien esto debe llevarse a cabo de forma respetuosa, de tal manera que no se les obligue a comentar algo si no desean hacerlo en ese momento.
6. Que el padre y la madre conozcan de antemano los horarios y los días en que sus hijos verán a cada uno de ellos, ya que esto suele ser un detalle que tiene un significado importante para los niños. Es recomendable evitar en lo posible las "sorpresas" y cambios de planes repentinos de tales horarios de convivencia entre los progenitores y sus hijos, porque pueden producirles enojo, desilusión o pérdida de confianza en sus padres.
7. Ser conscientes de que algunos problemas de conducta o bajo rendi-

miento escolar pueden estar asociados a la separación familiar; sin embargo, también debe tenerse en cuenta que no todos los problemas y dificultades están relacionados forzosamente con el divorcio. En estos casos se sugiere comunicar la situación de divorcio a la escuela y a los maestros de los hijos.

8. Evitar que los ex cónyuges realicen críticas mutuas en presencia de sus hijos, ya que ellos suelen tener la necesidad de amar a ambos padres. Cuando un progenitor tiende a criticar al ex cónyuge, el niño también puede sentirse criticado y menospreciado.
9. Las rutinas familiares son importantes en este proceso. Los niños sentirán mayor seguridad si se siguen hábitos y rutinas similares en ambas casas.
10. Ser conscientes de que algunos problemas de conducta pueden ser la forma en que los hijos expresan su inconformidad por la nueva situación familiar. Por ejemplo, se ha encontrado que una de las técnicas utilizadas por los hijos es la confrontación, sobre todo en los casos en que no han tenido contacto con alguno de sus padres, ya que con ello consiguen por lo menos una relación superficial con esa persona.

Estos son algunos puntos importantes que tanto los padres como los terapeutas podrían tomar en cuenta en el proceso de divorcio para que a los hijos no les resulte tan difícil soportar esta etapa de cambio, sobre todo cuando son pequeños.

Reorganización de los roles paternos

Una de las mayores tareas a que obliga el proceso de divorcio es la redefinición de los roles familiares, por lo que uno de los propósitos de la terapia será apoyar a estas familias para que cada uno de sus integrantes se adapte de la mejor manera posible a esta nueva etapa de su vida. Con respecto a los cambios que tienen que realizar los ex cónyuges en su rol paterno, el espacio terapéutico puede ser útil para que lleguen a acuerdos satisfactorios relacionados con la manutención de los hijos, las visitas familiares, los encuentros entre los ex cónyuges para discutir asuntos relativos a los hijos, etcétera. Es conveniente que esto se realice antes de iniciar el proceso legal de divorcio, ya que facilitará dicho proceso. Durante el proceso terapéutico puede buscarse una relación o red de apoyo para la madre que queda con el peso de la paternidad y la maternidad al mismo tiempo, ya sea dentro de su misma familia de origen o en instituciones sociales.

Incluir ideas de esperanza y renovación en la vida futura permite crear una base para la reconstrucción de significado en las familias. Los psicólogos pueden ayudar a las familias a encontrar la mejor manera de reorganizar sus relaciones para realizar actividades juntos, para tener mayor contacto y comunicación verbal, para encontrar un tiempo significativo durante el cual se reconstruya la relación, para escribirse los unos a los otros, para descubrir y crear nuevos medios de contacto que les permitan desarrollar continuamente acuerdos satisfactorios, etcétera. Los terapeutas familiares deberán tener la habilidad necesaria para ayudar a los padres y a los hijos a reconocer de manera profunda los cambios y los sentimientos de pérdida; esto puede lograrse mediante la creación y el intercambio de historias enfocadas en el futuro, historias en las que se enriquezcan los temas de renovación y se reconozcan las necesidades de apoyo, estructura y atención que requieren los hijos.

Manejo de sentimientos negativos por medio de la externalización

Arditti y Prouty (1999) sugieren el uso de la externalización para abordar las principales problemáticas emocionales que presentan las familias después del proceso de divorcio. Mediante la externalización se separa de forma lingüística al problema de cada uno de los integrantes de las familias; por ejemplo, se habla de "la tristeza" o "la culpa" –como si fueran entes externos– que se han apoderado de la familia. A través del procedimiento de externalización se posibilita que las personas hablen del problema sin que se adjudiquen a ellas mismas las conductas problemáticas que el problema ha traído consigo, reduciendo la crítica, los sentimientos de culpa y la censura que se hacen a sí mismos y la que reciben de los otros. Algunos pasos para la externalización del problema son los siguientes:

a. Conversar con las personas usando un lenguaje externalizador, es decir, como si el problema fuera un ente externo.
b. Cuando, a través de la conversación, se ubique un problema o un conjunto de problemas específicos que forman parte importante de la historia de las personas, se le puede preguntar a cada una sobre la manera en que llamarían a dicho problema –por ejemplo, se le puede decir: *Después del divorcio, la familia está atravesando por un conjunto de*

problemas, ¿qué nombre piensas que le deberíamos dar?, o bien el terapeuta puede sugerir algún nombre para el problema que hay que enfrentar, derrotar o controlar; por ejemplo: *Por lo que me han dicho, parece que "la culpa" y "el rencor" son los responsables de la situación que viven; ¿les parece adecuado que los llamemos así?, ¿se les ocurre una forma mejor para nombrarlos?*

c. En los casos en que las familias estén de acuerdo en la identidad del problema que tienen que enfrentar, éste puede nombrarse con algún apodo –por ejemplo, el espectro de la tristeza, la culpa traicionera, etc.– o simplemente continuar hablando de él con lenguaje externalizador –por ejemplo, el enojo, la culpa, etcétera. Contrariamente, en los casos en que no estén de acuerdo con el problema propuesto por el terapeuta, conviene seguir indagando mediante la conversación en torno del problema que se ha apoderado de la vida de las personas.

Cuadro 4.4. Propuestas terapéuticas para familias en proceso de divorcio

Propuesta terapéutica	*Propósitos terapéuticos*
1. Desarrollo de habilidades sociales por parte de las familias divorciadas	• Los integrantes de las familias habrán de desarrollar una serie de habilidades –comunicación asertiva, toma de acuerdos, expresión de sentimientos, etc.– que facilitará su adaptación a la etapa posterior al divorcio.
2. Reelaboración del pasado y el futuro de la familia	• Liberación del pasado en la relación de pareja, dejando atrás sentimientos negativos y promoviendo el perdón mutuo. • Valorar los recuerdos de experiencias positivas que se tuvieron durante la relación de pareja. • Identificar las condiciones necesarias para un funcionamiento familiar positivo.
3. Promover la convivencia de los hijos con sus progenitores	• Proporcionar apoyo con el fin de establecer una relación diferente entre los miembros de la familia. • Alcanzar acuerdos entre los padres para el cuidado y la custodia de los hijos. • Mantener la confianza de los niños en sus padres.
4. Manejo del impacto del divorcio en los hijos.	• Conocer algunas de las problemáticas más comunes que se producen en los niños después de experimentar un divorcio en la familia, así como las alternativas para el manejo de las mismas.
5. Reorganización de los roles paternos	• Posibilitar la reorganización de la interacción entre los ex cónyuges, facilitando una buena relación coparental.
6. Manejo de los sentimientos negativos mediante la externalización	• Permitir que se afronten de un modo más eficaz y menos tenso los problemas que se presentan después del divorcio. • Reconstruir el significado de las relaciones entre padres e hijos en este proceso.

Al externalizar el conflicto[9] como algo que no describe a las personas sino un fenómeno con el que las personas han estado viviendo y quisieran solucionar, disminuye la tensión y ello permite observar otras posibilidades de solución que no se habían considerado anteriormente. Con respecto a estos beneficios, Arditti y Prouty (1999) mencionan lo siguiente:

> La externalización permite a la familia incorporar la creatividad y el humor en sus relaciones para trabajar y ajustarse a los cambios emocionales y estructurales como un equipo[,] en lugar de estar en contra de cada uno[,] para crear posibilidades de nuevas relaciones (p. 78).

Reflexión final

En la actualidad, el divorcio es un asunto que se ha vuelto común entre las parejas, pues cada vez es mayor el número de divorcios que se registran por año. Este aumento en el índice de divorcios exige una revaloración de lo que significa constituirse en *pareja* ante una sociedad cambiante, exigente y competitiva. Los terapeutas familiares están ante una nueva etapa de la vida en pareja, etapa en la que las relaciones han cambiado al mismo tiempo que las propuestas de convivencia. Se deben tomar en cuenta las transformaciones que la vida en pareja ha sufrido en las últimas décadas: la incursión de la mujer en el ámbito laboral ha cambiado los roles familiares tradicionales; las parejas ahora tienden a unirse para buscar la felicidad individual y no solamente con fines de procreación; hombres y mujeres por igual se ven enfrentados a un dilema de género, sobre todo aquellos que pertenecen a las generaciones que recibieron una educación tradicional con roles estereotipados y que ahora se encuentran ante la posibilidad de hacer otro tipo de elecciones. Debido a esto, es importante que se reflexione acerca de las diversas causales de divorcio, ya que permiten comprender las circunstancias que actualmente presentan las parejas. En algunos casos

---

9 Es importante aclarar que los terapeutas narrativos mencionan que debe evitarse el uso de la externalización de acciones que causan daño a los otros; por ejemplo, la violencia ejercida en las familias, el acoso sexual, la violación, etcétera. En estos casos, "la externalización debe emplearse con respecto a las actitudes, creencias y estrategias que mantienen la opresión" (Payne, 2002, p. 84); por ejemplo, se hablará acerca de la forma en que las *ideas tradicionales* han ocasionado que una persona cometa actos de violencia.

podemos identificar condiciones de desigualdad entre hombres y mujeres, por ejemplo, en los divorcios generados por violencia intrafamiliar, en los que generalmente las mujeres son las receptoras de la agresión masculina.

En esta nueva etapa en que el divorcio se vuelve parte de la vida puede surgir también una enseñanza, según afirma Meler (1994): "[la] experiencia colectiva puede colaborar para lograr un menor número de divorcios malignos y ayudar a que esta crisis accidental de la familia no genere forzosamente patología emocional y social" (p. 255). Es importante conocer las experiencias de aquellos que han vivido el divorcio, así como sus formas de enfrentarlo, ya que esto enriquece las posibles innovaciones que pudieran proponerse para abordar este fenómeno. Las herramientas terapéuticas con que se rescatan estas experiencias suelen reconstruir el significado de cada individuo de manera satisfactoria para su vida en pareja. Se dejan atrás las etiquetas, los roles tradicionales y limitantes para adentrarse en la generación de posibilidades, de tal manera que se trabaje con los recursos de cada miembro de la pareja y no con sus obstáculos personales. Dichos recursos servirán para que tomen mejores decisiones respecto de los hijos, los bienes materiales, el soporte económico, sus familias y, en fin, los acuerdos legales y personales a los que quieran llegar. Si el divorcio se percibe como una experiencia de vida en lugar de un fracaso, será un poco menos difícil sobrellevar el dolor y la pena, tanto por ellos mismos como por sus hijos. En tal sentido, Moore (1998) menciona que "también podríamos descubrir que en un final es posible danzar con los ritmos que marca el destino y no sólo sobrevivir, sino entrar en un mundo desconocido de insuperada vitalidad" (p. 261).

El divorcio ha planteado un reto a la sociedad: el desarrollo de programas de prevención para las parejas; por ejemplo, en Estados Unidos existe el programa Prevention and Relationship Enhacement Program (PREP) (Renick, Blumberg y Markman, 1992), cuyo objetivo es prevenir el estrés marital y el divorcio. La población a la cual va dirigido este programa abarca desde las parejas que están a punto de casarse hasta las que llevan varios años juntas en matrimonio. El programa está siendo probado en países como Alemania y los Países Bajos. Otras regiones del mundo, como Latinoamérica, deberán plantearse también alternativas para disminuir el número de divorcios, tomando en cuenta las características específicas de su población. Se puede concluir que el divorcio es un fenómeno característico de la época actual y de la nueva versión de la pareja.

Conversación

Shuyin Durán, Rocío Villanueva, Karen Vega

ROCÍO: *Al leer tu capítulo, me es grato compartir la idea de que, con un manejo adecuado, el divorcio puede causar menos dolor y sufrimiento a la pareja y a los hijos, disminuyendo así los efectos negativos que afectan a las familias. Esto se facilita cuando la interacción entre los padres presenta un nivel nulo, leve y aun moderado de violencia, y éstos viven relativamente cerca; sin embargo, siguen existiendo familias en las que no se presentaron condiciones propicias para que se efectuara un manejo adecuado de la separación. Esto me lleva a hacerte los siguientes cuestionamientos: ¿cuáles serían algunas sugerencias en el trabajo psicoterapéutico de parejas cuyo esposo o compañero ha sido violento en gran intensidad y es difícil negociar un proceso de divorcio y, más aún, una responsabilidad coparental tras el divorcio? En algunos casos, cuando hay una rotunda renuencia de los padres varones a cumplir con sus obligaciones parentales, se les puede comprometer legalmente a responder; sin embargo, desde una perspectiva psicológica, ¿es necesario que la madre obligue al padre a cumplir con estas obligaciones?; ¿de qué manera puede el psicólogo propiciar que los padres logren ponerse de acuerdo en este aspecto?*

SHUYIN: Bien. Iré respondiendo a tus preguntas una por una sobre los temas que mencionas para una mayor claridad. En cuanto a las situaciones en que el esposo ha ejercido violencia y que la posibilidad de negociar el divorcio resulte nula, se recomienda primero la localización de personas que pudiesen servir de apoyo a la madre y los hijos, las cuales pueden ser familiares, amigos, etcétera. Esto con el objetivo de poder acudir a ellas en caso de que el padre continúe con sus actos violentos, es decir, formar una red de apoyo para las personas violentadas. Como segunda opción están los refugios, tanto gubernamentales como de asociaciones civiles, que dan apoyo a la madre y a los hijos para brindarles techo, alimento, apoyo psicológico y legal. En caso de violencia, la madre puede levantar una demanda ante el ministerio público, y si decidiera divorciarse, la forma del procedimiento sería necesaria, sin tener que negociarlo con el padre, debido a que un marco legal autoriza este tipo de divorcio por la violencia ejercida sobre la mujer y los hijos. En pocas palabras, primero se considera necesario atender la violencia y, posteriormente, el proceso del divorcio. Ahora, si es necesario que la madre tenga que "obligar" al padre a cumplir con sus obligaciones parentales, la ley la ampara y es ésta quien obliga al padre a responder de esto, sobre todo después de haberse comprobado la violencia intrafamiliar. Aunque, si se es realista, lamentablemente estos procesos suelen ser prolongados, por lo que sigo destacando la importancia de mantener a la madre y a los hijos protegidos de cualquier intento de violencia en su contra.

En el caso del psicólogo, es obligación del mismo estar en contacto con instituciones y asociaciones que atiendan casos de violencia intrafamiliar, que proporcionen refugio y cuenten con instancias legales que asesoren a la madre y promuevan la formación de una red de apoyo con personas de confianza de ésta última. En ciertas ocasiones a las mujeres se les dificulta separarse de su pareja violenta debido a una sensación de incapacidad para salir adelante por ellas mismas, por lo que también es importante que el psicólogo se enfoque en la promoción de los recursos personales, tanto de la madre como de los hijos –en el caso de que sean mayores–, para la generación del sustento económico. El psicólogo puede promover el acuerdo entre los padres hasta que la violencia haya cesado debido al riesgo que ésta representa, por lo que se recomienda ayuda terapéutica individual para el padre violento antes de pensar en cualquier acuerdo de divorcio.

ROCÍO: *En algunas sugerencias que realizas para el trabajo del psicólogo comentas acerca de la manera en que se afrontan diversas problemáticas que aparecen tras la decisión de la pareja de separarse definitivamente. Me gustaría que comentaras un poco más acerca del manejo de las siguientes situaciones: ¿cuáles serían algunos ejemplos de la forma en que los integrantes de la familia pueden elaborar las pérdidas producto de un divorcio? y ¿cuáles serían algunas maneras de explicar a los hijos los motivos por los que los padres se divorcian?*

SHUYIN: En el texto se sugieren varios aspectos para enfrentar el divorcio. Uno de ellos es el ritual que comenta Macías (1994) para la elaboración de las pérdidas, en este caso del divorcio. Reunir a toda la familia en el consultorio, habiendo invitado a testigos para dar testimonio de la ceremonia de divorcio, suele ser reparador. Se opera una liberación del pasado respecto de la relación de pareja y se dejan atrás sentimientos negativos promoviendo el perdón mutuo. Se invita a los ex cónyuges a valorar los recuerdos positivos que tuvieron durante la relación de pareja, así como a identificar las condiciones necesarias para un funcionamiento familiar positivo. Parece que los rituales han fungido como símbolos de pasaje en la vida de las personas, en bodas, funerales, bautizos, etcétera. Esto suele estar relacionado con el significado de haber llegado a una nueva etapa de desarrollo; por lo tanto, considero recomendable el uso de rituales para ayudar a las familias a cerrar la etapa del matrimonio y dar paso a la etapa del divorcio, momento en el que los roles de todos los involucrados cambian, pero con la esperanza de que esto pueda traer como consecuencia una mejora en la calidad de vida.

En cuanto a la pregunta sobre los hijos, considero que una de las mejores formas de explicar el divorcio a los hijos es dialogar directamente con ellos sobre el asunto. Si existe mutuo acuerdo entre los padres de divorciarse, es mucho más sencillo, ya que los hijos, sobre todo cuando son pequeños, suelen angustiarse cuando escuchan a sus padres pelear o discutir. Al existir un acuerdo, la angustia baja debido a la ausencia de discusiones y a que los padres pueden hablar calmadamente con los hijos. Elegir el tiempo y el lugar adecuados es esencial. Un punto importante que conviene destacar en el momento de dar a conocer a los hijos la decisión de divorciarse es insistir en que la separación no es culpa de ellos y que ambos padres están de acuerdo con tal decisión. Otro punto importante es que los padres les informen que, a pesar de que uno de ellos ya no vivirá en la misma casa, tanto la madre como el padre van a seguir queriéndolos; esto, con la finalidad de reafirmar la autoestima de los niños, permitirles expresar lo que sienten ante la situación y evitarles la sensación de rechazo de sus sentimientos. Lo ideal es que los hijos puedan establecer contacto con el padre (o, en su caso, la madre) que está fuera de casa cuando lo necesiten y que el padre que se quede a cargo de ellos en casa brinde su apoyo para ello.

ROCÍO: *Es una realidad que los paradigmas de convivencia familiar han cambiado y en este siglo son palpables las diversas modalidades familiares; esto mismo ha sucedido con la convivencia en pareja y concuerdo con tu planteamiento acerca de que la importancia de la felicidad individual ha desplazado a la felicidad familiar, situación que ha contribuido al aumento de divorcios, debido a un autocuestionamiento del significado de la vida en pareja. Al respecto, me gustaría conocer cuál es tu perspectiva sobre el futuro del divorcio en el contexto mexicano, y si consideras que en un país con las características del nuestro se le está dando mayor importancia a la felicidad individual respecto de la felicidad en pareja o familiar.*

SHUYIN: Al ir poco a poco anteponiendo la felicidad individual a la familiar/relacional, la sociedad ha privilegiado la satisfacción personal mediante la autorrealización y los logros obtenidos a través del esfuerzo, dirigiendo el pensamiento hacia la satisfacción del propio yo, lo que puede provocar dificultades serias en las familias cuando no existen metas en común. Esta perspectiva promueve que las parejas piensen lo siguiente: "Si no soy feliz con él (ella), me divorcio". En este punto reside gran número de divorcios, sobre todo de parejas jóvenes. La felicidad en pareja exige mayores sacrificios, esfuerzos y creatividad ante la adversidad. Si ambos miembros de la pareja obtienen ingresos económicos, es más difícil ceder por el bien común, debido a conflictos de poder, si previamente no se establecieron acuerdos. Pienso que lo que hace más difícil la vida en pareja es el poner en marcha la vida cotidiana y que ambos se den cuenta de que no es como se la imaginaban antes de casarse. Después, la llegada de los hijos hace de la dinámica de la díada una dinámica familiar, ya que cambian por completo los roles de los cónyuges. La pareja que está dispuesta a ensayar distintas soluciones a los conflictos y que encuentra una satisfacción en ello tiene mayores probabilidades de permanecer unida por más tiempo.

Por otra parte, el futuro de la pareja actual presenta una dinámica diferente de la que solían tener las parejas hace cincuenta años. La incursión de la mujer en el ámbito laboral ha tenido gran impacto en la formación de familias. Voluntaria o involuntariamente, la demanda de mano de obra femenina se ha vuelto indispensable debido a los requerimientos económicos actuales de los hogares. México no es la excepción; al incursionar en un mercado globalizado que exige mayor competencia laboral, tanto hombres como mujeres han tenido que expandir sus horizontes en materia profesional y laboral. La mujer ha cambiado de intereses, ya que antes estaba solamente enfocada en la realización personal mediante la formación de un hogar. Ahora la mujer tiene la oportunidad y los mismos derechos de desarrollarse como profesionista que el hombre, pero también mantiene la esperanza de tener una familia propia en algún momento de su vida. Sin embargo, el camino de los varones es aún incierto porque empieza a haber una demanda por parte de las mujeres para que ellos incursionen de manera activa en la vida del hogar, ya que para ellas es doble la carga de trabajo: el que ejecutan fuera de su casa y el que hacen en ésta, pero son pocos los varones que realizan trabajo doméstico en un porcentaje significativo. Por lo que, de perpetuarse esta situación, varones y mujeres estarán viviendo solos o, por lo menos, no debajo de un mismo techo, debido a la cada vez mayor independencia económica y doméstica de la mujer. Creo que la pareja está reevaluando su origen por lo que, en caso de que la situación sea igualitaria para ambos sexos en todos los ámbitos, probablemente la definición de pareja cambiará de forma operativa y será más satisfactoria.

KAREN: *Me interesa la forma en que manejas la etimología de la palabra "divorcio", ya que le da nuevo significado a un término que es "amenazante" para muchas personas. ¿Consideras que sería útil compartir con la pareja lo que sugiere esta nueva perspectiva de significado, en términos de que sus integrantes puedan resignificar este proceso encaminándose en distintas direcciones? ¿Podrías explayarte más sobre esta concepción?*

SHUYIN: Este concepto se basa en su etimología del latín, *divertere*, que tiene como significado "el que cada quien se vaya por su lado". Considero interesante mencionar lo que acota Moore (1998), quien asocia este significado con "una prueba de la tendencia del destino a hacernos rodar en distintas direcciones" (p. 250). Esto no implicaría concebir al divorcio como un fracaso, sino solamente como la decisión de tomar rumbos distintos. El divorcio, como comentas, ha sido considerado un término "amenazante" por la sociedad, ya que las personas divorciadas son estigmatizadas y generalmente se ven obligadas a cargar con esa "cruz" el resto de sus vidas. No sólo hablo del proceso de divorcio como tal, sino de la noción que se tiene de las personas divorciadas –en especial, de las mujeres. En algunos casos incluso llegan a perder su identidad, y simplemente se les designa como "el divorciado" o "la divorciada", es decir, el divorcio se convierte en una etiqueta. Por lo tanto, sí considero útil compartir este significado etimológico, ya que remitiría a una elección, la de ir por "otro rumbo" al de la actual pareja –lo que conlleva el enfrentamiento de una responsabilidad por una decisión consciente–, y no al fracaso total, lo que probablemente contribuya a disminuir la ansiedad por las implicaciones emocionales, morales y sociales del proceso.

KAREN: *Cuando se trata de construir soluciones con las familias, uno de los principios orientadores de la terapia breve enfocada hacia las posibilidades es el siguiente: "Las redes de apoyo del cliente incrementan las opciones para el cambio". Promovida como estrategia clínica, ¿de qué manera sugieres que participen las redes de apoyo en el proceso de tratamiento?*

SHUYIN: Las redes sociales han resultado útiles para la pareja que se encuentra en proceso de divorcio, ya que suelen brindar apoyo emocional, moral, legal, económico e, incluso, protección de la integridad –como en los casos de violencia intrafamiliar. Cuando algún miembro de la familia percibe este apoyo por parte de algún familiar, amigo o institución, la sensación de vulnerabilidad suele disminuir. La gente que rodea a la persona durante y después del divorcio suele tener un peso significativo en la reelaboración del proceso junto con el hombre y/o la mujer que se están divorciando. Este apoyo puede darse mediante consejos, opiniones y acciones positivas que motiven a la persona a no desanimarse debido al dolor, los conflictos y la angustia que el divorcio pudiese conllevar. Lo conveniente en cuanto a las redes es que en realidad funjan como apoyo, porque en ocasiones pueden tener un efecto negativo; por ejemplo, cuando la familia de algún miembro de la pareja lo presiona para que pelee por la patria potestad de los hijos, siendo que la pareja ya había convenido este asunto en otros términos. Se puede sugerir a los integrantes de la familia contar con una red de apoyo durante el proceso terapéutico, siempre y cuando la misma fuese elegida por ellos mismos y siempre que proporcione bienestar a la propia persona y a quienes dependan de él (ella), como es el caso de los hijos.

KAREN: *Finalmente, me gustaría compartir contigo un pensamiento de Virginia Satir y pedirte, por favor, que elabores una reflexión sobre la misma relacionándola con el contenido de tu capítulo. Este pensamiento es el siguiente:*

> *Si al reunirte con toda una familia sólo hicieras posible que se miraran realmente el uno al otro, se tocaran realmente y se escucharan, ya habrías hecho oscilar el péndulo en dirección a un nuevo comienzo (en Mittelmeier y Friedman, 2001, p. 111).*

SHUYIN: Virginia Satir suele tener un efecto de esperanza en mí. Su estilo terapéutico ha conmovido a muchos terapeutas que recurren a la terapia familiar debido a la inclusión del contacto físico y emocional, el cual promueve un acercamiento positivo entre los miembros de la familia. Sin embargo, tengo la sensación de que, en la frase citada, deja en manos del terapeuta toda la responsabilidad del cambio de la familia. Si confío en lo que postulan algunos modelos de terapia sistémica, diría que la sola presencia de las familias o de alguno de sus integrantes en la terapia puede considerarse como una prueba de que han decidido hacer algo para estar mejor. El nuevo comienzo inicia desde ese punto, y en las sesiones de terapia subsiguientes serán importantes aspectos como la motivación, la constancia o la resignificación, los cuales promueven esta "oscilación del péndulo" en una dirección positiva. Pienso que el terapeuta sólo es un catalizador para el cambio, ya que son las propias familias las que tienen los recursos más importantes para ello. Si en el camino terapéutico los integrantes de tales familias pudiesen mirarse en forma diferente, el proceso de divorcio probablemente sería menos doloroso y la comunicación y la capacidad de negociación fluirían con mayor facilidad. Insisto en el punto de que el terapeuta no es el único que tiene en sus manos el poder del cambio, sino todos los implicados en el proceso y, en el caso de afrontar un divorcio, para poder seguir rumbos diferentes una vez tomada la decisión de separarse. Esta frase me deja esa reflexión: gracias a las familias existe el verdadero cambio.

Bibliografía

Arditti, J.A. y Prouty, A.M. (1999). Change, disengagement, and renewal: Relationship dynamics between young adults and their fathers after divorce. *Journal of Marital and Family Therapy, 25*, (1), 61-81.

De Rougemont, D. (1997). *El amor y occidente* (7a. ed.). Barcelona: Kairós.

Escotto, J. (1994). El desamor. En Consejo Nacional de Población (ed.), *Antología de la sexualidad.* (Vol. 3, pp. 341-355). México: Porrúa.

Guttman, J. (1993). *Divorce in psychosocial perspective. Theory and research.* New Jersey: Lawrence Erlbaum.

Imber-Black, E., Roberts. J. y Whiting, R. (1997). *Rituales terapéuticos y ritos en la familia.* Barcelona: Gedisa.

Instituto Nacional de Estadística Geografía e Informática (2003). *Cuadro Resumen* [en red]. Recuperado el 6 de junio de 2006 de http://www.inegi.gob.mx/est/contenidos/espanol/rutinas/ept.asp?t-mpob00&c=5262

—— (2006). *Estadísticas de matrimonios y divorcios.* (Cuaderno 12). Recuperado el 6 de junio de 2006 de: http://www.inegi.gob.mx/rod_serv/contenidos/espanol/bvinegi/productos/continuas/vitales/nupcialidad/2005/Matdiv04.pdf

Kieslowski, K. (director) y Chutkowski, R. (productor). (1994). *Tres colores: Blanco* [cinta cinematográfica]. (Disponible por Quality Films, S.A. de C.V., 1a. Cda. de Rómulo O´Farrill No. 7, Col. Olivar de los Padres, México, D. F., 01780, México.)

Lansky, V. (2004). *Nos vamos a divorciar, pero no es tu culpa, Koko Oso.* México: Diana.

López, M.P., Salles, V. y Tuirán, R. (2001). Familias y hogares: pervivencias y transformaciones en un horizonte de largo plazo. En Consejo Nacional de Población (ed.). *La población de México: tendencias y perspectivas sociodemográficas hacia el siglo XXI.* (pp. 635- 693). México: FCE.

Macías, R. (1994). El divorcio. En Consejo Nacional de Población (ed.). *Antología de la sexualidad.* (Vol. 2, pp. 201-235). México: Porrúa.

Maturana, H. (1997). *Emociones y lenguaje en educación y política.* Santiago de Chile: Dolmen.

Magallón, J.M. (1988). *Instituciones de derecho civil.* (Vol. 3). México: Porrúa

Meler I. (2001). El divorcio: la guerra entre los sexos en la sociedad contemporánea. En M. Burin e I. Meler (eds.). *Género y familia: poder, amor y sexualidad en la construcción de la subjetividad.* (pp. 233-256). Buenos Aires: Paidós.

Mittelmeier, C. y Friedman, S. (2001). Hacia la comprensión mutua: cómo construir soluciones con las familias. En S. Friedman. *El nuevo lenguaje del cambio. La colaboración constructiva en psicoterapia.* (pp. 111-137). Barcelona: Gedisa.

Moore, T. (1998). *Las relaciones del alma.* Barcelona: Urano.

O'Hanlon, B. y Weiner-Davis, M. (1993). *En busca de soluciones: un nuevo enfoque en psicoterapia.* Barcelona: Paidós.

Payne, M. (2002). *Terapia narrativa. Una introducción para profesionales.* Barcelona: Paidós.

Real Academia Española. (1999). *Diccionario de la lengua española* (21a. reimp.). (2 vols.). Madrid: Espasa.

Renick, M.J., Blumberg, S.L. y Markman, H.J. (1992). The Prevention and Relationship Enhancement Program (PREP): An empirically based preventive intervention program for couples. *Family Relations, 41*, (2), 141-147.

Robinson, M. (1991). *Family transformation through divorce and remarriage. A systemic approach.* New York: Routledge.

Sabines, J. (1998). *Poesía amorosa.* México: Seix Barral.

Selvini, M., Boscolo L., Cecchin, G. y Prata, G. (1988). *Paradoja y contraparadoja.* Barcelona: Paidós.

Tuirán, R. (2006, marzo 6). La fuerza de las mujeres. *El Universal*, p. A27.

White, M. y Epston, D. (1993). *Medios narrativos para fines terapéuticos.* Barcelona: Paidós.

Capítulo 5

Familias reconstituidas: el arte de entrelazar historias

Rocío Villanueva González

Armar una nueva familia nos brinda la oportunidad de crecer y fortalecernos. Pero, en todo crecimiento, muchas veces damos un paso hacia atrás o hacia el costado; por eso lo importante es no olvidar la meta y retomar el camino. Y si flaqueamos un poco, la clave es no mirar todo lo que todavía nos queda por andar, sino, más bien, tener en cuenta el camino que ya recorrimos.

Beatriz Goldberg, 2004

Introducción

Cuando Lenia y el padre de sus hijos acudieron años atrás a terapia de pareja, como último recurso para salvar su matrimonio, percibieron que el terapeuta trataba de convencerlos de que el matrimonio es para siempre; por lo tanto, se sintieron incómodos y abandonaron el tratamiento y un año después finalmente se divorciaron. Lenia se quedó con sus dos hijos: Sonia y Leonel, de ocho y tres años, respectivamente. Lenia se sentía culpable y avergonzada, ya que provenía de una tradición familiar en la que no figuraban los divorcios, por lo que no sólo debió afrontar el dolor de su divorcio, sino también el rechazo de sus familiares, lo que la obligó a arreglárselas por sí sola para salir adelante. Dos años después conoció a Uriel, de quien se enamoró y con quien, tras ocho meses de relación, contrajo matrimonio. Los problemas de adaptación familiar no se hacen esperar –entre ellos, la inclusión del padrastro en la educación de sus hijastros–, por lo que la nueva pareja decide consultar a un terapeuta familiar. Durante la terapia, sorprende a Lenia la aceptación y comprensión que la terapeuta brinda a la situación del divorcio anterior y el interés y la colaboración que muestra para ayudarlos a conformarse como una nueva familia. Lenia se da cuenta de que la familia no sólo puede estar formada por los padres biológicos y los hijos en común, sino que es posible la existencia de familias en las que conviven armoniosamente uno de los padres y una madrastra o padrastro y los hijastros.

La innegable transformación que las familias han sufrido en las últimas décadas ha sido concebida por diversos autores en términos negativos, los cuales opinan que la crisis de la "familia tradicional" es la causa de la decadencia de los valores en la sociedad. Sin embargo –como se comentó en el capítulo de las teorías acerca de las familias–, otros autores asumen una visión positiva respecto de la presencia creciente de las llamadas "nuevas formas familiares". Aunque el concepto, dinámica y estructura de la familia tradicional han cambiado con el paso del tiempo, ésta sigue siendo una fuente primaria a la que recurren las personas ante situaciones difíciles o de crisis. A pesar de todo, las familias –en sus múltiples "presentaciones"– existen y seguirán existiendo debido a que proporcionan cuidado, educación, protección, velan por el crecimiento y desarrollo de los hijos, transmiten valores y pautas culturales.

En este sentido, la población mexicana ha tenido, como resultado de los cambios sociales, políticos y económicos, dos importantes modificaciones: en el tamaño de los hogares y en el crecimiento demográfico. Respecto del tamaño promedio del hogar, éste permaneció relativamente estable entre 1960 y 1990, pero en el 2000 disminuyó, lo cual puede relacionarse con el descenso de la fecundidad y el incremento de la migración; en cuanto a los arreglos domésticos, se pueden agrupar en dos tipos: los hogares de familia nuclear y los hogares de familia monoparental; entre 1990 y 2000 han disminuido moderadamente los hogares nucleares y aumentado ligeramente los hogares monoparentales. En cuanto a las características demográficas, destacan los siguientes cambios: el crecimiento paulatino del porcentaje de la población con una edad de 30 años o más y una incipiente disminución del crecimiento de la población infantil y juvenil (INEGI, 2005). En décadas anteriores, las cifras relacionadas con los niños y los jóvenes se elevaban a casi tres cuartas partes del total de la población mexicana; en la actualidad, en el país existen 52 millones de jóvenes, adolescentes y niños, pertenecientes a las generaciones nacidas durante el pasado cuarto de siglo (Plan Nacional de Desarrollo, 2000-2006).

Los llamados "modelos familiares alternativos" también han surgido como respuesta a los cambios históricos y culturales ocurridos en las últimas décadas, dando muestra de la capacidad receptiva, sensible y maleable del sistema familiar. Las familias constituyen un objeto de estudio por sí mismas, y contribuyen también a la observación, comprensión y regulación de los fenómenos sociales, culturales, demográficos y económicos, tales como la delincuencia, los rituales, las tradiciones, los nacimientos y los estilos de vida impuestos por la globalización (INEGI, 1998). La emergencia de múltiples modelos familiares permite darse cuenta de que la definición del concepto "familia" depende del contexto social, cultural e histórico, por lo que ya no puede esperarse que "la familia" sea únicamente aquella en la que conviven y cohabitan diariamente los padres y los hijos que han tenido en común. Hoy en día, el término "familia" puede utilizarse para designar a muy diversas agrupaciones entre adultos e hijos o entre personas con parentesco de consanguinidad o sin él (Álvarez, 2006). La misma familia tradicional ha ido cambiando, hay más diálogo y todos participan en la toma de decisiones; antaño, las familias se centraban en los hijos; hoy en día es la relación de pareja la pieza fundamental, y si ésta no funciona, la familia se pierde (Goldberg, 2004).

Las transformaciones en la estructura y el funcionamiento de la familia producidas por el divorcio y ulteriores matrimonios responden, entre otros factores, a las transformaciones demográficas, el crecimiento de los hogares con jefatura femenina y el aumento de la participación de las mujeres en el mercado laboral y en los ámbitos sociales, políticos y profesionales –lo cual es mayormente palpable entre las clases media y media alta–; por otro lado, la invención de los anticonceptivos para vivir de manera diferente la sexualidad y la disminución del número de hijos por pareja también han influido. El matrimonio ya no es el único medio para obtener soporte económico e incursionar en la vida social, de modo que las mujeres ya no lo visualizan como una necesidad. Otro punto es el aumento de la esperanza de vida, lo cual puede explicar el desgaste de los matrimonios concebidos culturalmente "para toda la vida" y que se opte por tipos de pareja y familia alternos al tradicional (Álvarez, 2006).

El aumento en el número de separaciones de parejas con hijos incrementa a su vez el número de hogares dirigidos por sólo uno de los cónyuges –familias monoparentales– y el número de familias constituidas por dos progenitores con hijos de anteriores matrimonios –familias reconstituidas (López y Salles, 2004). Cada vez es más común la formación de familias reconstituidas en el mundo, y México no es la excepción; para el 2003, en México ocurrieron 11 divorcios por cada 100 matrimonios (INEGI, 2005). En el 2002, las familias nucleares abarcaron 70.8% y, en ese mismo año, las familias nucleares biparentales con hijos conformaron 51.7%, las monoparentales con jefe hombre 1.5%, y con jefe mujer 9.4% (CEPAL, 2004). En cuanto a las familias reconstituidas es difícil cuantificarlas por medio de las encuestas de hogares, ya que en la mayoría de los cuestionarios no se pregunta si es la primera unión o una posterior, y no se diferencia entre hijos e hijastros; por lo tanto, estas familias se clasifican como hogares nucleares biparentales (Arriagada, 2002). De modo que sólo se puede estimar que una parte de 51.7% de ellas está conformada por familias reconstituidas, cuya proporción va en aumento.

Podría pensarse que la formación de familias reconstituidas crearía un problema social debido a que implica abandonar los parámetros tradicionales de la familia convencional, la cual cuenta con todo un esquema milenario de estructura de funcionamiento conocido por la gente. En cambio, las familias reconstituidas enfrentan a la gente con lo desconocido, ya que su estructura y su funcionamiento no están definidos, pues se conforman sobre la marcha y en cada nueva familia son diferentes. La aparición de estas familias va en aumento en el mundo, sobre todo entre los sectores de clase media o media alta; por ejemplo, en Estados Unidos, cerca de 75% de los divorciados vuelven a casarse o se unen *de facto*;[1] en Inglaterra, la tercera parte de los casamientos la efectúan personas divorciadas; en el caso de Latinoamérica, la proporción de recién nacidos de parejas nocasadas en los últimos diez años llegó a ser de 50=% (Davison, en Álvarez, 2006).

Un inadecuado manejo de la conformación de la nueva estructura familiar puede conllevar problemas psicológicos, sociales y familiares, lo cual se reflejará principalmente en la conducta de los hijos y en la relación de la nueva pareja. Todas estas familias pasan por crisis, pero el tipo, duración y efectos de dichas crisis son diferentes en cada una de ellas, ya que dependen principalmente de las interacciones que se establezcan entre los integrantes de la nueva familia.

Nuevas modalidades en la conformación de las familias

Las nuevas configuraciones familiares pueden designarse con el término "familias posmodernas", y en ellas no existe una normatividad en su estructura ni un modelo que las determine; en el caso de las familias reconstituidas podemos encontrar vínculos inestables, un número de hijos cada vez menor por pareja, resistencia en la formalización de las uniones o hijos de diferentes relaciones que conviven bajo el mismo techo. Todos estos cambios repercuten en el desarrollo de una nueva cultura afectiva, más allá de los vínculos consanguíneos, en tal grado que aun los familiares de generaciones anteriores se están adaptando a este tipo de familias.

---

[1] Dos personas que deciden vivir juntas sin la existencia de un contrato legal.

Para poder comprender la dinámica de las familias es necesario contemplar dos aspectos principales: el número de integrantes que la forman y su constitución (Robles, 2003).

De acuerdo con el número de integrantes que las forman, las familias pueden clasificarse de la siguiente manera:

a. Familia nuclear/convencional. Surge de la unión de dos personas que comparten un proyecto de vida en común y las unen sentimientos de pertenencia y relaciones de intimidad, reciprocidad y dependencia. Los subsistemas presentes son el conyugal, parental y fraternal. La pareja tiene uno o más hijos de ambos.
b. Familia extensa. Formada por la familia nuclear más la familia de origen de cada progenitor.

Con respecto a su constitución pueden identificarse los siguientes tipos de familias:

a. Familias de padres divorciados. Los cónyuges optan por el divorcio como una solución creativa para un problema a fin de facilitar su bienestar fuera del matrimonio. Los hijos se quedan bajo la custodia de alguno de los padres.
b. Familias monoparentales. La primera de las tres formas es cuando la pareja se separa o divorcia; la segunda, cuando muere uno de los cónyuges, y la última consiste en optar por convertirse en padre (o madre) soltero.
c. Familias adoptivas. No hay vínculo biológico entre padres e hijos.
d. Familias homosexuales. Por lo general surgen como producto de segundas nupcias, ya que gran número de hombres y mujeres asumen su homosexualidad después de haberse considerado heterosexuales y de haberse casado y sido padres; los progenitores pueden tener descendencia de su primer matrimonio o adoptar hijos en las nupcias posteriores, aspecto que aún no se observa frecuentemente en México.
e. Familias reconstituidas. Al menos uno de los nuevos cónyuges es padre de un hijo o varios, provenientes de una relación anterior de la cual enviuda, se separa o divorcia, y la unión que inicia se establece mediante vínculo matrimonial o sin él. En cada etapa de su ciclo vital, esta familia atraviesa por una dura crisis para reestablecer fronteras, alianzas, roles y reglas.
f. Familias provenientes de uniones *de facto*. Los nuevos cónyuges con-

viven durante años sin ningún compromiso legal y puede o no haber hijos.

La importancia de estudiar a las familias reconstituidas radica en lo siguiente: han incrementado su aparición en los últimos años; comienzan a frecuentar al psicoterapeuta; por presentar características diferentes, sus problemas merecen ser abordados con una perspectiva terapéutica diferente (Pereira, 2004).

Las familias reconstituidas

Definición

La traducción literal al español del término en inglés *stepfamily* sería "familiastra"; sin embargo, se han hecho las siguientes adaptaciones: en Argentina las han denominado "familias ensambladas", en España, "familias reconstituidas" y en otros lugares, "familias amalgamadas", "mixtas" o "complejas". En el presente capítulo se opta por el término "reconstituidas", ya que alude al concepto de una conformación nueva y diferente en un sistema vivo, como es el caso de la familia. Una de las primeras definiciones, retomada posteriormente por otros autores, es la de Visher y Visher (1979, en Pereira, 2004): "[...] una familia reconstituida es aquella en la que existe al menos un hijo de una relación anterior" (p. 1). Es importante aclarar que "una relación anterior" hace referencia a cualquier relación previa, independientemente de la forma de contrato, norma o arreglo que la haya regido (López y Salles, 2004); así, se tiene que las uniones consensuales (o libres) pueden constituir una forma de unión conyugal muy común y socialmente reconocida (Camisa, 1977 y Quilodrán, 1985, en García y Rojas, 2002); en varios países, tales uniones se legalizan con el tiempo.

Modalidades de familias reconstituidas

Un aspecto complejo de las familias reconstituidas es la diversidad de modalidades que se puede encontrar en ellas debido a las características –número de hijos, relaciones previas, etc.– de cada uno de los cónyuges. Según Pereira (2004) y Macías (2000), pueden distinguirse seis modalidades de constitución:

a. Familias provenientes de un divorcio, en las cuales uno de los cónyuges tiene hijos previos.
b. Familias provenientes de un divorcio, en las cuales ambos cónyuges tienen hijos previos
c. Divorciado(a) que tiene hijos, cuyo ex cónyuge ha vuelto a emparejarse.
d. Padre viudo o madre viuda que vuelve a emparejarse y da lugar a la figura tradicional del padrastro o la madrastra.
e. Uno de los esposos estuvo casado y tiene por lo menos un hijo, y el otro es padre soltero o madre soltera.
f. Uno de los esposos estuvo casado y no tiene hijos y el otro es padre soltero o madre soltera.

Sager (1983, en Fonseca y Weisz, 2005) identifica 24 combinaciones diferentes en la conformación de estas familias, algunas de las cuales son:

1. Él, divorciado (o viudo) sin hijos; ella, divorciada (o viuda) sin hijos.
2. Él, soltero; ella, divorciada (o viuda) con hijos.
3. Ella, soltera; él, divorciado (o viudo) con hijos.
4. Él (ella), soltero(a); él (ella), divorciado(a) sin hijos.
5. Él (ella), soltero(a); él (ella), divorciado(a) con hijos, pero sin la custodia.
6. Él (ella), divorciado(a) sin la custodia de los hijos; él (ella), divorciado(a) con la custodia de los hijos.
7. Él (ella), viudo(a) con hijos; él (ella), divorciado(a) con la custodia de los hijos.
8. Él y ella, ambos divorciados con la custodia de los hijos.
9. Él y ella, ambos divorciados en la etapa del "nido vacío".

Es importante mencionar que no todas las nuevas parejas se convierten en familias reconstituidas, ya que existen casos en que cada adulto vive con sus propios hijos en casas diferentes porque así lo han decidido. Algunas veces es un paso previo para la convivencia futura y otras no (Goldberg, 2004).

Razones para formar una nueva familia

Hasta antes de 1940, las familias reconstituidas comúnmente se formaban después de la viudez; hoy en día es frecuente que surjan tras el divorcio o la separación (Kurdek, 1993 y Glick, 1980, en Macías, 2000). Las tres modalidades implican pérdidas importantes para los integrantes de las familias en las que falta algún miembro; sin embargo, para las que surgen del divorcio y la separación, no existen rituales que aceleren la elaboración de la pérdida como los hay para el duelo por muerte.

Para Rage (1997), las principales razones por las que la gente vuelve a unirse y formar otra familia son: *a.* las presiones sociales y las necesidades individuales de las personas divorciadas o viudas; *b.* la necesidad de un socio parental para la educación de los hijos; *c.* sentimientos de incomodidad en compañía de amigos casados; *d.* incapacidad para manejar las responsabilidades del hogar y de la crianza; *e.* la necesidad de afecto, de compañía adulta y de intimidad sexual. Asimismo, se han encontrado diferentes razones entre hombres y mujeres para formar una familia reconstituida; las mujeres de bajos ingresos y los hombres de elevados ingresos tienden a volver a formar una familia, mientras que las mujeres de ingresos elevados, de alto nivel educativo y de edad avanzada presentan menor tendencia a ello; el tiempo promedio que hombres y mujeres dejan pasar para formar nuevamente una familia oscila entre los tres y los cinco años. En cuanto al género, ocurre que los hombres presentan mayor tendencia que las mujeres a formar una nueva familia (Carter, 1988 y Glick, 1984, en Macías, 2000; Pittman, 1987). De manera general, las razones por las que la gente vive en pareja son: confirmar la existencia de uno mismo, acompañar el proceso de crecimiento, y contar con el soporte emocional que brinda tener una compañía sentimental.

Estructura de las familias reconstituidas

En las familias convencionales estaba delineado de antemano quién asumía la jerarquía y cuáles eran las obligaciones conyugales y parentales, existían límites definidos en cuanto a los lazos biológicos, la postura legal y el lugar geográfico. Es decir, alguno de los padres asumía el control o éste se compartía, uno sostenía económicamente el hogar y el otro se hacía cargo del cuidado de los hijos, los asuntos de pareja estaban muy separados de las cuestiones de crianza, los hijos estaban registrados legalmente y cada uno asumía un rol distinto como el de obediente, respetuoso, sano, consentido, o el de irresponsable, problemático, distante, etcétera. En las familias reconstituidas, las relaciones son complejas, conflictivas y ambiguas, los límites son imprecisos, la condición de miembro no está definida, no hay claridad en el consenso acerca de quién es parte de la familia, algunos de los integrantes pertenecen simultáneamente a dos sistemas familiares distintos, y las fronteras[2] biológica, legal y geográfica son difusas; en una familia reconstituida puede haber hermanos, hermanastros y medios hermanos, y quien era el hermano mayor o el menor en la familia anterior, de pronto es el hijo de en medio (Pereira, 2004).

Una vez que se constituye la nueva unión, el nuevo sistema debe desarrollar límites permeables que permitan a los hijos ir de una casa a otra con libertad; los nuevos cónyuges deben aceptar y compartir las responsabilidades parentales, y el padrastro o la madrastra no debe competir por la relación padre-hijo(a) (madre-hijo[a]) (Rage, 1997). Los subsistemas se transforman; en el subsistema marital, al menos uno de los cónyuges es padre de un hijo de una relación anterior; el subsistema parental está formado por un(a) progenitor(a) y un padrastro o madrastra, y el subsistema fraternal puede estar conformado por hermanos, hermanastros y medios hermanos; la jerarquía puede estar a cargo de ambos ex cónyuges o de uno de ellos y, además, el nuevo cónyuge puede participar o no; los límites de cada subsistema deben ser flexibles para permitir el contacto entre los demás subsistemas y, a su vez, estar bien diferenciados evitando mezclarse; cada subsistema ha de tener definidos sus funciones y roles; y, por último, las reglas de lo que está o no permitido deben ser claras para todos los integrantes de la nueva familia.

Particularidades de las familias reconstituidas

Aunque, como ya se mencionó, las funciones de las familias reconstituidas son las mismas que las de las convencionales, se trata de familias en transición que enfrentan crisis únicas (Águila, 1990, en Macías, 2000; Pereira, 2004). Es común que en estas familias los nuevos cónyuges no pasen por una luna de miel, haya miembros mal dispuestos e inestables, el compromiso de mantener la estabilidad sea menor; la disociación de la familia sea una amenaza constantemente presente porque ya ha ocurrido en el

---

[2] Son las reglas de cada subsistema las que definen quién y de qué manera participa, y por ello los subsistemas pueden ser claros, rígidos o difusos. Los claros permiten la independencia, el crecimiento, la autonomía y el contacto entre los subsistemas; los rígidos son restrictivos y permiten poco contacto entre los subsistemas; los difusos permiten un alto grado de apoyo mutuo e impiden la independencia y la autonomía.

pasado. La sociedad no sabe cómo tratarlas, los miembros de la familia tampoco saben qué se requiere de ellos e ignoran cómo ayudarse mutuamente (Macías, 2000; Pittman, 1987). En cuanto a la calidad de su relación, las expectativas respecto de su nueva familia tienden a ser más realistas y optimistas (Kurdek y Lawrence, 1989, en Macías 2000). Se dice que si se divorcian o separan nuevamente, lo asumen con tranquilidad, y hay quienes incluso perciben que las familias o uniones que constituyen posteriormente son mejores que las anteriores (Pittman, 1987).

Lo primero que tienen que enfrentar es la cuestión de la pertenencia; saber quién es miembro y quién no del sistema familiar, y redefinir el significado de ello (Imber-Black, Roberts y Whiting, 1997). Hay hijos de uniones previas y una amplia red de relaciones de parentesco, y tanto los padres como los hijos cambian abruptamente de roles y estatus. Respecto del origen y el desarrollo, el cónyuge que viene de fuera va a tratar de integrarse a una familia ya formada, con sus propias normas, historia y rituales, sustituyendo a alguien, ante lo cual puede que no todos estén de acuerdo.

Cuadro 5.1. Características principales de las familias reconstituidas
• Surgen de divorcios, separaciones o por viudez. • Los integrantes se enfrentan con la pérdida de la familia anterior. • La sociedad no sabe cómo tratarlas. • Los nuevos cónyuges no pasan por una luna de miel. • Cada crisis del ciclo vital es más disociadora que las precedentes. • La disociación de la nueva familia es una amenaza constante. • Las interacciones entre los integrantes de la nueva familia son complejas e imprecisas. • La estructura de la dinámica familiar no está definida. • Son familias en las que los parentescos se multiplican. • El sentido de pertenencia se desarrolla con la convivencia a lo largo del tiempo. • Las negociaciones son constantes entre los integrantes de la nueva familia. • Son familias cuya estructura atraviesa por etapas de un ciclo vital familiar diferente. • Las funciones que brinda la familia *per se* permanecen intactas.

Se ha encontrado que a los padrastros les toma aproximadamente dos años para llegar a participar en forma equitativa con la esposa en la dirección de los hijastros, pasando primero por el rol de amigos hasta conseguir el de padres activos (Stern, 1978, en Rage, 1997). Con respecto a las madrastras, se ha reportado que se relacionan mejor con niños que con adolescentes, y más aún con los hijastros que con las hijastras, y si son viudas, la relación con los hijos del nuevo cónyuge también son mejores que cuando se trata de mujeres divorciadas (Rage, 1997). Por otro lado, los sentimientos de la anterior pérdida pueden obstaculizar el óptimo desarrollo en el nuevo ciclo vital (Sager, 1983, en Macías, 2000).

Etapas del ciclo vital de las familias reconstituidas

Las particularidades específicas de las familias reconstituidas han llevado a varios autores a tratar de identificar las posibles etapas por las que atraviesan para su constitución. Robinson (1991), con base en una perspectiva sistémica, establece las siguientes etapas en la formación de la estructura en las familias reconstituidas:

- *Etapa 1. Nuevo comienzo.* La pareja reconoce mitos y fantasías acerca de las familias reconstituidas. Los ex cónyuges, la necesidad de la coparentalidad durante la resolución del divorcio emocional; asimismo, que el vínculo padres-hijos(as) precede al de las segundas nupcias.
- *Etapa 2. Esfuerzo de asimilación.* Es necesario conceder tiempo y espacio para que padrastros-madrastras e hijastras(os) desarrollen sus propios vínculos. Se reconocen y validan los conflictos de lealtad, angustia y celos ocasionados por la pérdida del sistema familiar original.
- *Etapa 3. Conciencia.* La nueva pareja reafirma límites y fronteras generacionales y familiares. Se reconoce la posición y autoridad de los padres biológicos, y el lugar que ocupan el padrastro o la madrastra en las segundas nupcias.
- *Etapa 4. Reestructuración.* Se remueven y expresan las dificultades. La familia extensa acepta que los cambios son necesarios para que la familia reconstituida funcione.
- *Etapa 5. Acción.* Comienzo del trabajo conjunto de la pareja. La familia crea nuevos límites, reglas y rituales mediante negociaciones constantes y la intervención de la familia extensa.
- *Etapa 6. Integración.* La pareja logra el contacto y la intimidad en la familia reconstituida. El padrastro o la madrastra alcanzan un estatus único que no compite ni usurpa el rol de los padres biológicos; aquél es aceptado por las familias extensas y es sancionado por el resto de la familia reconstituida, especialmente por el nuevo cónyuge. Los nuevos roles incluyen los límites generacionales entre el padrastro o la madrastra y los hijastros(as).
- *Etapa 7. Resolución y conversión hacia una familia binuclear.* La pareja persiste y deja ir. Se abandonan las expectativas de vivir como una familia nuclear y se acepta que la parentalidad se ha interrumpido en la vida familiar, por un lado; por otro, se desarrolla la habilidad para negociar rituales familiares y los cambios de residencia de los hijos, así como de las custodias.

Resolución de dilemas en las familias reconstituidas

La familia Cervantes estaba constituida por Sebastián, Natalia, su hijo René, de diez meses, y Luis, de doce años, hijo del anterior matrimonio de Natalia. Luis, entonces, vivía con su mamá y su padrastro (vea familiograma). El motivo por el que esta familia decidió acudir a terapia fue el bajo rendimiento académico y los problemas de conducta que Luis presentaba en la escuela. Los padres de éste se habían separado hacía cinco años, y ambos han formado nuevas familias y tienen un segundo hijo en sus actuales matrimonios. Las interacciones entre los integrantes de las nuevas familias atravesaron por un proceso de negociaciones para continuar con la comunicación y lograr nuevos vínculos. Respecto de las etapas del ciclo vital de las familias reconstituidas, puede observarse que la familia Cervantes se encuentra en las dos últimas: integración y resolución-conversión hacia una familia binuclear.

Los papás de Luis se encontraban en dos etapas traslapadas del ciclo vital de las familias (Minuchin y Fishman, 1981): la denominada "familia con hijos pequeños", y la de "la familia con hijos en edad escolar o adolescentes". Estar en dos etapas, además de la gran diferencia de edades entre René y Luis, quizás fue motivo para que los padres presentaran dificultades en el manejo y

Familiograma[3]

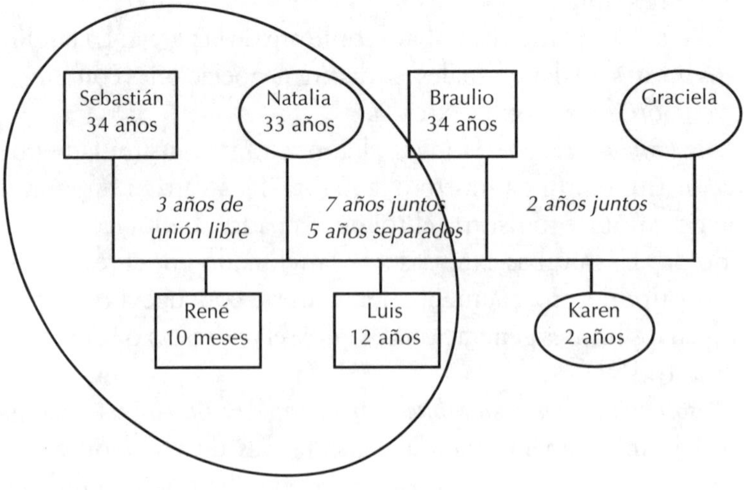

[3] Con el fin de tener una mejor identificación de la familia reconstituida de Natalia, sus integrantes se encuentran ubicados dentro del espacio sombreado.

aceptación de que Luis estaba dejando de ser niño. A ello se sumó que Natalia y su ex pareja, Braulio, se habían acercado nuevamente con intenciones de compartir responsabilidades parentales, lo cual les había costado trabajo a partir de la separación, sobre todo a la madre; sin embargo, la comunicación había mejorado en el último año. La transición de la niñez a la adolescencia por la que atravesaba Luis requería que sus padres se comunicaran y dialogaran en torno de los modos de educarlo, independientemente de estar separados y tener otra familia.

Al comienzo de la terapia, los padres de Luis tendían a mostrarse sobreprotectores y "blandos", es decir, por un lado había una gran preocupación para proporcionar al hijo todo tipo de protección y bienestar, pero, por otro, los padres eran incapaces de disciplinar a Luis, ya que no sabían establecer límites y lo trataban con demasiada flexibilidad, con lo que perdían el control y la autoridad parental. Ello era claro cuando Luis sacaba bajas calificaciones y sus padres seguían consintiéndolo y no había consecuencia disciplinaria alguna. Por otra parte, la familia reconstituida estaba conformada de la siguiente manera: el subsistema marital, integrado por la nueva cónyuge con un hijo de una relación anterior y un cónyuge soltero; el subsistema parental, integrado por la madre y el padrastro, y el subsistema fraternal, integrado por los dos medios hermanos.

Este ejemplo permite apreciar que el proceso de adaptación por el que atraviesan estas familias no siempre es sencillo. La situación suele complicarse con otros factores por los que atraviesan los integrantes de la familia, como pueden ser el paso de una etapa de vida a otra, creencias acerca del rol que debe cumplir la persona misma y los demás en las familias reconstituidas, etc.; todo esto se convierte en dificultad para las nuevas familias, las cuales, en muchos casos, optan por algún tipo de ayuda profesional, como la psicoterapia, cuando la solución no está en sus manos.

Enfrentamiento de las crisis familiares

Fonseca y Weisz (2005) clasifican en tres grupos los retos o desafíos a los que se enfrentan las familias reconstituidas; éstos son:

1. Trato con pérdidas y elaboración de duelos.
2. Desarrollo de un vínculo sólido de pareja para consolidar a la nueva familia.

3. Resolución de los problemas territoriales –en dónde y con quién vivir–, económicos y legales, de roles y autoridad en la nueva casa, y los concernientes a las familias extensa y política y a los amigos en general.

Todas estas situaciones se relacionan en mayor o menor grado con las crisis por las que atraviesa una familia reconstituida. Por su parte, Visher y Visher (en Pittman, 1987) diferenciaron siete áreas problemáticas que caracterizan a estas familias:

> Hay un progenitor biológico fuera de la unidad familiar reconstituida y un adulto del mismo sexo en el hogar; la mayoría de los hijos siguen perteneciendo a dos hogares; no está definido el rol del padrastro o madrastra; los ambientes históricos disímiles acentúan la necesidad de tolerar las diferencias; las relaciones entre padrastros, madrastras e hijastros son nuevas e impuestas; los hijos tienen, por lo menos, un par de abuelos adicionales, los arreglos económicos adquieren implicaciones emocionales (pp. 191-192).

A su vez, Pittman (1987) señala que son diez las crisis específicas de las familias reconstituidas:

> Intromisiones de cónyuges anteriores, amenazas de desintegrar la relación marital, disputas por cuestiones de dinero en los ex cónyuges, cambios formales e informales de residencia y custodia de los hijos, una autoridad diferente sobre hijos diferentes, realidades económicas diferentes para hijos diferentes en una misma familia, los hijos se esfuerzan por disolver el matrimonio ya que temen perder emocionalmente al progenitor que les queda, celos del padre/madre ausente por las alianzas de los hijos con el padrastro o madrastra, desdibujamiento de las fronteras sexuales entre padrastros/madrastras e hijastros o hijastras, aunque el incesto entre madrastras e hijastro es mucho menor, diferente relación de los abuelos con sus nietos y los nietastros (pp. 193-198).

Aunadas a estas crisis están también las situaciones netamente familiares, que, en el caso de las familias reconstituidas, suelen vivirse como eventos generadores de tensión; éstas son: las primeras vacaciones, convivencias, los cumpleaños de los hijos, las celebraciones de la comunión y los quince años, graduaciones, nacimientos de hermanos, festejos de fin de año, casamientos de los hijos, casamientos del papá o la mamá, etcétera (Goldberg, 2004). Como se puede observar, la situación de una nueva unión o matrimonio es menos compleja cuando los esposos no tienen hijos de sus matrimonios previos y se va complicando si cuentan con hijos mayores y con nietos de ambos lados. En estos casos se requiere mayor astucia para negociar las relaciones, lo cual depende principalmente de la disposición de los integrantes de la nueva familia para establecer relaciones claras y positivas, del tiempo de convivencia, del número de hijos y de las edades de éstos y de los cónyuges.

Los roles de género de los cónyuges en las familias reconstituidas

Un aspecto que conviene destacar es la cuestión de los roles tradicionales basados en el género, los cuales se convierten en fuente de tensión familiar; por un lado, las madres y madrastras hacen todo lo posible por responsabilizarse de los hijos sin distinción, incluidos los propios, si los hay, y/o a los hijastros; en cuanto a los padres y padrastros, éstos tratan de hacerse responsables económicamente y delegan el cuidado afectivo en la nueva esposa. Se trata entonces de trabajar en estas creencias y ayudar a la nueva mamá a no sentirse culpable si en un principio se hace a un lado, y al nuevo papá a darse cuenta de la importancia del apoyo que debe dar a la esposa para brindar afecto, cuidado, educación y demás deberes de los padres para con los hijos, así como de la colaboración mutua que debe existir entre aquéllos (Carter, 1991).

Las relaciones con los hijos

Visher y Visher (en Rage, 1997) encontraron que los temas que preocupan a los hijos en segundas nupcias de los padres son: lidiar con la pérdida del padre o la madre y de la familia anterior; las lealtades divididas; la necesidad de pertenencia (a qué grupo pertenecen, cuál es su nuevo rol); la membresía en dos hogares; las fantasías de que sus padres se reúnan; el sentimiento de culpa por haber ocasionado el divorcio o la separación. Las formas en que los menores intentan sobreponerse a estas situaciones son: presentando problemas en la escuela y cambios de conducta, evitando el contacto social y volviéndose agresivos e impulsivos; en magnitudes extremas, estos problemas pueden obstaculizar el proceso de reorganización de la nueva familia; en el caso de los adolescentes, se suman, además, conflictos relacionados con la identidad y la sexualidad.

La edad de los hijos también es un factor que merece especial atención, ya que las familias reconstituidas que mayor complejidad presentan son aquellas en las que uno o ambos cónyuges tienen hijos menores de dieciocho años; sin embargo, esto depende de la magnitud de la pérdida anterior, del tiempo transcurrido entre ambos matrimonios para permitir que los menores elaboren la pérdida, y del grado de resolución de los conflictos emocionales de los menores en el momento del segundo matrimonio. Respecto a la llegada de un nuevo hijo en la familia reconstituida, lejos de convertirse en una situación conflictiva, hace que todos tengan algo en común, favoreciendo la afinidad entre sus miembros.

Se sabe que la adolescencia es fuente de crisis tanto para quien la experimenta como para quienes forman su familia; si a esto se suma la situación de una familia reconstituida en plena formación, la crisis se multiplica y abarca al padrastro o la madrastra y los hermanastros, lo que implica continuar la renegociación de reglas durante esta etapa y las ulteriores con los padres biológicos y con la participación del padrastro o la madrastra o sin ella. La nueva familia quiere cohesión, mientras el adolescente desea separarse; no hay acuerdo entre los padres acerca de su función parental para con el hijo; ante esto, las y los adolescentes resuelven sus lealtades divididas aliándose con una de las partes o contraponiéndose a ellas; además se enfrentan con la atracción sexual hacia su padrastro o madrastra y hermanastros(as), y con la aceptación de la sexualidad de sus padres (McGoldrich y Carter, 1988, en Rage, 1997).

La relación con las familias anteriores

Un aspecto que poco se ha estudiado y cuya participación es imprescindible para la conformación y ajuste de las familias reconstituidas es la existencia de los familiares de los ex cónyuges y de los nuevos cónyuges. Su influencia y apoyo comienzan desde la formación de una pareja, para posteriormente convertirse en una familia nuclear; los lazos consanguíneos y roles de los familiares aumentan con la llegada de los hijos, lazos y roles que pueden estar presentes o ir cambiando como parte del ciclo vital familiar y principalmente cuando la familia se disocia y los hijos se quedan con algún progenitor. Los lazos consanguíneos y afectivos van a aumentar, sobre todo para los hijos, si los ex cónyuges deciden casarse con otra pareja, debido a que se agregan los familiares del nuevo cónyuge. Cuando la participación y/o el apoyo de los familiares es escaso o nulo, en primer lugar se dificulta que una pareja se consolide, más aún si el siguiente paso consiste en conformarse como familia. De modo que si en una familia las separaciones o divorcios son censurados, y alguien toma la decisión de una separación legal y definitiva, se espera que no reciba ningún tipo de apoyo y tampoco si en un futuro decide contraer nuevas nupcias con una persona diferente. Sin embargo, el hecho es que los parentescos y vínculos afectivos aumentan y cada nueva familia reconstituida decide cómo relacionarse o seguir relacionándose con los familiares del cónyuge y el ex cónyuge; y los hijos con sus abuelos, tíos y primos y nuevos abuelos, tíos y primos.

Aspectos que facilitan la adaptación en las familias reconstituidas

De manera general, Fonseca y Weisz (2005) proponen tres maneras de enfrentar los retos que presentan las familias reconstituidas:

1. Por medio de la contención de afectos; es decir, brindando apoyo para poder expresar dolor, miedo, ira y tristeza.
2. Desarrollando habilidades para establecer acuerdos.
3. Trabajando con subgrupos o subsistemas que equivalgan a dos o más personas con vínculo familiar; por ejemplo, el subsistema de esposos, el de hijos y el de hermanos. Si bien lo más importante para lograr estas alternativas es el acopio de flexibilidad, creatividad, sentido del humor, prudencia y la fuerza del cariño.

Uno de los aspectos que favorecen el funcionamiento de los hijos de padres divorciados o separados es el hecho de que mantengan contactos satisfactorios con ambos padres (Nolan, 1977, en Rage, 1997). Otro aspecto importante es que los cónyuges mantengan relación con su familia extensa, es decir, con sus propios padres, hermanos, tíos, etc.; contar sólo con el núcleo familiar para promover el control, el apoyo y la orientación puede sobrecargar a los subsistemas y aumentar los conflictos. Particularmente durante la adolescencia, las relaciones con la familia extensa son vitales para la estabilización del sistema (McGoldrich y Carter, 1988, en Rage, 1997). Varios estudios (Macías, 2000) realizados con este tipo de familias han encontrado que las relaciones entre los miembros de familias en las que uno o ambos padres se casaron por segunda vez funcionaron mejor cuando las familias extensas aprobaron o aceptaron el matrimonio y menos cuando la familia extensa reprobaba el matrimonio.

Cuadro 5.2. Retos que enfrentan las familias reconstituidas
• Crisis en torno a la nueva pareja, los hijos, hijastros, nuevos hijos, la relación padre/madre-hijo(a), y padrastro/madrastra-hijastro(a), las familias extensas y amigos en general. • La edad y el número de los hijos. • La edad de los nuevos cónyuges, la etapa del ciclo vital que esté viviendo cada uno de ellos, así como el hecho de que tengan hijos. • Las cuestiones relacionadas con la autoridad parental, situación económica, sexual y de género. • El ambiente histórico-social de los miembros provenientes de familias anteriores. • El sentido de pertenencia de los hijos a más de un hogar. • La construcción de lazos afectivos entre los nuevos integrantes de la nueva familia y los familiares de las familias extensas pasadas y presentes.

El psicólogo y las familias reconstituidas

En la primera sesión con la familia Toledo, una familia reconstituida con 4 hijos –dos niñas de 8 y 4 años hijas de la mamá, un niño de 6 años hijo del papá, y una bebé de 7 meses hija de ambos–, la terapeuta se preguntó en qué grado los tres pequeñines habían elaborado la pérdida del otro progenitor y si en sesiones posteriores sería conveniente citar a los ex cónyuges a terapia, debido a que las niñas extrañaban a su padre y a que el niño presentaba sentimientos ambivalentes hacia la madre. También se dio cuenta, entre otras cuestiones, de que convendría trabajar con las creencias que los nuevos cónyuges habían adoptado como padres en la nueva familia.

En cuanto al proceso terapéutico, es necesario explorar desde el comienzo la estructura familiar, el grado de elaboración de la pérdida y, si ésta no está resuelta, comenzar por resolver el duelo, tomando en cuenta si la crisis es doble, como en el caso en que el momento de conformación de una nueva familia coincide con que alguno de los hijos entra en la etapa de la adolescencia (Pittman, 1987). Muchas veces la terapia también puede cobrar forma de ritual de pertenencia, como cuando los nuevos integrantes de la familia se reacomodan para retomar las nuevas funciones y roles que deben desempeñar en compañía de los nuevos subsistemas; y, en el caso del adolescente, hay que centrarse en el establecimiento de nuevos modos para que interactúe tanto con sus progenitores como con su padrastro o su madrastra y viceversa. Para todo ello, Rage (1997) recomienda lo siguiente:

1. Desarrollar una relación "coparental", funcional y abierta, entre los ex cónyuges.

2. Trabajar con el divorcio emocional de los ex cónyuges, el cual se deduce necesario cuando éstos no se hablan o tienen conflictos continuamente.
3. Los límites y responsabilidades parentales han de ser claros; para ello se va incluyendo paulatinamente la opinión de los niños, sobre todo conforme se incrementa su edad.
4. Que ambos padres ayuden a sus hijos a experimentar toda gama de sentimientos respecto de padres (madres) y padrastros (madrastras), aceptando las lealtades divididas.

Las familias de Natalia y Luis: en busca de una nueva orquesta familiar

Dilemas que hay que enfrentar

Retomemos el ejemplo de la familia de Natalia y Sebastián. En esta familia reconstituida era difícil para Luis que su mamá ya no tuviera tantas atenciones con él desde el nacimiento de su medio hermano, pues se sentía aislado y desplazado; lo mismo le sucedía con respecto a su papá, quien consentía a su media hermana. La crianza de hijos con edades muy dispares también es complicada para los padres, ya que los niños pequeños requieren más tiempo y cuidados que un hijo de doce años; al respecto puede presumirse que a los padres de Luis se les estaba dificultando poder alternar los dos tipos de crianza: por un lado tenían que recordar los cuidados empleados con el primer hijo y por otro aprender a guiar a un adolescente. Otro factor estresante era que Luis y su nueva familia tenían sólo unos meses de vivir en el domicilio actual y que en poco tiempo se cambiarían nuevamente de casa. La entrada en la adolescencia y en la secundaria, el cambio de domicilio y el hecho de pertenecer a dos hogares repercutieron en mayor o menor medida en la conducta problemática que Luis manifestaba, por lo cual sus padres decidieron ir a terapia.

Los límites del subsistema parental impuestos al hijo eran difusos, había dificultad para aceptar su ingreso a un proceso de individuación y seguían tratándolo como a un niño pequeño y dependiente. Todo lo cual se aprecia en los siguientes comentarios de Natalia y Sebastián:

> Mamá: "Casi siempre le tengo que recordar que tiene que hacer su tarea [...] ayer estuve sola y le di permiso de salir, pero no sé si es momento de empezar a tenerle confianza".

Padrastro: "Hemos hablado [él y la ex cónyuge] y llegamos a la conclusión de que él [Luis] nunca se ha encontrado solo para hacer las cosas por sí mismo".

La máxima autoridad la asumía Natalia, ya que Luis vivía con ella y la percibía más firme:

Madre: "Yo soy más firme, y tengo el carácter fuerte y soy criticona, pero también es porque quiero lo mejor para mi hijo".

Padre: "Cuando me lo llevo los fines de semana, le pregunto a Natalia si no tiene planes para salir con Luis, porque le doy la prioridad a ella".

Los padres estaban interesados en encontrar nuevos modos de interacción entre ellos, que contribuyeran a ayudar a su hijo. Por su parte, el padrastro también estaba interesado en el bienestar del hijastro, sin embargo, la madre determinaba la magnitud de su participación en el rol de padre activo:

Padre: "Nos hablamos por teléfono [los ex cónyuges] para ponernos de acuerdo en cómo vamos a educar a nuestro hijo, y hacemos a un lado las cosas que quedaron por ahí".

Madre: "Sebastián me apoya y está de acuerdo en que tomemos la terapia para ayudar a Luis, y él también estaría dispuesto a venir".

Las conductas problemáticas –el bajo rendimiento en el aprendizaje escolar (debía una materia y tenía bajo promedio), la mala conducta en la escuela (la distracción en clase), la falta de socialización (no presentaba iniciativa para participar en actividades con chicos de su edad)– y las características de la interacción parental y filial podrían propiciar que Luis formara parte de los adolescentes que algunos autores han denominado "predestinados al fracaso" y "salvadores" (vea Pittman, 1987), y que presentara conductas de riesgo como la violencia, acciones delictivas o el consumo de drogas (Florenzano, 1997).

Desarrollo de la terapia

La terapia cobró forma de ceremonia de iniciación, es decir, el hijo estaba incursionando en la adolescencia, etapa que demandaba reestructurar las antiguas pautas de interacción parentales entre progenitores e hijo, y que, por tratarse de una familia reconstituida, requería delimitar también la participación del padrastro. Aunque éste no asistió a terapia, su apoyo conyugal, tal y como lo refirió Natalia, permitió a los padres de Luis entablar una relación parental funcional. En familias reconstituidas, lo más conveniente es que los progenitores y el padrastro o la madrastra delimiten de qué manera van a participar en la renegociación de reglas y en la transformación de las pautas de interacción. En este caso vemos cómo el logro de estos aspectos ayudó a superar las diferencias en los modos de crianza de cada progenitor a fin de colaborar y llegar a acuerdos. Cuando no se da el apoyo del ex cónyuge y del nuevo cónyuge, el comportamiento problemático (y más si es crónico) puede convertirse en un motivo que amenace la estabilidad de la familia reconstituida al grado de disociarla, lo cual no ocurrió con esta familia. Otros de los aspectos que se lograron fue evitar que Luis presentara vulnerabilidad respecto de las conductas de riesgo, y continuar con la resolución de los conflictos emocionales por la pérdida de la familia anterior. Aunque los ex cónyuges llegaron a terapia manteniendo una comunicación positiva, al final del tratamiento habían disminuido las rencillas pendientes entre ellos, y Luis visualizó con mayor definición los roles y funciones parentales y coparentales de sus padres en su condición de separados.

Factores que favorecieron el trabajo terapéutico

Entre los principales factores que favorecieron la terapia se encuentran los siguientes:

a. La terapeuta preguntó sobre ciertos aspectos –mencionados con anterioridad– y encontró que Luis mantenía comunicación satisfactoria con ambos progenitores; además, mantenía una relación de amistad con su padrastro, misma que era el preludio para el rol de padre activo en un tiempo posterior, lo cual era posible debido a que la familia reconstituida contaba con tres años de haberse conformado y ya habían transcurrido los dos años necesarios para que el padrastro comenzara a asumir funciones parentales (Stern, 1979, en Rage, 1997); ante esto, su padre manifestaba en un principio celos y enojo, pero en el momento de llegar a la terapia ya aprobaba esa relación y la consideraba positiva para el hijo.

b. Por otro lado, Luis pertenecía a dos hogares: los fines de semana convivía con su padre, abuelos, tíos y primos paternos, y entre semana mantenía comunicación con su padrastro y la madre de éste. Es decir, la relación con las dos familias era positiva. Su mamá también mantenía una comunicación positiva con sus ex suegros y los hermanos y sobrinos del ex cónyuge, y lo mismo sucedía con la nueva familia del actual cónyuge. Se puede observar que la relación era positiva entre los nuevos cónyuges y entre los ex cónyuges, lo cual contribuyó a la desaparición de las conductas problemáticas de Luis, ya que el temor de éste de no ver a su padre y la dificultad de las lealtades divididas se esfumaron cuando asimiló que, aunque perteneciera a una familia reconstituida, podía convivir con su padre y, al mismo tiempo, no tenía que abrigar sentimientos de culpa o traición hacia éste por llevarse bien con el padrastro. El chico sabía que continuaba en el rol de hijo ante su madre y su padrastro, y aunque éste comenzaba a ejercer el rol y la función de padre, Luis lo percibía como un amigo, debido a que la relación con su padre era positiva.

c. A lo largo de la terapia procuré facilitar la comunicación entre los ex cónyuges acerca de sus roles parentales, lo que propició que lograran acordar de manera armoniosa establecer las reglas, consecuencias y responsabilidades para su hijo, además de manifestarse firmes y consecuentes respecto de las mismas, lo cual a Luis le pareció conveniente. En algunos casos en que los progenitores se reúnen en plan de amigos –como en el que nos ocupa– para entablar funciones parentales, puede suceder que ello ocasione enojo a las nuevas parejas de cada uno. Afortunadamente, en este caso –aunque en una sesión los ex cónyuges comentaron que a sus parejas empezaba a molestarles que aquéllos se vieran– no fue motivo para generar conflictos, dado que los nuevos cónyuges eran comprensivos y flexibles para aceptar que la responsabilidad parental requiere frecuentar al ex cónyuge.

d. En cada sesión procuré incluir los recursos de flexibilidad, tolerancia y respeto, lo cual dio como resultado que los padres tomaran la adolescencia de su hijo con mucha paciencia y comprensión, y si bien les fue difícil aceptar que Luis debía tomar sus propias decisiones, al mismo tiempo se daban cuenta de que depositar su confianza en él era la forma en que podían ayudarle a crecer como individuo autónomo y responsable. Por último, el apoyo de las familias de origen de ambos progenitores también contribuyó a alcanzar en breve tiempo la reestructura de los subsistemas parentales.

Cambios realizados por esta familia al final de la terapia

El proceso terapéutico permitió que los padres aceptaran la entrada a la adolescencia de su hijo y el proceso de individuación y autonomía que ello implica. Lograron ponerse de acuerdo en las reglas, responsabilidades y consecuencias parentales. En cuanto a la jerarquía, aunque la mamá seguía asumiéndola, el papá logró mantener un rol parental más activo con la anuencia de ella. Los mismos padres manifestaron estar más tranquilos y ver resultados favorables en cuanto a su demanda inicial; la responsabilidad que Luis adquirió y fue desarrollando le ayudó a mejorar su rendimiento y conducta escolares. Sin embargo se les recordó que más adelante se verían en la necesidad de continuar negociando reglas y consecuencias hasta terminar la adolescencia, ya que sucederían inevitablemente otros cambios al ingresar a la preparatoria.

Especulando con el futuro de estos clientes, se consideró lo siguiente: al concluir la psicoterapia, los padres biológicos mantienen comunicación entre sí, la cual puede continuar o no más adelante; en este último caso, probablemente quien sustituiría al padre sería el padrastro, ante lo cual es preciso pensar de qué manera y hasta qué punto Natalia permitirá a Sebastián su participación en el rol de padre activo, cómo se adaptarán hijastro y padrastro a esta nueva interacción, y qué opinará el padre de todo ello. Respecto de la relación entre Luis y sus medios hermanos, es muy probable que la frecuencia y el tipo de comunicación observados entre sus padres biológicos y las nuevas parejas de ellos propicien una adecuada relación entre medios hermanos; y, aunque la diferencia de edades es muy grande, es probable que los hermanos pequeños se construyan una imagen modelo del hermano mayor; en tal caso, para éste la diferencia de edades puede verse como una ventaja, en el sentido de no tener la presión de ser comparado con un hermano que sea de dos a cinco años menor que él, como sucede en otras relaciones entre hermanos.

Cuadro 5.3. Aspectos que el psicólogo debe tomar en cuenta cuando trabaja con familias reconstituidas
• Tomar en cuenta el grado de elaboración de la pérdida del ex cónyuge y del progenitor. • Averiguar cuánto tiempo transcurrió entre el divorcio, la separación o viudez y la formación de la nueva familia. • Preguntar cuánto tiempo hace que se conformó la nueva familia. • Favorecer el contacto satisfactorio entre los hijos y sus progenitores. • Favorecer la comunicación entre ex cónyuges con fines coparentales. • Averiguar en qué grado los hijos mantienen comunicación con la familia extensa del progenitor ausente. • Explorar si los nuevos cónyuges mantienen comunicación con sus familias extensas. • Averiguar y cuestionar las creencias acerca del rol de género que se supone debe asumir la madrastra o padrastro ante los hijastros y el nuevo cónyuge. • Alentar la formación del vínculo personal y la convivencia entre padrastros o madrastras e hijastros(as) que fomenten una mejor integración y, por consiguiente, el desarrollo del sentido de pertenencia. • Hacer ver a los nuevos cónyuges la importancia de no emular estilos de vida pretéritos. • Procurar que el padrastro o la madrastra se percate de lo inconveniente que es comportarse completamente de la misma manera (o del todo diferentemente) con la nueva familia como con la anterior, ya que ello es importante para la creación del nuevo álbum emocional. • Tener presente que los recursos de la flexibilidad, la tolerancia y el respeto los ayudarán a negociar permanentemente las interacciones y acuerdos familiares. • Trabajar en terapia con la familia reconstituida y, en ocasiones, con los ex cónyuges y el (los) hijo(s) en común, según lo amerite y sea posible.

Reflexiones finales

Las transformaciones de la composición y la estructura familiares son el reflejo de los cambios económicos, sociales, culturales y demográficos ocurridos en el mundo, por lo que el número de familias tradicionales ha disminuido y el de las familias reconstituidas y monoparentales ha aumentado. Sin embargo, el registro estadístico de las familias reconstituidas no ha sido detallado en muchos países –como en México–; considero indispensable cuantificarlas, pues ello ayudaría a calcular y visualizar en qué proporción han crecido.

Como se apreció a lo largo del presente capítulo, las familias reconstituidas son agrupaciones complejas debido a que interactúan más personas con vidas pasadas diferentes, que anteriormente transitaron por un periodo de pérdidas y cambios familiares, las cuales se involucran en la convivencia y toma de decisiones. Cada pareja construye sus propias pautas de interacción, pero lo importante es que la nueva pareja alcance un equilibrio que permita a los hijos integrarse a la nueva familia. Una de las ventajas que conlleva el hecho de que los hijos pertenezcan a más de una familia es que ello ayuda a que se conviertan en seres independientes, aprendan a asumir que se puede vivir sin la presencia simultánea de los progenitores y, al mismo tiempo, a mantener comunicación con ellos por separado, todo lo cual se logra cuando los nuevos padres tienen la capacidad para crear mayor confianza, ser flexibles, negociar acuerdos, y desarrollar y mantener relaciones.

La conformación de una familia reconstituida no es un proceso sencillo, ya que debe batallar para alcanzar una nueva estructura y, aunque las separaciones y los divorcios van en aumento en parejas con hijos o sin hijos, aún existen discrepancias por parte de los investigadores acerca del modo en que las nuevas familias pueden ayudarse a sí mismas a atravesar por el proceso de adaptación y alcanzar una nueva conformación. Muchas veces esto se convierte en una dificultad de tal magnitud que los ex cónyuges y nuevos cónyuges optan por buscar ayuda profesional; acuden a terapia por motivos ajenos al proceso de reconstitución, y es sólo en la primera conversación o entrevista que el terapeuta cae en la cuenta de que, por tratarse de una familia reconstituida, la forma de abordar su problemática implica algunas diferencias en comparación con la de las familias convencionales.

Por ello, es deber de los psicólogos indagar en torno de ciertas crisis por las que atraviesan las familias reconstituidas (Pittman, 1987) y obtener información sobre las funciones y roles de los integrantes de los nuevos subsistemas, de la mucha, poca o nula participación que asumen los ex cónyuges con los hijos en común, del número de hijos e hijastros que tienen, las edades de éstos y la etapa del ciclo vital por la que atraviesa cada uno de los integrantes de estas familias. Cuando la diferencia de edades entre hermanos, hermanastros y medios hermanos es muy grande, hay cierta dificultad para llegar a definir una nueva estructura familiar; lo mismo sucede cuando algunos hijos o hijastros son adolescentes, ya que la adquisición de autonomía e individuación del adolescente requiere de límites claros y diferenciados en los subsistemas de la nueva familia. Aunado a lo anterior, también es importante saber qué participación tiene la familia extensa de cada progenitor en la familia anterior y en la nueva familia, ya que tener en cuenta todos estos datos ayuda a conseguir la disolución del dilema familiar. Otra recomendación consiste en averiguar desde el principio hasta qué grado se ha elaborado la pérdida de la familia anterior y cómo son las relaciones entre los ex cónyuges y las de los hijos con sus padres, padrastros o madrastras, sin ignorar, claro está, el motivo de consulta por el que la familia busca ayuda.

La emergencia de las familias reconstituidas constituye una muestra de que los cambios sociales se están dando tanto en lo individual y en la pareja como en lo familiar, lo grupal y lo comunitario, en niños, adolescentes, adultos y ancianos, en el país y en el resto del mundo; y considero que son los modelos de terapia familiar sistémica los que se ajustan a las transformaciones sociales aceleradas, debido a que su practicidad y aplicabilidad ofrecen soluciones dentro de una dimensión temporal de corto y/o mediano plazo. Estos modelos de terapia permiten comprender la complejidad que implica tratar a este tipo de familias. La elaboración de la pérdida de la familia anterior, el número de años de reconstituida, así como el apoyo con que cuentan los nuevos cónyuges determinan en cierto grado el curso terapéutico de estas familias en particular. Estos son aspectos que conviene considerar en la terapia, sobre todo en esta época en que se ha vuelto común la concurrencia de este tipo de familias al servicio psicoterapéutico. Por último, es imprescindible seguir muy de cerca el rumbo y desarrollo que cursan las familias reconstituidas en sus diversas modalidades, ya que los temas que de ello deriven contribuirán a comprender y ayudar a los integrantes de estas familias.

Conversación

Rocío Villanueva, Shuyin Durán, Francisco Javier Robles

SHUYIN: *Rocío, me gustaría comenzar retomando algunos aspectos que hacen de este tema un fenómeno importante. En primer lugar se encuentra el aumento constante de las familias reconstituidas que se está presentando en muchos países, donde cada vez son más las parejas que se separan y deciden hacer una nueva vida con alguien más, y es cuando las nuevas reglas en esa nueva familia se van construyendo, lo que se vuelve más complicado cuando uno o ambos miembros de la pareja tienen hijos de sus anteriores relaciones. Lamentablemente, como mencionas, es difícil saber con exactitud el porcentaje de familias reconstituidas respecto del total de familias recién formadas por una unión primeriza, debido a la forma en que se reportan los datos de los censos de población en varios países, como en el caso de México.*

Aún así, es innegable el aumento de tales familias, lo cual, junto a la presencia de otras formas familiares, ha venido a transformar el significado que se tiene de "familia". Me gustaría retomar el caso de México, donde, si bien en algunas entidades federativas las familias conservan ciertas costumbres familiares muy arraigadas, éstas también han ido transformándose o desapareciendo. Me gustaría saber cuál es tu perspectiva acerca del futuro de la familia –y de manera especial, de la "familia mexicana"– en este marco de cambio de significado y de nuevas formas de percibirla; en este mismo sentido, ¿estará México iniciando una nueva etapa, como sucede en otros países donde la familia se disuelve en otros movimientos más flexibles, pero que también podrían traer un olvido de lo que solía conocerse como "familia"?

ROCÍO: Es importante recordar que la familia es un organismo vivo y que, como tal, inevitablemente se transforma, a la vez que, maravillosamente, sus funciones vitales –que ya mencioné en el capítulo– permanecen intactas, así como las imágenes de los personajes que representan los parentescos colaterales, ascendentes y descendentes. Desde mi perspectiva visualizo que en un futuro la aceptación, tolerancia y flexibilidad de la gente van a sustituir a la censura y el rechazo ante las llamadas "nuevas modalidades familiares", y que sus protagonistas, principalmente los hijos, van a vivir las separaciones y nuevas conformaciones familiares con menos dolor, sobre todo en países en desarrollo como es el caso de México, si no es que ya está ocurriendo este proceso; ejemplo de ello es que ya se está registrando la existencia de la libertad de hijos y progenitores para escoger a los que seguirán siendo considerados como parientes y familiares de una "ex familia" nuclear, yendo más allá de la barrera consanguínea, aquilatando la construcción del lazo afectivo entre las personas, lo cual es clara señal de una postura flexible entre la gente.

SHUYIN: *Una situación que ocurre comúnmente en las familias reconstituidas es que decidan vivir en la casa de alguna de sus familias de origen, compartiendo este espacio no solamente con el padre y la madre de uno de los miembros de la pareja, sino con otro familiar, como un tío, hermano, primo, etcétera. En muchos de estos casos, llegar a una casa donde ya hay reglas establecidas puede causar algunos desajustes y conflictos entre los miembros, tanto para los que llegan como para los que ya estaban en ella. Me gustaría preguntarte si piensas que ante esta situación sugerirías las mismas estrategias que mencionas a lo largo del capítulo, si realizarías alguna adaptación a ellas, o bien plantearías alguna otra.*

ROCÍO: Las estrategias planteadas se extenderían a los demás familiares, principalmente la del establecimiento constante de acuerdos. Un punto clave que hay que considerar es que la familia reconstituida tome en cuenta que no estará viviendo en casa propia y debe respetar a los dueños; el paso siguiente será diferenciarse como núcleo y que los nuevos cónyuges determinen cómo, cuándo y para qué van a coparticipar como familia extensa con los familiares del cónyuge que habitarán en la misma casa. A su vez, es indispensable que los(as) hijastros(as) no se sientan obligados a convivir "magníficamente" con los parientes del padrastro o la madrastra y viceversa, que el nuevo cónyuge tampoco se sienta obligado a "llevarse bien" a la primera con quienes fungirían como suegros por segunda ocasión, así como con el resto de los parientes. Estas sugerencias se modificarían en función de la modalidad de la familia reconstituida de que se trate. Por otro lado, sería conveniente que durante el tratamiento terapéutico se incluyera en alguna sesión a los parientes con los que se cohabitaría.

SHUYIN: *Por último, me gustaría comentar el aumento de la presencia de familias reconstituidas en algunos programas de televisión y películas –trátese de dramas o comedias–, en los que es imposible dejar de transmitir al público un significado respecto de estas familias –ya sea positivo o negativo. ¿Crees que por estos medios se podría hacer algún tipo de "promoción" de las familias reconstituidas; es decir, que se transmita al público que estas familias "existen" y que su presencia es mayor que en pasados tiempos? ¿Se le estaría diciendo al público "ésta podría ser tu vida"?; ¿qué impacto social crees que podría tener esto?*

ROCÍO: Más que dar cuenta de su existencia habría que concebirlas sin censura y normalizarlas por su propio aumento en todo el mundo, y señalar que es posible alcanzar la armonía y unión familiar nuevamente. Sin duda, considero que sí hay una intención a favor o en contra de esta modalidad familiar. De manera particular, lo que ha llamado mi atención es la presencia de más de dos hijos, factor que puede interpretarse en el sentido de que lo más importante para la continuidad de una familia es la existencia de "varios" hijos. A mi parecer, se promueve que si bien las familias tradicionales han disminuido, el número de hijos podría rescatar la existencia de la célula social básica que la familia es. Pienso que existen grupos "de poder" en el continente americano que ven como amenaza para su crecimiento económico a los divorcios, la aparición de familias reconstituidas y, sobre todo, la disminución de nacimientos; por lo tanto, tales grupos se ven en la necesidad de promover la imagen de cónyuges con varios hijos, lo cual tiene un impacto en la gente de los tiempos actuales: por un lado, comienzan a planearse los nacimientos trayendo como consecuencia su disminución y, por otro, se fomenta a través de los medios de comunicación la presencia de cónyuges con más de dos hijos.

FRANCISCO JAVIER: *Me gustaría retomar este tema de los estereotipos de las familias ensambladas o reconstituidas. Acerca de esto, la psicóloga Anne Bernstein (2000) menciona las consecuencias negativas que propician los estereotipos tradicionales de los cuentos de hadas acerca de lo que significa ser "madrastra", "padrastro" o "hijastro(a)", ya que las vidas de estas figuras están saturadas –como dirían los terapeutas narrativos– de historias de sufrimiento, dolor, maldad, venganza, etcétera. Por esta razón, me parece importante el aumento de la presencia de estos sistemas familiares en cintas cinematográficas y series de televisión, donde se puede observar las problemáticas por las que pasan estas familias, pero lo más importante es que ahora también se aprecia que pueden convivir de manera armoniosa. Me parece que a través de estas nuevas historias se pueden ir generando nuevos significados que cuestionen los mitos tradicionales acerca de las familias reconstituidas. Esto conlleva que, en la actualidad, encontremos que las personas expresen de modos diversos lo que para ellas significa pertenecer a una familia reconstituida. Por esta razón, me gustaría preguntarte lo siguiente: ¿cuáles son los significados más comunes que has encontrado en los integrantes de estas familias?, ¿cómo impactan de manera diferente en hombres y mujeres? y ¿cuáles serían las alternativas terapéuticas para las familias que se encuentran "atrapadas" en los significados tradicionales-negativos?*

ROCÍO: De manera indirecta han comunicado que en un principio hay dolor, incertidumbre, desconfianza, miedo y vergüenza; sin embargo, las familias reconstituidas actuales cuentan con la ventaja de ser un poco más aceptadas por el entorno social en contraste con las de antaño, facilitando así una menor duración del difícil trance emocional y logrando que flexibilidad, esperanza y fe sean los factores de mayor presencia en la nueva conformación familiar; a ello se agrega de manera crucial la propia disposición y toma de decisión de los integrantes de la familia. Por otro lado, considero que la diferencia a la que aludes también está relacionada con la aceptación social de la mujer y el hombre para establecerse conyugalmente con una nueva pareja; por ejemplo, aunque ya es menos censurado, aún es más "permitido" que el hombre se case para "darles" una madre a sus hijos. En lo referente a la resignificación de roles y funciones, la madre puede sustituir el concepto de autosuficiente y el padre el de ineficiente y delegante parental por el de socio-parentales, para que ambos asuman y compartan de manera equitativa las labores de la crianza. Del mismo modo, las etiquetas de "madrastra malvada" y "padrastro despiadado" pueden redefinirse como el de madrastra o padrastro amigable, asistente o facilitador(a), y en el caso de los(as) hijastros(as), considerar una ganancia el contar con una madre biológica y con otra más bien ubicada en el plano de asistente amistoso-parental, y lo mismo podría decirse respecto de las figuras del padre biológico y el padrastro. En cuanto a las alternativas terapéuticas, algunas consistirían en la redefinición de creencias y la construcción coordinada de nuevas narrativas por medio de la conversación, las cuales se transformarían también en acciones.

FRANCISCO JAVIER: *A lo largo de tu capítulo mencionas la importancia de crear un vínculo emocional entre las familias que afrontan el difícil "arte" de "entrelazar" sus vidas, lo que plantea un dilema para cada uno de sus integrantes. Me gustaría comentar acerca del reto que tienen los(as) hijos(as) para empezar a escribir su nueva historia familiar. En algunos casos, la construcción de un vínculo emocional con la nueva familia es interpretada como una traición al progenitor con el que no viven o como una ruptura total con el mismo. Me parece que una alternativa para enfrentar este dilema consiste en retomar el pensamiento de "tanto/como" en lugar del de "o/o" (Andersen, 2005); es decir, se puede tener un vínculo positivo "tanto" con la nueva familia "como" con el padre o la madre con quien no se cohabita. Por otra parte, es importante que se vayan creando nuevos espacios, hábitos, reglas, etc., que sean propios de esta nueva familia y que propicien dicha integración –a estas acciones las llamas "rituales de integración". En este sentido, me gustaría que comentaras más ampliamente cómo se propician estas acciones en la terapia; en específico, ¿qué características deben tener estos rituales de integración?, ¿cuáles serían las sugerencias para la construcción de rituales simbólicos de integración?*

ROCÍO: La terapeuta puede propiciar, mediante el diálogo conversacional y la escucha respetuosa, la posibilidad de que los mismos integrantes participen conjuntamente para escoger y decidir de manera verbal y/o con acciones las nuevas interacciones familiares, considerando la apertura y flexibilidad para modificar tales interacciones en función del proceso del ciclo vital familiar. Ahora bien, los rituales que conviene construir son aquellos basados en el sentido de pertenencia de cada integrante de la familia en su nuevo rol y funciones mediante la coparticipación, creatividad y retroalimentación familiar. Un ejemplo de ello sería que entre los hermanos escogieran idear algo por su cuenta y los padres por la suya y luego compartir ambas propuestas; todos pueden escoger también algunos objetos que simbolicen lo que consideren digno de tratarse, como conceptos, sentimientos o personas, así como optar por la elección de días y horarios de la semana y la duración del ritual. Para información detallada al respecto, sugiero la consulta de: *Paradoja y contraparadoja* de Selvini-Palazzoli, Cecchin, Boscolo y Pratta (1988), y *Rituales terapéuticos y ritos en las familias* de Imberg-Black, Roberts y Withing (1997).

Bibliografía

Andersen, T. (2005). Procesos de reflexión: actos informativos y formativos. ¡Pueden tomar prestados mis ojos, pero no deben quitármelos! En S. Friedman. *Terapia familiar con equipo de reflexión. Una práctica de colaboración.* (pp. 39-69). Barcelona: Gedisa.

Álvarez, J.P. (2006). *¿Fin del proyecto familiar? Parejas del siglo XXI.* Recuperado el 20 de mayo de 2006 de: http://www.sada.gba.gov.ar/especialistas_55.htm

Arriagada, I. (2002). *Cambios y desigualdad en las familias latinoamericanas.* Recuperado el 30 de mayo de 2006 de: http://www.eclac.cl/publicaciones/SecretariaEjecutiva/0/LCG2180PE/lcg2180e_Arriagada.pdf

Bernstein, A. (2000). Reconstruyendo a los hermanos Grimm: nuevas narraciones para la vida de las familias ensambladas. *Sistemas Familiares, 16* (1) 23-45.

Carter, B. (1991). Familias resultantes de segundas nupcias: la creación de un nuevo paradigma. En M. Walters, P. Papp, y O. Silverstein (comps.). *La red invisible. Pautas vinculadas al género en las relaciones familiares.* (pp. 364-386). Paidós: Barcelona.

CEPAL (2004). *Panorama social de América Latina 2004. Estructuras familiares, trabajo doméstico y bienestar en América Latina.* Recuperado el 12 de abril de 2006 de: http://www.eclac.cl/publicaciones/DesarrolloSocial/0/LCL222OPE/Cap_IV_Familia_version_preliminar.pdf

Florenzano, R. (1997). *El adolescente y sus conductas de riesgo.* Santiago de Chile: Universidad Católica de Chile.

García, B. y Rojas, O. (2002). *Cambios en la formación y disolución de las uniones en América Latina. La población de México en el nuevo siglo.* (pp. 14-27). México: Fondo de Población de las Naciones Unidas.

Goldberg, B. (2004). *Tuyos, míos, nuestros. Cómo rearmar y disfrutar la familia después del divorcio.* Buenos Aires: Lumen.

Gómez, M.E. y Weisz, T. (2005). *Nuevas parejas. Nuevas familias: cómo crear una familia reconstruida y no morir en el intento.* México: Norma.

Imber-Black, E., Roberts, J. y Whiting, R. (1997). *Rituales terapéuticos y ritos en la familia.* Barcelona: Gedisa.

INEGI (1998). *La familia mexicana.* México: autor.

—— (2005). Recuperado el 10 de marzo de 2006 de: http://www.inegi.gob.mx/est/contenidos/español/temas

López, M. y Salles, V. (2004). *Los vaivenes de la conyugalidad: una interpretación desde la cultura.* Recuperado el 20 de marzo de 2006 de: http://www.conapo.gob.mx/publicaciones/otras/4/PDF/09.pdf

Macías, D. (2000). Segundas nupcias: motivaciones y expectativas. Tesis de licenciatura en psicología de la conducta social. Universidad de las Américas. México: UDLA.

Minuchin, S. y Fishman, C. (1981). *Familias y terapia familiar*. Barcelona: Gedisa.

Pereira, R. (2004). Perspectivas sistémicas. La nueva comunicación. Artículos on line. *Familias reconstituidas: La pérdida como punto de partida.* Recuperado el 12 de mayo de 2006 de: http://www. redsistemica.com.ar/reconstituidas.htm

Pittman, F. (1987). *Momentos decisivos: tratamiento de familias en situaciones de crisis.* Buenos Aires, Barcelona, México: Paidós.

Plan Nacional de Desarrollo (2000-2006). Recuperado el 10 de marzo de 2006 de: http://www.inegi.gob.mx/inegi/contenidos/español/pnd/PND1-3.pdf

Rage, E. (1997). *Ciclo vital de la pareja y la familia.* México: Plaza y Valdés.

Robinson, M. (1991). *Family transformation through divorce and remarriage. A systemic approach.* New York: Routledge.

Robles, A. (2003). Formas y expresiones de la familia. En L. Eguiluz (comp.). *Dinámica de la familia. Un enfoque psicológico sistémico.* (pp. 19-32). México: Pax México.

Selvini, M., Boscolo, L., Cecchin, G. y Prata, G. (1988). *Paradoja y contraparadoja*. Barcelona: Paidós.

Visher, E. y Visher, J. (1979). *Old loyalties, new ties: Therapeutic strategies with stepfamilies.* New York: Brunner/Mazel.

Capítulo 6

El rol de las abuelas en las familias trigeneracionales

Claudia Juárez Cuéllar

> Ahora, con mi nieto, me siento con una doble responsabilidad porque, aunque yo no soy su mamá, estoy a cargo de él. Era otra situación cuando yo cuidaba a mis propios hijos, ¡porque eran mis hijos, eran mis hijos!, y con mi nieto es diferente. Mi hija me dice que se siente tranquila y que confía en mí, pero yo no me quiero confiar de que ya conozco todo lo que debo hacer para cuidarlo, porque cuando eres madre el instinto se agudiza y siento que en este caso el instinto se me acabó porque ya no es directamente mi hijo, y en ese caso tengo que estar más alerta porque lo cuido todo el tiempo.
>
> Comentario de una abuela (acerca de su rol como cuidadora de su nieto)

Introducción

Amalia es una mujer de 54 años que constantemente se preocupa por el bienestar de sus nietos, Iván de siete años y Constanza de seis, quienes pasan la mayor parte del tiempo con ella mientras sus padres trabajan. Para Amalia resulta difícil en ocasiones hacerse cargo de los menores porque se siente cansada, quiere salir con sus amigas o visitar a sus otros hijos.

Andrés y Sara –padres de los menores– trabajan la mayor parte del tiempo y, cuando llegan a casa, Amalia les menciona que necesita de su apoyo para educar a los niños, ya que a veces no quieren obedecerla y terminan diciéndole "no eres nuestra mamá para que nos mandes"; además, cuando están los padres, éstos les permiten hacer cosas que Amalia les prohíbe cuando están con ella; por ejemplo, comer golosinas antes de la comida o salir a jugar antes de hacer su tarea. Esto ha generado disputas entre Amalia, Andrés y Sara constantemente.

Amalia ha comentado esta situación con sus otros hijos, quienes se molestan por la ayuda que les otorga a Sara y a su esposo, pues, además de que les da asilo mientras encuentran un lugar donde vivir y cuida de sus hijos, también les hace de comer. Esto provoca que Amalia entre en conflicto, ya que por un lado quiere ayudar a su hija mientras ella y su marido encuentran un lugar propio donde vivir y disfruta estar cerca de sus nietos ("nadie los cuidará me-

jor que yo"), por otro también se siente cansada de cuidarlos y desearía reunirse con sus amigas, salir a caminar o descansar en su tiempo libre.

La historia de Amalia nos permite apreciar algunos de los principales dilemas que enfrentan las mujeres que no solamente asumen el rol de abuelas sino el de madres. En este capítulo se hablará del rol que desempeñan las abuelas en las familias de tres generaciones al ejercer la doble labor de madres y abuelas.

Familia conyugal y familia trigeneracional

Tuirán (2001) comenta lo siguiente acerca de los aspectos que van conformando a los grupos familiares:

> La familia [...] constituye una realidad compleja y mutidimensional. En su conformación, enlaza tiempo pasado, presente y futuro. Portadora de una historia, la familia la incorpora al tiempo presente en un sistema unificador que le da significado a su acción y al mundo que la rodea, nutriendo y alimentado la vida de sus miembros. Como todo grupo social, la familia forja una representación de sí misma, que es construida y retocada cotidianamente por pequeñas pinceladas (pp. 23-24).

El modelo típico de familia en la sociedad contemporánea es la llamada "familia conyugal tradicional", la cual corresponde a una estructura formada por la pareja de esposos y sus hijos, con quienes residen en un hogar independiente. La familia conyugal se funda en la división sexual del trabajo, que mantiene la hegemonía formal del sexo masculino sobre el femenino, puesto que asigna roles asociados con la crianza, el cuidado de los hijos y la realización de las tareas específicamente domésticas a la mujer y el papel del proveedor de los medios económicos al hombre.

Cuando se habla de la familia, inmediatamente se alude a esta conformación habitual de padre-madre e hijos; sin embargo, en muchas ocasiones esta estructura se extiende a más de una generación y en ella conviven, de manera permanente o temporal, abuelos, padres y nietos, estructura que es conocida como "familia de tres generaciones" o "trigeneracional". Comúnmente, estas familias presentan las siguientes características: los padres (segunda generación) deciden vivir temporal o permanentemente con alguno de sus progenitores (primera generación). Cuando se presenta la situación de que ambos padres de la segunda generación tienen que estar fuera del hogar durante largos periodos del día –por cuestiones laborales o escolares– o que exista solamente la presencia de un progenitor que tenga que salir a trabajar –por ejemplo, en los casos de mujeres viudas, divorciadas, separadas o madres solteras–, las abuelas,[1] por lo general, son las encargadas del hogar y del cuidado de los niños (tercera generación).

Factores que promueven la presencia de familias trigeneracionales

Estos cambios en el tamaño y la composición familiar se deben en gran parte a la situación económica que prevalece en muchas sociedades en las que la familia es obligada a ampliar sus fuentes de ingreso, orillando a ambos padres a salir a trabajar y a buscar formas para resolver el cuidado de sus miembros más pequeños, como en el caso de Sara y Andrés, que vivían en casa de su madre, quien les cuidaba a sus hijos mientras ellos trabajaban.

La transición demográfica ha contribuido también a modificar el escenario en el que se forma y desenvuelve la familia. La esperanza de vida y el índice decreciente de mortalidad actuales han propiciado un aumento en la proporción de hombres y mujeres que sobreviven hasta edades avanzadas, lo que amplia el tiempo de convivencia familiar de padres, hijos, nietos y otros parientes (Tuirán, 2001). Otra situación común que promueve la existencia de las familias trigeneracionales son los matrimonios jóvenes que ya han tenido hijos y que en la mayoría de los casos deciden vivir con alguno de sus padres mientras terminan sus estudios y/o alcanzan una estabilidad económica que les permita vivir de manera independiente.

---

[1] Por lo general, los abuelos varones en este tipo de familias no intervienen de manera significativa en la función del cuidado de los nietos, aun cuando formen parte de la relación conyugal, ya que ellos mismos deciden mantenerse al margen. En otras ocasiones, esta ausencia se debe a que las abuelas se han separado de sus parejas o que éstas ya han fallecido o que tienen una nueva pareja que no se involucra en sus problemas familiares. Es importante mencionar que también se pueden identificar algunas familias en que los abuelos varones se involucran activamente en los cuidados de sus nietos; para los fines del presente capítulo, sin embargo, sólo se abordarán las características de las familias trigeneracionales en las que únicamente las abuelas cumplen con la función del cuidado de los nietos.

Como puede observarse, los cambios económicos y sociales, en su compleja interrelación con la transformación demográfica, influyen de manera muy variada y compleja en la organización y relación de los miembros que integran la familia. En este sentido, Marteleto y Noonan (2001) realizaron un estudio en Brasil sobre la incidencia de las abuelas proveedoras del cuidado infantil. De acuerdo con este estudio, el incremento de las tasas de empleo de la mujer ha creado paralelamente un aumento de la necesidad de cuidado infantil no proporcionado por los padres, el cual es suministrado por las abuelas –aun cuando existen distintas instituciones que proporcionan este servicio–, debido a que los padres piensan que ellas están emocionalmente más unidas y comprometidas con los nietos que cualquier otra persona dedicada al cuidado infantil y, por lo tanto, esperan que los cuiden mejor, además de considerarlo más conveniente y menos costoso. Por todo esto, la pareja decide delegar el cuidado infantil en las abuelas, a pesar de estar conscientes de las posibles problemáticas que pueden presentarse, como los conflictos entre la pareja y la abuela respecto de la educación de los menores, por la autoridad que cada uno ejerce y por el tiempo que cada uno invierte en el cuidado de los niños y de sus propias necesidades.

Etapas del ciclo vital en las familias

La convivencia de personas pertenecientes a diferentes generaciones implica un reto para cada una de ellas, ya que presentan diferentes características físicas, ideológicas y emocionales. En este sentido, diversos autores (cf. Haley, 1989; Minuchin, 1977; Minuchin y Fischman, 1991; Rage, 1997) han identificado varias etapas o fases por las que comúnmente pasan las personas a lo largo de su vida, las que en su conjunto son conocidas como "ciclo vital". Pueden identificarse cinco principales etapas de este ciclo y algunas situaciones que deben resolverse en cada una de ellas:

a. Formación de la pareja. En esta etapa se consolida la formación del sistema conyugal, que se caracteriza por la búsqueda de una diferenciación y transformación de sus relaciones con cada una de sus familias de origen, así como de sus antiguas redes sociales. En el caso de las familias trigeneracionales, este proceso de diferenciación es complicado debido a la dependencia que presenta la generación de los padres respecto de las abuelas, lo que puede causar conflictos en estas familias.

b. *Las familias con hijos pequeños.* En esta etapa, la pareja deben realizar nuevas funciones para asumir su rol parental. Además, la presencia de nuevos integrantes en las familias modifica su interacción habitual, provocando en ocasiones enfrentamientos entre dos o más de sus integrantes. En las familias trigeneracionales, las abuelas son las que asumen algunas de las funciones parentales, lo que también afecta los vínculos entre los niños y sus padres, causando diversas problemáticas en estas familias –por ejemplo, discusiones entre los padres y las abuelas en torno de quién establece las reglas, molestia de las abuelas por dejar de tener tiempo libre para asumir funciones maternas, etcétera.
c. *Las familias con hijos en edad escolar o adolescentes.* Esta etapa demanda un cambio en las relaciones padres-hijos para permitir una adaptación a la cada vez mayor autonomía de los niños y/o adolescentes. Esto posibilita que las generaciones adultas dediquen mayor tiempo a sus necesidades personales, a su relación conyugal, asuntos profesionales, etcétera. Algunos problemas comunes se presentan en esta etapa cuando a los padres se les dificulta aceptar que los niños y/o adolescentes necesitan un mayor grado de independencia, lo que en ocasiones los lleva a asumir una conducta sobreprotectora con éstos. También es en esta etapa cuando empiezan a aparecer problemáticas por las diferencias ideológicas debido a las brechas generacionales. Todo esto se ve acentuado en las familias trigeneracionales, en las cuales los conflictos causados por la forma de educar y proporcionar o no mayores libertades a los miembros más jóvenes llevan a enfrentamientos entre padres, abuelos y nietos.
d. *Las familias con hijos adultos.* Esta etapa requiere la aceptación de los padres de la separación de los hijos y la renegociación de su sistema marital al dejar de tener que cumplir con su rol parental. En los casos en que los hijos adultos ya han tenido también hijos, es importante fomentar la relación entre las tres generaciones. En los casos de las familias trigeneracionales que viven juntas, las abuelas se enfrentan al reto de seguir realizando funciones maternas –ahora con sus nietos–, lo que puede provocarles sentimientos contradictorios –situación que será retomada a lo largo de este capítulo.
e. *Las familias de adultos mayores.* Etapa caracterizada por cambios importantes en la vida de los adultos mayores. En muchas ocasiones se presenta una disminución o retiro de las actividades laborales, lo que les proporciona una mayor cantidad de tiempo libre. A veces, esto puede ser positivo para estas personas, ya que invierten este tiempo en

actividades personales o para convivir con su pareja; sin embargo, para otras personas puede ser negativo, ya que por primera vez enfrentan la situación de destinar largos periodos de tiempo a ellos mismos. En los casos en que se han descuidado o son inexistentes las relaciones de amistad y de pareja, los adultos mayores pueden desarrollar problemas emocionales debido a sentimientos de soledad. Dependiendo de estas características es que las abuelas de las familias trigeneracionales van a percibir como algo deseable o indeseable el rol de custodias de sus nietos. En cualquiera de los casos, es importante que dichas abuelas encuentren un equilibrio entre el tiempo que dedican a su función de abuela-madre y el que dedican a satisfacer sus necesidades personales.

Es importante mencionar que, al relacionarse varias generaciones, los abuelos, padres e hijos pueden presentar cambios y modificaciones en las etapas del ciclo vital que a cada uno corresponde. A esto se debe añadir que muchas familias no siguen este curso "ideal" o "normativo", de tal forma que algunos de sus integrantes tienen descendencia pero no se casan, viven con los padres siendo solteros, casados y con hijos, separados, divorciados o viudos.[2]

Dilemas y alternativas de las familias trigeneracionales

Rocío es una abuela de 53 años de edad, viuda desde hace 21 años, que vive con Gabriela, su hija menor, y Armando, su yerno. Gabriela tiene 25 años y es secretaria, y Armando tiene 30 años y es mesero; ambos tienen una hija de 6 años llamada Dulce. Rocío es quien acudió a consulta, pues desde hace tiempo tiene problemas con su hija Gabriela respecto de la división equitativa

---

2 Debido a esto es que algunos autores (cf. Jiménez, 2003; Tuirán, 2001) prefieren hablar de "curso de vida" en lugar de "ciclo vital". En el curso de la vida de las personas se reconoce que pueden evitar algunas etapas, dejarlas, regresar o permanecer un tiempo variable en cualquier de ellas, lo cual obedece a que las etapas del ciclo pueden entremezclarse con otras cuando conviven varios individuos que se encuentran en diferentes etapas dentro de un sistema familiar. Ochoa (1995) señala que el curso de la vida supone transiciones que en cualquier dominio pueden tener consecuencias inmediatas en otros dominios o efectos acumulativos en los individuos. Éstas pueden guiar, modificar, redirigir o reforzar trayectorias, ya sea generando tensiones en las rutinas cotidianas o afectando importantes dimensiones de la vida.

de las responsabilidades, de los gastos de su casa, la limpieza y el cuidado de su nieta. Por su parte, Gabriela y Armando comentan que también han tenido problemas para que su hija los obedezca y que solamente obedece las órdenes de su abuela, quien es la que establece la mayoría de las normas familiares. Debido a esto han tratado de dialogar con Rocío para que se modifiquen las reglas familiares, lo cual ha contrariado a la abuela, quien lo percibe como un "ataque" a su figura de autoridad. Esta situación ha provocado que Rocío esté pensando en decir a su hija y a su yerno que se vayan de la casa, pero no lo ha hecho porque no quiere alejarse de su nieta. Por todo ello solicita asesoría psicológica con el fin de que se le ayude a mejorar la comunicación con su hija, a convivir de manera más sana con ella y con su yerno, y a lograr acuerdos respecto de la distribución de las funciones relacionadas con el cuidado y la crianza de Dulce.

La historia de la familia de Rocío permite apreciar la existencia de problemáticas en cada una de las generaciones que conforman estas familias, problemáticas que impiden la convivencia adecuada entre sus integrantes; en el largo plazo, tal situación provoca incomodidad y enojo en uno o en todos sus miembros. A continuación se mencionan algunos dilemas que tiene que afrontar cada una de estas generaciones –la de las abuelas, la de los padres y la de los nietos–, así como algunas acciones que el psicólogo puede propiciar para superarlos.

La generación de las abuelas

En las familias trigeneracionales es común que las abuelas asuman la función de cuidadoras de sus nietos, mientras los padres de éstos salen a trabajar o concluyen sus estudios, sobre todo en los casos de parejas adolescentes; esto ocasiona que tales abuelas enfrenten diversos dilemas, entre los que se encuentran el deber de cuidar a sus nietos y, simultáneamente, disponer de tiempo para ellas mismas, apoyar a la generación de los padres sin perder su propia independencia y sin asumir las responsabilidades paternas como propias, modificar sus estilos de maternaje con respecto al asumido con sus propios hijos, etcétera. A continuación se comentan las características de los principales dilemas que enfrentan estas abuelas.

Cuidado de los nietos y de sí misma

Éste es uno de los comentarios de una abuela para referirse al esfuerzo que implicaba cuidar a uno de sus nietos: "[...] he tratado de acordar con Daniel para que haga las cosas de su escuela, pero él no cumple y se porta grosero conmigo, me dice que yo no lo debo de mandar, que no soy su mamá".[3] Para esta abuela era motivo de alegría saber que podía colaborar en esta tarea; sin embargo, al mismo tiempo experimentaba un sentimiento de tristeza y frustración al ver que sus esfuerzos a veces eran inútiles por las respuestas del niño. Abuelas, padres y niños viven a diario situaciones en las que las emociones y los sentimientos emergen y se contraponen y que en gran medida constituyen el punto de partida para que la abuela busque una solución al dilema de cómo tratar a sus nietos, ya que lidia con otros tiempos y costumbres diferentes de las que ella empleó para educar a sus propios hijos. Esto se aprecia en el siguiente comentario de una abuela perteneciente a una familia trigeneracional: "[...] siento una doble responsabilidad porque no soy la mamá y tengo que darle cuentas a mi hija, aunque ella confía en mí". Es importante que se reconozca la existencia del desgaste emocional que tienen dichas abuelas al cumplir el rol de madres, así como la importancia de que dediquen un porcentaje de su tiempo a actividades personales y/o familiares –que no impliquen la actividad de cuidadoras familiares. Es común escuchar en consulta que estas mujeres planteen esa necesidad, como se aprecia en el siguiente comentario: "[...] tengo mucho tiempo que no salgo con mis amigas a tomarme un café, pero no salgo porque, si no, ¿quién ve a la niña?"

Sin embargo, para algunas abuelas, dedicar un porcentaje de su tiempo para sí mismas puede significar perder la cercanía con sus hijos y nietos, lo que pone en juego los vínculos afectivos con ellos debido a que estas mujeres por lo común no saben cómo establecer límites sin tener que actuar con indiferencia, ignorar lo que sucede o discutir con los hijos a tal grado que se distancien física y emocionalmente. Esto, a su vez, las enfrenta a pensamientos contradictorios con respecto al cuidado y apoyo que deberían brindar a sus nietos y a los padres de éstos. Los siguientes comentarios de dos abuelas lo ejemplifican: "[...] si mi hija se fuera, estaría

[3] Los comentarios incluidos en este capítulo corresponden a diversos integrantes de familias trigeneracionales que han asistido a consulta psicológica. En los casos en que se incluyen datos personales, éstos se han modificado con el propósito de preservar el anonimato de las familias.

mejor; como dicen: 'ojos que no ven, corazón que no siente'; pero vuelvo a lo mismo: [a] la niña, yo la quiero cerca, es mi adoración"; "cada vez que intento hablar con mi hija y su esposo, terminamos peleándonos".

Oportunidad de revivir el rol materno

La función de cuidadora es asumida en muchas ocasiones como una extensión del rol de madre, lo que es agradable para aquellas abuelas que han centrado su vida en el cuidado familiar. El siguiente comentario realizado por una abuela es representativo del sentir de varias de ellas: "[...] es como si la vida me diera otra oportunidad para enmendar los errores que cometí en el pasado con mis hijos". Esta situación las lleva a modificar la forma en que se relacionan afectivamente y a establecer normas de conducta y disciplina. El rol de madre que asumen les permite enmendar los "errores" que, piensan, pudieron haber cometido en el pasado con sus hijos. Por ejemplo, de madre dura y castigadora pasa a ser ahora una abuela sensible y consentidora; sin embargo, esto las puede llevar a enfrentar el resentimiento y reclamo de los hijos, debido a que ellos no disfrutaron de ese comportamiento. Por ejemplo, una abuela que pasaba por esa situación mencionó lo siguiente: "[...] yo antes era una persona muy neurótica, les pegaba a mis hijos, los mal eduqué; sé que me tienen resentimiento por eso y yo no quiero que pase lo mismo con mi nieto, por eso trato de consentirlo y ser muy cariñosa con él". Otro dilema al que se enfrentan las abuelas es cómo compartir con los padres las funciones de autoridad, de tal manera que este rol sea asumido de manera equitativa y sin que alguno de ellos –ya sea la abuela o los padres– pierda la imagen de autoridad ante la generación de los nietos. Algunos comentarios que permiten percibir este dilema al que se enfrentan tales abuelas son los siguientes: "[...] me cuesta trabajo que [los nietos] me obedezcan, pero nada más llega su papá y a él sí le obedecen; ¡claro, él les pega y yo no!"; "[...] nada más llega su mamá y todo se viene abajo [se refiere al acatamiento de las reglas familiares por parte de sus nietos], se ponen peor cuando la ven"; "[...] mi nieto me ha llegado a faltar al respeto, me dice que yo no soy su mamá, y tiene razón, pero mientras yo lo cuido, pienso que debe obedecerme".

Interacción con los demás integrantes de la familia

Cuando las abuelas participan en el cuidado del hogar y de los nietos, necesitan hablar con los padres acerca de la manera en que se educará a aquéllos y sobre las labores del hogar en las que éstos también tienen que participar; sin embargo, la comunicación se ve obstaculizada por el enojo de ambas partes, incluso entre la pareja de jóvenes padres. Esto crea un malestar generalizado y, por lo general, las abuelas prefieren no participar en los conflictos conyugales; los padres se alejan entre sí y cuando hablan terminan discutiendo; los niños se encuentran en una situación tensa y se asumen como los responsables de ella, lo cual hace más difícil la convivencia. Este es el caso de una abuela, quien menciona lo siguiente: "[…] sus padres trabajan y están todo el día fuera, y si les digo algo de la casa o de la niña para que se ocupen de ella, se molestan".

En los casos en que tanto la abuela materna como la paterna están al cuidado de los nietos, puede establecerse una especie de competencia por el afecto de los nietos, lo cual ocasiona que una o ambas abuelas realicen acciones que aparentemente son inocentes, como dar regalos, dinero y atención para ganarse el afecto. Esta competencia puede propiciar un ambiente tenso en la familia y conflictos entre los cónyuges, debido a las comparaciones que se establecen entre ambas abuelas. Los siguientes comentarios fueron mencionados por algunos padres que pasaban por esta situación: "[…] mis papás sí le[s] dedican tiempo a los niños y les dan obsequios, y los tuyos, no"; "[…] mi madre se preocupa por todos los niños y la tuya sólo le da preferencia a la menor"; "[…] tus papás permiten que jueguen en la mesa, y los míos, no".

Acciones que deben considerarse en la asesoría psicológica

Entre las acciones que favorecen el enfrentamiento de los dilemas que se presentan en la generación de las abuelas, y que es recomendable que el psicólogo propicie, se encuentran las siguientes:

- Evitar, de manera permanente, adjudicarse funciones que no les correspondería realizar, dedicando más tiempo a las necesidades propias de su etapa de vida (Andolfi, Angelo, Menghi y Nicoló-Corigliano, 1989).
- Establecer límites dentro del sistema familiar para diferenciar claramente los roles principales de las abuelas y los padres.

- Explorar la experiencia materna que la abuela ha tenido con sus propios hijos y la forma en que se relaciona con el cuidado de sus nietos.
- Validar el esfuerzo y la dedicación de la abuela en el cuidado de los niños y, al mismo tiempo, poner énfasis en la responsabilidad de cada uno de los subsistemas para hacerse cargo de su propia familia.
- Llegar a un acuerdo entre la primera y segunda generaciones sobre la forma en que deben educar y disciplinar a los niños.

La generación de los padres

En aquellas familias trigeneracionales en que las abuelas asumen una función matriarcal debido a que la pareja de padres jóvenes está ausente del hogar durante grandes periodos de tiempo, ya porque ambos tienen que salir a trabajar, ya porque, en el caso de parejas adolescentes o muy jóvenes, tienen la posibilidad de terminar sus estudios mientras las abuelas cuidan de los nietos, en ocasiones se plantea este apoyo de las abuelas como algo "momentáneo", aunque por lo general dichas familias se van habituando a tal estilo de vida, considerándolo como algo normal. El siguiente comentario realizado por una de estas abuelas ejemplifica dicha situación: "[…] cuando mi hija se embarazó, le dije que siguiera estudiando y que yo la iba a apoyar, que iba a planchar, a cocinar, a cuidar a mi nieta […] mi hija trabaja todo el día; ella dice que está muy a gusto con el trabajo y yo le digo que siga, porque yo soy quien le cuida a su hija y le tiene todo en orden para que salga adelante".

Los padres tienen una sensación de tranquilidad al saber que es la abuela la que está a cargo, debido a la idea generalizada de que nadie puede cuidar a los hijos mejor que la familia; esto permite entender el hecho de que tanto las abuelas como los padres elijan que los niños se queden bajo el cuidado de ellas, a pesar de que exista la posibilidad de elegir otras opciones, como guarderías o centros de desarrollo infantil. Sin embargo, esto enfrenta a los padres –como ya se ha mencionado– con el dilema de la posibilidad de perder la figura de autoridad con sus propios hijos, propiciando el surgimiento de pensamientos contradictorios, ya que por un lado están de acuerdo en este cuidado proporcionado por las abuelas, pero por otra parte se cuestionan acerca de la posibilidad de perder su rol de autoridad ante sus hijos. El comentario realizado por una madre soltera permite identificar esta situación: "[…] yo tengo la confianza de que mis hijos están en buenas manos, [pues] es mi mamá y sabe qué hacer; pienso que es mejor que los cuide alguien de la familia, siento más tranquilidad, aunque también me preocupa que mis hijos me han dejado de obedecer, sólo la obedecen a ella".

Esto puede provocar conflictos entre los padres y las abuelas, ya que cualquier problema que presenten los niños puede considerarse como producto de la falta de cuidado paterno o materno. Este sentimiento de culpa se aprecia en el siguiente testimonio realizado por una de estas madres: "[...] he llegado a creer que todo estaría bien si estuvieran conmigo; mis hijos están rebeldes y berrinchudos; siento que es normal porque no están conmigo, están con su abuela, y su papá no se hace cargo de ellos". En ocasiones, los padres llegan a discutir por la participación de las abuelas en la educación de sus hijos, por la forma en que se establecen las normas al respecto, etcétera. Esto lleva a los padres a buscar la manera de equilibrar la autoridad sin que ello sea visto como un "ataque" a las abuelas cuidadoras –causándoles resentimientos o molestias– y/o sin que los niños se sientan confundidos ante un cambio de las reglas y las interacciones familiares.

La complejidad –generacional, ideológica, religiosa, etc.– que presentan estas familias las conduce a enfrentar diversas problemáticas vinculadas con la interrelación de sus integrantes. Al cohabitar el padre y/o la madre, sus hijos y las abuelas de éstos se propicia la formación de alianzas[4] o coaliciones[5] entre dos miembros de distintas generaciones, lo cual ocasiona conflictos con los integrantes que quedan excluidos de estas uniones. En algunas ocasiones, uno de los miembros de la pareja entra en conflicto de lealtades porque o bien respeta la autoridad de la abuela reconociendo que es ella quien cuida a su hijo, o bien se alía con su pareja haciéndola más participativa. También se puede formar una coalición entre la abuela y el nieto en contra de la madre o el padre, porque ella consiente, cuida y protege y los padres no hacen esta labor; se genera entonces competencia para definir quién ejerce la autoridad frente al niño, así como discrepancias respecto de la forma de criarlo.

De manera general puede afirmarse que el cambio al que se enfrenta esta generación de padres es el de la creación de un rol parental claro frente a los hijos y, al mismo tiempo, el logro de acuerdos con la familia ex-

---

4 Alianza: unión de dos miembros de la familia para obtener un beneficio o proveer un soporte emocional o físico.

5 Coalición: dos personas de diferente generación que tienen una relación de unidad en contra de un tercero.

tensa –en la que se incluye a las abuelas– con respecto al cuidado de los niños.

Acciones que conviene considerar en la asesoría psicológica

Respecto de la generación de los padres, la labor del psicólogo consiste en:

- Delimitar las tareas que corresponden a los padres y a las abuelas respecto de los niños.
- Buscar que la posición de poder se distribuya de manera equitativa entre los padres y las abuelas.
- Fomentar acuerdos entre padres y abuelas respecto de las labores del hogar y de la educación y cuidado de los menores.
- Explorar vías de discusión alternativas entre ambas generaciones para posibilitar una comunicación permanente con respecto al cuidado de los niños.

La generación de los nietos

Al quedar al cuidado de sus abuelas, los niños de familias trigeneracionales presentan una diversidad de comportamientos. En algunos casos los nietos sienten el apoyo y amor de sus abuelas y desarrollan hacia éstas una relación de apego mucho más fuerte que con sus propios padres. En estos casos, las abuelas consideran a sus nietos como sus hijos, y éstos consideran a las abuelas como sus madres debido a la poca interacción que llegan a tener con sus padres. A este respecto, una abuela comentaba lo siguiente: "[…] mi hijo, perdón, mi nieto, bueno, le digo 'mi hijo' porque yo soy quien está con él todo el tiempo; su mamá nos visita sólo los fines de semana porque no puede salirse de su trabajo". En otros casos en que no se ha logrado establecer una buena comunicación y acuerdos entre los padres y las abuelas, los niños llegan a manifestar conductas problemáticas, como desobedecer a la abuela y renegar de ella mientras que con su madre se comportan de modo distinto, o comportarse bien con las abuelas o con sus padres de conformidad con sus intereses. Además, puede existir cierta confusión acerca de a quién hay que obedecer –a sus padres o a sus abuelas–, situación que no siempre resulta clara cuando están todos presentes.

En cualquiera de los casos, generalmente los niños muestran la necesidad de demandar tiempo y atención a sus progenitores, pero, debido a la ausencia de éstos, se genera un desplazamiento de los vínculos afectivos y entonces prefieren a la abuela por encima de papá o mamá. En ocasiones, los niños manifiestan sentirse tristes porque necesitan de sus padres, especialmente de su madre, a quien generalmente atribuyen el deber de cuidarlos y ayudarlos en sus tareas. En estos casos, los padres también manifiestan no sentirse bien por no pasar más tiempo con sus hijos y por perderse en ocasiones eventos importantes de éstos en la escuela debido a sus ocupaciones. Los niños quieren a sus padres por ser sus progenitores, pero también quieren a la abuela por ser la persona que los cuida y protege cuando papá y mamá están ausentes. Cuando tienen que obedecer, los afectos que sienten por ambas autoridades no son fáciles de resolver.

Cuadro 6.1. Principales problemáticas que enfrenta cada uno de los sistemas familiares trigeneracionales
a. Generación de las abuelas: • Adaptarse a diferentes formas de disciplinar y educar. • Lograr el reconocimiento familiar de su derecho a opinar respecto del cuidado de los niños, ya que ellas los cuidan la mayor parte del tiempo. • Dedicar tiempo a sus propias necesidades. • Responsabilizar a los padres de la educación de sus hijos y de las labores del hogar. • Lograr equidad en los cuidados y disciplina de los niños entre la abuela y los padres.
b. Generación de los padres: • Ejercer su autoridad frente a sus hijos cuando está la abuela o icluso en su ausencia. • Enfrentar el reclamo de los hijos por el poco o nulo tiempo dedicado a ellos. • Afrontar la posible preferencia de los hijos por uno de los padres. • Propiciar que la abuela deje de ejercer su autoridad mientras ellos están con sus hijos.
c. Generación de los nietos: • Adaptarse a diferentes estilos de autoridad y crianza. • Adaptarse a no convivir un tiempo con sus padres. • Aprender a distinguir que los padres y las abuelas tienen diferentes funciones y estilos de autoridad, los cuales deben ser respetados de la misma manera.

Acciones que conviene tomar en cuenta en la asesoría psicológica

Con respecto a la asesoría psicológica con la generación de los nietos, se sugiere que el psicólogo realice alguna de las siguientes recomendaciones:

- Buscar formas de convivencia entre padres e hijos.
- Identificar la idea que el menor tiene de su familia para presentarle

una perspectiva diferente en la que se incluya a ambas generaciones –la de sus padres y la de sus abuelos– como parte de su educación y disciplina.
- Buscar con el (los) niño(s) los aspectos positivos de cada una de las personas que están a su cuidado y ponerlos de relieve.

Reflexiones finales

Como se pudo apreciar a lo largo del presente capítulo, las abuelas constituyen un elemento importante en la configuración de las familias trigeneracionales, ya que son ellas quienes toman la responsabilidad de cuidar a sus nietos y, con ello, apoyar a sus hijos. Esto las lleva a enfrentarse a una generación con ideas y normas de conducta distintas de las que rigieron sus vidas, además de que, en ocasiones, dicha responsabilidad se convierte en una sobrecarga que las obliga a descuidar sus propias necesidades personales. Debido a esto, es importante que cada uno de los integrantes del sistema familiar reflexione acerca de estas problemáticas, con el fin de evitar que alguno de ellos sea afectado por esta forma de interacción familiar.

Cuando las abuelas adquieren más autoridad y jerarquía en el seno de estas familias, pueden formar alianzas con los demás miembros del sistema –ya sea con su propio(a) hijo(a) o, incluso, con sus nietos– para compartir la responsabilidad, aun cuando esto signifique desplazar al otro cónyuge o a ambos padres. Sin embargo, lo importante es establecer claras vías de comunicación que permitan lograr acuerdos entre ambas partes para saber en qué momentos la abuela puede o no decidir, e incluso opinar, acerca de todo lo relacionado con los niños y qué decisiones corresponden sólo a los padres. La pareja de jóvenes padres asume que su presencia es importante para los hijos; sin embargo, el tiempo que destinan al trabajo o al estudio les impide llevar a cabo dicha tarea, pues representa para ellos la posibilidad de proporcionarles un bienestar económico inmediato que sería imposible si ambos padres no trabajaran. Los niños, por lo tanto, crecen con dos tipos de autoridad que les causan confusión respecto de a quién hay que obedecer, pero al mismo tiempo representa la posibilidad de adaptarse a dos formas de educación y disciplina.

Un aspecto que es importante reconocer es la notable fortaleza que demuestra la mujer para dirigir una familia. Las abuelas, viudas, separadas o divorciadas, reconocen el esfuerzo que implica educar, proteger, cuidar y mantener a una familia; aun cuando esto implique muchos sacrificios, reciben su recompensa cuando ven que sus hijos salen adelante ya sea en el trabajo o en el estudio. Esta fortaleza las lleva a promover entre sus hijas la idea de que siendo madres solteras o casadas tienen la capacidad de mantener una familia.

Finalmente, es importante reconocer la capacidad de flexibilidad y tolerancia que puede generarse entre los padres y las abuelas de estas familias, por la necesidad de llegar a acuerdos que sean benéficos para ambos con respecto al cuidado de los nietos. Esto se facilita en la medida en que ambas partes puedan formar alianzas para llegar a lograr acuerdos sobre la educación y disciplina de los menores, sin que se excluya a ninguno de los miembros del sistema familiar.

Conversación

Claudia Juárez, Marino Aparicio, Francisco Javier Robles

MARINO: *Este capítulo me resultó de gran interés debido a que en mi historia personal he visto muchas familias que tienen esa conformación trigeneracional en la que las abuelas cumplen un rol importante, incluyendo a mi propia familia de origen, cuando yo era niño, por lo que quiero empezar agradeciéndote por la oportunidad de rememorar dicha etapa. Asimismo, te comento que he visto familias extensas en las que no sólo la abuela, sino tíos, primos o incluso hermanos mayores cumplen con la función de cuidadores de los niños pequeños cuyos padres están fuera de casa. Percibo que muchas familias mexicanas tienen y han tenido en las abuelas, durante muchas generaciones, una de las redes más importantes para el cuidado de los niños. Entiendo que en el capítulo se puso énfasis en aquellas familias en las que existen problemas cuando el rol de la abuela crea confusión de las funciones que los miembros de cada generación deben cumplir o cuando los problemas destacan más que los beneficios en este tipo de relaciones, pero que no en todas las familias esto tiene que llegar a ser problemático. Con el ánimo de enfatizar este punto, me gustaría preguntarte: en las familias mexicanas ¿es generalmente un conflicto el rol que ejercen las abuelas?, ¿resaltan más los conflictos que los beneficios en el desempeño de su papel?*

CLAUDIA: En las familias mexicanas las abuelas siempre han estado presentes como figuras de mucha fuerza y experiencia y por el vínculo afectivo que puedan generar con sus hijos. Considero que el rol que ejercen en el cuidado y la educación de sus nietos no causa conflicto si saben hasta dónde pueden hacer uso de su autoridad por el bien del niño, esto es, qué les corresponde a ellas y qué les corresponde a los padres. En ocasiones, las abuelas tienen claro cuáles son los temas que pueden generar problemas con sus hijos(as) y prefieren reservarse el derecho de hacer algún comentario para no agravar la situación, aunque a veces esto es imposible.

Los beneficios y conflictos relacionados con su rol de abuelas cuidadoras se presentan en la misma proporción; no creo que una parte tenga mayor carga que la otra mientras exista el diálogo para llegar a un acuerdo. Por ejemplo, si la abuela necesita tiempo para sí misma y tiene que cuidar a sus nietos, buscará la forma de comunicárselo a los papás para que resuelvan la situación; sin embargo, cuando se ha postergado esta necesidad durante demasiado tiempo, las emociones y sentimientos se acumulan generando un conflicto entre ambas partes, padres y abuelas.

MARINO: *Una de las sugerencias que propones para que las abuelas afronten los dilemas que se les presentan al cuidar de los nietos es que eviten asumir de manera permanente funciones que no les correspondería realizar, dedicando más tiempo a satisfacer las necesidades propias de su etapa de vida. Esta sugerencia me agrada porque implícitamente se están marcando límites en sus funciones; y te preguntaría, ¿qué hacer con las abuelas que han dedicado el primer lugar al hogar y al cuidado de los hijos, y cuyo principal interés radica en ellos?; ¿cómo proceder cuando para ellas lo más importante o lo único importante es precisamente cumplir con su rol de abuelas?*

CLAUDIA: En este tipo de situaciones me parece importante que los terapeutas logremos identificar lo que está generando conflictos a las abuelas, porque, como mencionas, para algunas de ellas hacer las labores del hogar, trabajar y cuidar a los nietos se convierte en parte de su vida, de su rutina diaria. Esta situación conlleva que, en muchos de estos casos, se busque asesoría psicológica para educar mejor a los nietos. Sin embargo, esta situación no es necesariamente incompatible con el deseo de delegar la responsabilidad de sus nietos en los padres porque ella no puede dedicarles tiempo. Para ilustrar esto, quisiera compartir contigo la siguiente experiencia: una de las abuelas con las que trabajé estaba sobrecargada, no sólo en su rol de cuidadora sino también en las labores y gastos del hogar; a pesar de ello, ése no era para ella el mayor conflicto, ya que, mencionaba, "tenía muy claro que ésa fue una labor que ella decidió asumir". En este caso, no disponer de tiempo para sí misma era lo que le generaba un mayor problema.

En conclusión, cuando para las abuelas el rol de cuidadoras es lo más importante, es necesario que en el espacio terapéutico se comenten también los costos y beneficios de dicha labor cuando ésta rebasa sus propias capacidades, debido a que, con todo y que tienen la experiencia de la maternidad, se enfrentan a una generación de niños distinta de la que ellas educaron. Es importante que las familias conozcan hasta qué límites puede llegar la labor de las abuelas –de tal manera que siga siendo una actividad satisfactoria y no perjudicial para ellas–, con qué redes de apoyo cuentan para enfrentar alguna dificultad, y cuáles son sus estrategias particulares de comunicación para discutir los posibles conflictos que se presenten.

FRANCISCO JAVIER: *El tema que abordas en este capítulo me parece trascendente en sociedades como la mexicana donde es común encontrarse con familias trigeneracionales, a diferencia de otros países, como Estados Unidos, en los que son menos frecuentes estas configuraciones familiares. Me parece que en las próximas décadas van a ocurrir transformaciones importantes de los roles de las abuelas en estas familias debido a múltiples factores sociales; por ejemplo, el crecimiento del índice de mujeres que ingresan al ámbito laboral impediría que las abuelas que se encuentren en esta condición pudieran brindar este apoyo de cuidado a sus nietos; o la postergación de la edad en que se tiene a los hijos, lo que a su vez provoca que existan abuelas de edad avanzada que son más susceptibles de padecer enfermedades físicas, situación que les impediría proporcionar cuidados a los nietos. Éstos son sólo algunos elementos que nos indican situaciones que pueden aparecer en el futuro próximo; sin embargo, en el presente ya están empezando a darse transformaciones en estas familias; una de ellas es la crítica relativa al hecho de asumir de manera rígida los roles de género tradicionales, que en el caso de las abuelas se ve reflejado en el cuestionamiento de "tener" que cuidar a sus nietos por una "obligación" social.*

Al igual que a Marino, me agrada que menciones la importancia de que estas abuelas retomen actividades importantes para su etapa de vida; en este sentido, me gustaría que comentaras acerca de la forma de abordar las probables problemáticas que pueden presentarse en estas mujeres por "abandonar" su rol de custodias –por ejemplo, sentirse culpables por dejar de apoyar a su familia o por creer que nadie va a cuidar a sus nietos como ellas– y que pudieras compartir con nosotros algún ejemplo en el que apreciemos esta problemática y las alternativas para la solución de la misma.

CLAUDIA: Creo que un primer acercamiento para abordar este tipo de problemática es analizar la etapa de vida en que se encuentran las personas y saber cuáles son sus prioridades en ese momento. Por ejemplo, una abuela que trabaja y dedica la mayor parte del tiempo a esta actividad puede reconocer que, a pesar de que no dispone de tiempo para estar con sus nietos, puede gozar de otro tipo de actividades y beneficios que habrá de compartir con ellos –salir a pasear los fines de semana, ir al cine o a algún espectáculo infantil, etcétera. Además, es importante reflexionar acerca de la relevancia que para ella tiene realizarse en el ámbito laboral o profesional, cosa que quizás en otro momento no podría conseguir, así como hacerle patentes los costos y beneficios de dicha elección. Por otro lado, cuando la abuela se enfrenta a una enfermedad física que le impide realizar dichos cuidados, es útil identificar en qué situaciones puede estar con sus nietos –no necesariamente para cuidarlos– para no perder los vínculos de cercanía y afecto.

FRANCISCO JAVIER: *Retomando esta idea acerca de las funciones tradicionales que asumen los integrantes de las familias trigeneracionales, quiero comentarte que me sorprendió la "presencia invisible" que asumen los abuelos al no involucrarse en el cuidado de los nietos. A lo largo de tu capítulo mencionas la importancia de llegar a acuerdos entre los miembros de las diversas generaciones que constituyen estas familias, por lo que me gustaría preguntarte lo siguiente con respecto a los abuelos: ¿cuáles son los factores que propician la ausencia de su apoyo al resto de la familia?, y, en este mismo sentido, ¿cuáles serían los factores que propiciarían su participación?, y ¿de qué manera afecta a las abuelas el hecho de que asuman este rol?*

CLAUDIA: Un primer factor por el cual los abuelos no se involucran en el cuidado de los nietos es la forma tradicional que ha destinado a la mujer a asumir invariablemente las labores del cuidado y la educación de los hijos y a los hombres el rol de proveedores. Un segundo factor puede ser el hecho de que ellos se encuentren más desapegados emocionalmente de los hijos, debido a que la mayor parte del tiempo se han dedicado al trabajo –lo que ocasiona que no deseen volver a asumir el rol de padres de hijos pequeños– o que se encuentren jubilados –lo que origina que su principal necesidad radique en el descanso. Yo agregaría un tercer factor: el hecho de que las mujeres asumen este rol porque son ellas las que tienen más experiencia en esta labor, y si ellos colaboran, es también en el rol que normalmente asumen, que es el de proveedores.

Que el abuelo se involucre en el rol de cuidador tiene que ver con la estructuración de la familia y sus roles –quién cuida y quién provee. Si bien la situación económica ha generado que la mujer incursione en el ámbito laboral, esto no sólo se ha reflejado en las nuevas generaciones, porque cuando el hombre se ha jubilado y tiene un ingreso seguro, éste resulta ser insuficiente para el gasto familiar, por lo que la mujer, con una apertura sobre su realización profesional y personal, suele salir a trabajar para contribuir con la economía familiar; por lo tanto, el abuelo es una persona en la cual los hijos se apoyan para el cuidado de los nietos. Cuando ambos abuelos están presentes en el hogar y la mujer asume este rol, si ella quiere compartir o hacer partícipe a su pareja, es necesario conocer qué significados asigna el abuelo a esta labor y qué importancia otorga a su colaboración con la pareja, porque puede elegir entre participar o no hacerlo; de cualquier forma, siempre es necesario tener claro en qué podría participar y hasta dónde.

MARINO: *Finalmente, pese a los acuerdos y la comunicación que pueda establecer una familia, puede suceder que los papás tengan que hacer valer su decisión por encima de la opinión o el desacuerdo declarado de la abuela, pues, a final de cuentas, son los responsables directos del niño y tienen la patria potestad sobre éste. En este sentido, te preguntaría: ¿quién tendría que decidir cuestiones de crianza elementales como la hora de comer, el tipo de comida, la hora de dormir, las golosinas, los regalos, etc.?, y ¿qué hacer cuando abuela y padres, pese al diálogo, no llegan a un acuerdo en un aspecto particular de la crianza del niño y es la abuela quien tiene que poner en práctica la regla cuando los padres no están?*

CLAUDIA: Cuando se presentan estos conflictos entre los padres y la abuela, es útil hacer hincapié en los costos que va a tener para la familia esta falta de acuerdo y, de manera especial, para los niños, porque están creciendo con estilos de crianza y/o reglas de conducta contradictorios que provocan conflicto y confusión. Es común que los niños intenten sacar provecho de la falta de acuerdos porque saben qué cosas sí pueden hacer con la abuela –por ejemplo, ver televisión mientras comen– y qué cosas pueden hacer con sus padres. Como mencioné, es importante traer a cuento en el ámbito terapéutico los efectos negativos que ocasiona a las familias esta falta de acuerdo y generar líneas de acción para corregir esta situación –ya sea que se llegue a acuerdos que incorporen los puntos de vista de abuelas y padres o que se asuma de manera predominante sólo alguno de estos puntos de vista. Lo importante es que las abuelas, a pesar de tener perspectivas diferentes de las de los padres con respecto a la educación y la disciplina de los niños, puedan identificar en qué momento éstos rebasan los límites de la autoridad para saber qué hacer y no permitir la indisciplina.

Bibliografía

Andolfi, M., Angelo, P., Menghi, P. y Nicoló–Corigliano, A. (1989). *Detrás de la máscara familiar*. Buenos Aires.

Jiménez, L. (2003). Dando voz a los varones. Sexualidad, reproducción y paternidad de algunos mexicanos. México: UNAM-CRIM.

Haley, J. (1989). *Terapia no convencional*. Buenos Aires: Amorrortu.

Marteleto, J. y Noonan, M. (2001). Las abuelas como proveedoras de cuidado infantil en Brasil. En C. Gomes. *Procesos sociales, población y familia*. (pp. 377-394). México: Miguel Ángel Porrúa.

Minuchin, S. (1977). *Familias y terapia familiar*. Barcelona: Gedisa.

—— y Fishman, C. (1991). *Técnicas de terapia familiar*. México: Paidós.

Ochoa, I. (1995) *Enfoques en terapia familiar*. Barcelona: Herder.

Rage, E. (1997). *Ciclo vital de la pareja y la familia*. México: Plaza y Valdés.

Tuirán, R. (2001) Estructura familiar y trayectorias de vida en México. En C. Gomes. *Procesos sociales, población y familia*. (pp. 23-65). México: Miguel Ángel Porrúa.

CAPÍTULO 7

Superar las pérdidas tempranas en las familias

Francisco Javier Robles Ojeda

Papá dice (que mi hermano) se ha ido,
Mamá dice que está muerto,
Pero él estaba aquí ayer.
No estoy segura de lo que ellos han dicho.

Papá dice que él está ahora en el cielo,
Me pregunto dónde está eso.
Mamá dice que algún día todos estaremos allí,
Pero no estoy muy segura de eso.

ESCRITO DE UNA NIÑA DE 5 AÑOS (tras la muerte de su hermano; en Kübler-Ross, 1985, p. 88)

Introducción

Todo está errado para mí, te dan la vida y te la quitan.
¿Por qué es que tengo que dejar
la tierra, el cielo, el sol y el mar y el aire un día?
Todo está errado para mí, por qué acabar con mi persona.
¿Por qué me tengo que morir?;
¿quién es el que me hizo a mí tan mala broma?

JUAN GABRIEL (1999, pista 7)

La película Otoño en Nueva York *(Chen, 2000) relata la historia de Will Keane, un atractivo y rico empresario de 49 años que conoce a una chica de 22 llamada Charlotte Fielding, por la cual se ve atraído. Para Will, ésta sería una más en la larga serie de relaciones que acostumbra tener con mujeres sin llegar a comprometerse; sin embargo, su relación con Charlotte se desarrolla en circunstancias muy distintas de todas las anteriores. Hasta aquí, parecería que los antecedentes biográficos de Will y la diferencia de edades entre ambos personajes predestinaba ese vínculo a una duración efímera; el propio Will parece pensarlo así cuando advierte a Charlotte lo siguiente: "Lo que quiero decirte es que no tenemos futuro; te lo quiero decir desde el principio, para que no haya malentendidos"; y, sorprendentemente, ella le contesta: "Estoy enferma, nadie pensó que viviría tanto; quiero decírtelo desde el principio para que no haya malentendidos".*

Coincidentemente, en su juventud, Will había estado relacionado sentimentalmente con la madre de Charlotte, Katie, quien murió al dar a luz a aquélla. Will platica con la abuela de Charlotte, Dolly, y esta última comenta: "El tiempo acaba con todo, la mayoría de nosotros somos jóvenes, pero ¿por cuánto tiempo? Katie, ella siempre seguirá siendo joven".

En el transcurso de la película se muestra cómo la relación de Will y Charlotte se va solidificando, y también pueden identificarse características que enfrentan familias con un miembro que padece una enfermedad mortal: eludir o negarse a hablar de la enfermedad o de la muerte inminente, cuando los efectos de la enfermedad no son visibles y se evita hablar del futuro. Esto se aprecia en una escena en la que Will trata de expresar su temor y le comenta a Charlotte lo siguiente: "¡No puedo aceptarlo!, ¿no podemos hablar del hecho de que estás enferma?" A lo cual ella contesta, evitando tocar el tema: "¡Vamos, en este momento estoy aquí!" Y surgen entonces los esfuerzos de un familiar –en este caso de Will– para buscar alternativas ante la enfermedad, relacionándolas con el significado que se da a la muerte de acuerdo con las características de la persona ("Buscaré a alguien que pueda [curarla], no puedo perderla, no puede suceder, ella es muy joven"). Finalmente, a pesar de los múltiples esfuerzos de Will, la muerte de Charlotte es inevitable y aquél tiene que sufrir el dolor de esa "muerte anunciada", experiencia que, filmes aparte, muchas personas tienen que enfrentar cuando un ser querido fallece prematuramente.

La muerte es una situación por la que inevitablemente debe transitar cualquier persona; entonces, ¿por qué es un evento que nos impacta tan profundamente? Incluso si, como apreciamos en la trama de *Otoño en Nueva York*, sabemos de antemano el desenlace inminente, ¿por qué consideramos el enfrentamiento de una muerte en estas circunstancias como un reto actual para las familias? Hace todavía no mucho tiempo se podía identificar la muerte de personas jóvenes como un suceso más cotidiano debido al mayor índice de mortalidad por enfermedades infecciosas que provocaban una muerte rápida. Era habitual que la mayoría de las personas a una edad temprana tuviera la experiencia de muerte de algún familiar, amigo o ser querido. En este mismo sentido, es común encontrar que en las familias de nuestros abuelos o bisabuelos el número de hijos que engendraban era notablemente mayor que el que se registra en nuestras propias familias o en las de nuestros padres. Por ejemplo, al revisar en algunas clases los genogramas[1] de alumnos que en su mayoría tenían entre veinte y treinta años de edad, se podía encontrar comúnmente –más de lo que pudiera presuponerse por parte de muchos de nosotros– que sus abuelos habían tenido entre ocho y doce hermanos; a su vez, también era común constatar que varios de esos hermanos habían fallecido al nacer o a una edad temprana. Esto nos permite comprender que, en el pasado, la muerte de una persona en cualquier etapa de vida era un hecho considerado como cotidiano por la mayoría de las familias.

En las últimas décadas se han presentado asombrosos avances tecnológicos que han repercutido en el ser humano en el área de la salud. Tales avances han contribuido a la disminución del índice de mortalidad y al incremento de la esperanza de vida, ya que, por ejemplo, ésta "ascendía a 36 años en 1930, mientras que en la actualidad es de 75 años" (Tuirán, 2001, p. 32). En México, la esperanza de vida se encuentra en los 77 años para las mujeres y 72 años para los hombres. Uno de los principales cambios que coadyuvaron a este aumento de la esperanza de vida fueron los avances en la tecnología médica, que propiciaron mayor control de las enfermedades infecciosas y parasitarias, que en otras épocas solían ser mortales (Rolland, 2000). Sin embargo, a partir de la segunda mitad del siglo XX –de acuerdo con el Instituto Nacional de Estadística, Geografía e Informática (INEGI, 2006)– se ha presentado un aumento de muertes debido a los accidentes y la violencia, así como a enfermedades crónico-degenerativas, caracterizadas por tener que "convivir" con la enfermedad por un mayor periodo de tiempo. Estos avances incidieron en la forma en que se concebía a la muerte en edades tempranas y en la manera de enfrentar las enfermedades mortales. En una investigación realizada por León y colaboradores (2002) se destacan también los siguientes cambios: *a.* el proceso de muerte pasó de ser una vivencia en el ámbito familiar a ser experimentado fuera del hogar como algo extraño y desconocido; *b.* este proceso de muerte, del cual se hablaba abiertamente, ha cambiado hasta convertirse en una situación de la que no debe hablarse y que, en casos extremos, se llega a negar.

Estos cambios permiten comprender la situación paradójica en la que se encuentran las personas que experimentan la muerte de un ser querido por una enfermedad crónica o un evento trágico, como un accidente o una acción violenta: por una parte, las circunstancias de vida actuales ha-

---

[1] Un genograma es una representación gráfica que registra información sobre los miembros de por lo menos tres generaciones de una familia y de las relaciones que han mantenido y mantienen entre sí.

cen que construyamos lo que podría denominarse un guión "normal" acerca del ciclo de vida de las personas; por ejemplo, sería sensato pensar que las personas de mayor edad en la familia, como son los abuelos, bisabuelos y tatarabuelos, fueran los primeros en morir, antes de que la mayoría de nosotros nos aproximáramos a ese promedio de esperanza de vida de más de setenta años, ya que nuestra salud puede ser relativamente satisfactoria gracias a los avances médicos. Sin embargo, a pesar de estas circunstancias, el enfrentar la muerte después de una enfermedad o un evento trágico rompe con este guión del ciclo de vida, lo cual obliga a enfrentar la enfermedad de personas que "lógicamente" deberían gozar de un adecuado estado de salud o la muerte de miembros jóvenes de la familia, como los hijos, la pareja u otro familiar. Al igual que en muchas familias, en la película que ya describimos, Will conoce el inminente desenlace mortal de Charlotte y, pese a esto, no puede terminar de entender por qué morirá un ser querido: ¡tan joven que incluso podría ser su hija!

Cuadro 7.1. Ideas principales para comprender la aparición de pérdidas tempranas en las familias
• A principios del siglo XX existía un índice mayor de mortalidad, así como una menor esperanza de vida. • Las enfermedades más comunes eran las infecciosas y parasitarias, caracterizadas por una muerte rápida. • La muerte de personas en cualquier etapa de vida se consideraba un hecho común al que tenían que enfrentarse las familias. • En las últimas décadas ha descendido el índice de mortalidad y la esperanza de vida ha aumentado a más de setenta años. • Los avances en el área de la salud han disminuido la mortalidad a causa de enfermedades infecciosas y parasitarias. • En la actualidad ha aumentado la prevalencia de enfermedades crónico-degenerativas que provocan la muerte de personas en las diversas etapas de la vida. • Esto lleva a las familias al reto de afrontar la muerte de miembros jóvenes en una época en que se esperaría que la mayoría de las personas pudiera llegar a una edad avanzada. En otras palabras, se debe enfrentar la muerte en muchos casos en que ésta no se encuentra en el guión "normal" del desarrollo del ciclo de vida de las personas que fallecen.

El proceso de duelo

> Toda muerte es una separación. Es la separación definitiva, por la cual ya no estará físicamente esa persona tan importante para alguien, para nosotros mismos. Es por eso que duele, y ese dolor y pena que sentimos es más por uno mismo que por el fallecido. Nos duele lo que ya no podremos decirle, lo que ya no podremos hacer juntos, lo que ya no podremos contemplar juntos [...]

La palabra "duelo" proviene del latín *dolus,* que significa "dolor", y, de acuerdo con Bourgeois (en Macías y Parrado, 2005), se puede concebir como "la pérdida de un familiar y/o un ser querido con sus consecuencias psicoafectivas, sus manifestaciones exteriores y rituales y el proceso psicológico evolutivo consecutivo a la pérdida, que se denomina trabajo o elaboración del duelo". En el presente capítulo consideramos el duelo como el proceso por el que atraviesa cualquier persona ante cualquier pérdida, incluyendo la muerte de un ser querido. De igual manera, se considera pérdida temprana la que ocurre en circunstancias que contradicen las expectativas de vida de la familia; por ejemplo, la muerte de miembros de las generaciones más jóvenes –desde los abortos espontáneos hasta la muerte del padre o la madre en la adultez temprana– y los fallecimientos acontecidos en circunstancias violentas (accidentes, asesinatos, suicidios, etcétera).

El impacto que tiene en las personas la muerte de un ser querido ha ocasionado que varias disciplinas relacionadas con la salud se interesen por conocer las características del proceso por el que pasan estas personas, tanto en el momento de afrontar una enfermedad crónica como en el lapso posterior a la muerte. Independientemente de la perspectiva teórica que se utilice, gran parte de los investigadores concuerda en que hay una serie de factores alrededor de la pérdida que influyen en la intensidad del duelo, los cuales, de acuerdo con Belsky (1996) pueden agruparse de la siguiente manera:

a. Experiencias previas de pérdidas. Experiencias ocurridas a lo largo de la vida, en especial de pérdidas de personas significativas; enfermedades mentales previas, crisis vitales previas al duelo; tipo de relación con la persona fallecida (parentesco, intensidad y seguridad del vínculo, grado e intensidad de confianza, etcétera).
b. Tipo de muerte. Si existió oportunidad de preparación del duelo, si fue esperada o inesperada, causas principales (enfermedad, accidente, suicidio, homicidio, etc.), si hay necesidad de ocultar los sentimientos.
c. Factores concurrentes. Sexo, edad, personalidad, condición socioeconómica, nacionalidad, religión, factores culturales y familiares.
d. Factores posteriores a la pérdida. Tipo de apoyo social recibido, aspectos estresantes secundarios, aparición de oportunidades –sociales, familiares, laborales– confortables en la vida de quien ha sufrido la pérdida.

A continuación se revisan dos propuestas acerca de las etapas de duelo: la primera es el modelo de fases de Elizabeth Kübler-Ross[2] y la segunda se refiere a un modelo de fases que contempla la vivencia de toda la red familiar.

Modelo de fases del proceso de duelo

Elizabeth Kübler-Ross es indudablemente una de las principales investigadoras de temas relativos a las pérdidas, tanto de las personas que enfrentan una enfermedad crónico-degenerativa como de las que sufren la muerte misma. Ella empezó sus investigaciones acerca del proceso de duelo con enfermos de cáncer terminal, posteriormente se centró en la población infantil que enfrentaba una enfermedad mortal y, posteriormente, en los familiares de las personas que padecían dicha enfermedad. A partir de sus investigaciones, Kübler-Ross (1989) identificó cinco etapas en el proceso de duelo:[3] *a.* negación; *b.* ira o coraje; *c.* negociación con un ente superior; *d.* depresión o tristeza, y *e.* aceptación final. A continuación se describen las etapas propuestas por esta autora:

a. Fase de negación. Etapa que se caracteriza por un estado en el que aparentemente se niega la pérdida, ya por parte de la principal persona

---

2 El modelo presentado por Kübler-Ross sigue siendo el más representativo en relación con lo que ocurre en el aspecto emocional de las personas que viven un proceso de duelo. Sin embargo, las diferencias culturales, sociales e históricas influirán en la forma en que se exprese dicho duelo, incluso en un mismo contexto familiar, pues las diferencias individuales juegan un papel importante para el proceso del duelo. Se remite al lector a leer "El manejo de la pérdida y el duelo en familias con niños" (Kreuz, 2002), artículo donde se exponen de forma clara y breve las diferencias entre las fases de duelo en adultos, adolescentes y niños de diversas edades.

3 Es importante advertir al lector que éstas no deben concebirse como los puntos de una ruta por la que deben pasar obligatoriamente todas las personas –por ejemplo, algunas personas pueden no haber expresado nunca enojo por la muerte de un ser querido–, así como tampoco deben seguir necesariamente el orden en el que son mencionadas aquí –algunas personas pueden pasar primero por una etapa de tristeza y posteriormente por una de negación. Esto se debe tomar en cuenta en cualquier propuesta relacionada con el proceso de duelo, ya que en pasadas décadas muchas personas –incluidos algunos profesionales de la salud– pensaban que cualquier persona debía transitar por estas etapas y que no realizarlo de esta manera era señal inequívoca de algún desajuste emocional –más allá del impacto emocional "normal" del duelo.

que la sufre, ya por parte de las demás personas que están cerca de ella. Pensamientos como "no es posible que esto me suceda, no puede ser posible, no es cierto" son comunes en esta etapa.

b. *Fase de ira o coraje.* Esta etapa se caracteriza porque las personas que están viviendo la pérdida manifiestan enojo contra la vida o algún ser superior. Tal sentimiento puede presentarse mezclado con envidia por la condición de otras personas semejantes a ellas que no han tenido la pérdida que las aqueja; por ejemplo, las que gozan de buen estado de salud o que ningún familiar cercano ha muerto prematuramente. Algunos pensamientos comunes en esta etapa son: "¿Por qué yo?, ¡no es justo!, ¡no me lo merezco!, ¿por qué a los demás no les ha pasado lo mismo que a mí?" Es común que la ira también se dirija hacia uno mismo, dando por resultado un sentimiento de culpa: "¡Si hubiera podido estar más tiempo con él, tal vez todavía estaría vivo", o bien contra la persona fallecida: "No es justo que me hayas dejado en el momento en que éramos tan felices".

c. *Fase de negociación.* Es característico de esta etapa que las personas tengan el pensamiento utópico de poder evitar o retrasar la pérdida mediante un pacto con un ente superior –por ejemplo, Dios, la naturaleza o el destino–, para que éste se comporte de manera diferente. Un ejemplo del tipo de pensamientos que pueden presentarse en esta etapa son: "Si mi hija sana, prometo estar más tiempo con ella y quererla más; "si tan sólo me curara, aprovecharía mejor cada momento de mi vida"; "si pudiera volver a verla una vez más, haría cualquier cosa".

d. *Fase de depresión.* Sentimientos de tristeza y desolación caracterizan esta etapa. Es común que las personas tengan la necesidad de llorar y expresar su tristeza, ya sea de forma aislada o con alguna persona cercana.

e. *Fase de aceptación final.* En esta fase, las personas reconocen la pérdida y comprenden que es imposible repararla, a la vez que empiezan a tener sentimientos positivos de paz y alivio en sus vidas. Algunos ejemplos de la clase de pensamientos propios de esta etapa son: "Entiendo que estoy próximo a morir y tendré que replanear el tiempo que me queda"; "extraño a mi hijo muerto, pero comprendo que nada de lo que haga puede traerlo de nuevo a la vida, y que yo tengo una vida por delante".

Cuadro 7.2. Fases del proceso de duelo propuestas por Elizabeth Kübler-Ross
• Fase de negación: las personas no aceptan que estén viviendo una pérdida. • Fase de ira o coraje: se presentan sentimientos de ira, rencor o envidia hacia otras personas que no han sufrido la misma pérdida, hacia un ser superior, contra sí mismo –lo cual puede generar sentimientos de culpa– o hacia la persona fallecida. • Fase de negociación: se fantasea con la búsqueda de un acuerdo con un ente superior con el propósito de retrasar o restaurar la pérdida. • Fase de depresión: se viven sentimientos de tristeza y desolación por la pérdida. • Fase de aceptación final: se acepta y comprende la pérdida y se empieza a tener sentimientos de alivio.

Modelo de etapas del duelo familiar

> La situación habitual es que haya más de una persona que ha perdido al mismo alguien. Si eso es así, ¿por qué lo he de considerar como un fenómeno individual?[;] ¿por qué tengo que entendérmelas con uno/a?[;] ¿en base a que me puedo o me tengo que desatender de los otros?
>
> RICARDO RAMOS (2002, p. 17)

Con todo y que han pasado varias décadas desde que Kübler-Ross formulara su modelo de "fases", éste ha seguido siendo útil para trabajar con las personas que han sufrido una pérdida. Sin embargo, desde una perspectiva sistémica, que concibe a cualquier persona dentro de una red de relaciones, el principal cuestionamiento a esta propuesta sería que, en cada una de sus fases, la descripción de los sentimientos o conductas que propone son vistas desde una perspectiva exclusivamente individual, dejando de lado el contexto familiar-relacional de las personas que están sufriendo la pérdida; por ejemplo, la atención psicológica a una familia con una persona que sufre una enfermedad crónico-degenerativa se centra exclusivamente en ésta, sin indagar acerca de los roles y sentimientos que tienen los demás integrantes de la familia, o bien, después de un fallecimiento, se centra la atención en una sola persona, quien aparentemente es la más afectada, o se trata de forma aislada a diversas personas de esa red que están "sufriendo" la pérdida.

Aunque en menor medida, se han desarrollado aproximaciones acerca del proceso de duelo que incluyen a todo el sistema familiar. Pereira (2002) desarrolla un modelo de fases del duelo familiar que integra, a su vez, las propuestas de otros autores interesados en abordar el proceso de duelo desde una perspectiva relacional. Este autor identifica cuatro etapas en el duelo familiar: *a.* aceptación familiar de la pérdida, permitiendo y favoreciendo la expresión de la congoja de todos los miembros de la familia; *b.* reagrupamiento y encastillamiento de la familia para permitir la reorganización familiar: redistribución interna y de los roles familiares; *c.* reorganización de la relación con el medio externo, y *d.* reafirmación del sentimiento de pertenencia al nuevo sistema familiar que emerge del antiguo, y aceptación del comienzo de una nueva etapa familiar. Estas etapas están caracterizadas por las "tareas" o "retos" que tienen que enfrentar los integrantes de la familia a lo largo del proceso de duelo. A continuación se describe brevemente cada una de estas etapas:

a. Aceptación familiar de la pérdida, permitiendo y favoreciendo la expresión de la congoja de todos los miembros de la familia. Esta etapa debe de caracterizarse por la posibilidad de que cada uno de los miembros de la familia pueda expresar sus sentimientos con respecto a la pérdida. Se deben tener en cuenta las características específicas de cada uno de los integrantes de la familia y considerar que cada uno de ellos puede experimentar sentimientos diferentes; por ejemplo, la muerte de una hija puede causar al padre un excesivo sentimiento de culpa que, debido a su trabajo, no podía estar tan cerca de ella como hubiera querido, mientras que el hermano menor de la difunta sólo siente una leve tristeza por la poca relación emocional existente entre ellos. También se puede expresar un mismo sentimiento de diversas formas; por ejemplo, una madre puede expresar su tristeza dejando de realizar actividades que comúnmente hacía con su esposo fallecido, mientras que la hija de ambos lo expresa a través del llanto. El principal problema que hay que vencer en esta fase es el del aislamiento de los integrantes de la familia, ya que propicia la desconexión entre éstos.

b. Reagrupamiento y encastillamiento de la familia para permitir la reorganización familiar: redistribución interna y de los roles familiares. Esta etapa implica un periodo de protección y ajuste de la familia ante los cambios que ha provocado la pérdida. En este sentido, los investigadores de la dinámica familiar mencionan que cualquier etapa que implique modificaciones drásticas en la familia[4] debe ir acompañada de cambios en los roles que cumple cada uno de sus integrantes. Esto

---

[4] Por ejemplo, en los momentos de transición de cada una de las etapas del ciclo vital de la familia, al tener que realizar un cambio de residencia, ante crisis sociales, ante el ingreso de nuevos integrantes o, como en estos casos, ante la pérdida permanente de alguno de sus integrantes.

debe ser tomado en cuenta por la familia, ya que el principal problema es que estos roles no sean reorganizados adecuadamente; por ejemplo, una familia puede haber asignado a una de las mujeres el rol tradicional de cuidadora de los hijos y del hogar, y tras su temprana muerte, la única hija sobreviviente ha empezado a cubrir este rol, el cual es excesivamente complejo para ella.

c. *Reorganización de la relación con el medio externo.* Después de que se realizaron los ajustes internos de la etapa anterior, se propone también reorganizar la relación con las redes relacionales externas a la familia, propiciando canales de comunicación entre el sistema familiar y el relacional próximo. De alguna manera puede encontrarse un símil con la primera etapa, cuando se mencionaba que debía promoverse la expresión de los sentimientos de los miembros de la familia para evitar su aislamiento. En esta etapa, lo importante es que el sistema familiar completo encuentre vías de expresión con sus redes próximas para evitar que toda la familia se aísle de su medio.
d. *Reafirmación del sentimiento de pertenencia al nuevo sistema familiar que emerge del antiguo, y aceptación del comienzo de una nueva etapa familiar.* Esta fase se caracteriza por el funcionamiento óptimo de todos los cambios realizados en las etapas anteriores. En general se han podido expresar los sentimientos de cada uno de sus integrantes, evitando el aislamiento de los mismos, se han reorganizado los roles que cumplen en la familia, cubriendo los que realizaba la persona fallecida, y se ha recuperado la conexión con otros sistemas relacionales propios.

Pereira (2002) realiza la siguiente aclaración acerca de la percepción que se tiene de la reorganización total de la familia: "[...] esto no significa olvidarse del muerto, sino resituarle emocionalmente de manera adecuada. La figura del fallecido formará parte de la familia por siempre, pero debe dejar de tener influencia directa en el funcionamiento de ésta" (p. 14). Esto es importante, ya que en muchos casos se piensa que es una especie de traición aceptar completamente la pérdida de un ser querido o volver a realizar cosas agradables que se hacían en su compañía.

Cuadro 7.3. Fases del proceso de duelo familiar propuestas por Fernando Pereira
• Aceptación familiar de la pérdida y posibilidad de expresar la aflicción de todos los miembros de la familia. • Reagrupamiento de la familia para permitir la reorganización familiar: redistribución interna y de los roles familiares.

- Reorganización de la relación con el medio externo.
- Reafirmación del sentimiento de pertenencia al nuevo sistema familiar que emerge del antiguo, y aceptación del comienzo de una nueva etapa familiar.

Tareas de las familias durante el proceso de duelo y alternaivas sistémicas para su resolución

Las dos propuestas del proceso de duelo que se revisaron en el apartado anterior proporcionan un panorama general de las principales problemáticas y retos que enfrentan las personas que han sufrido una pérdida, tanto en lo individual como en lo familiar. A continuación se exponen algunas estrategias propuestas por diversos modelos de la terapia sistémica que han sido útiles para apoyar a las familias en su proceso de duelo.

Permitir a la persona que viva su proceso de duelo

Ricardo era un joven de 32 años que había sufrido la muerte de su novia en un accidente automovilístico tres meses antes. Comentaba que creía haber asimilado esta pérdida en su vida, pero el pasado fin de semana, en el cual la pareja habría cumplido tres años de noviazgo, se sintió triste, con ganas de llorar y sin deseos de salir de casa. Esto lo angustiaba pues pensaba que los meses anteriores ya había llorado lo suficiente y había podido hablar de su novia sin sentirse profundamente afectado. Otro hecho que aumentaba su preocupación eran los comentarios que le hacían su hermana y su madre para animarlo a que saliera con ellas fuera de casa ese fin de semana. En la consulta, ellas comentaron que les preocupaba que Ricardo presentara un retroceso en su proceso de duelo y cayera en una depresión severa.

En muchas familias se intenta dar apoyo a la persona que se ve más afectada por alguna pérdida, alentándola para que se aparte de sus sentimientos de tristeza y evite las conductas de aislamiento. Aunque estas intenciones son positivas, pueden conducir a resultados contraproducentes, como en el caso de Ricardo. En otras ocasiones es la propia persona la que se angustia y presiona a sí misma al pensar que ya debería haber superado el trágico suceso. Como se explicó anteriormente, los sentimientos que se presentan en las diversas etapas del duelo individual pueden manifestarse de forma diferente en cada uno de los integrantes de la familia; por ejemplo, una persona puede pasar por una fase de tranquilidad y después atravesar por una de tristeza o enojo. En otras ocasiones pueden existir circunstancias que provoquen el resurgimiento de los sentimientos de tristeza o dolor que ya habían sido superados. En una ocasión, una consultante me comentó que había sufrido una crisis de llanto tras haber asistido a un restaurante donde frecuentaba comer con su hija, fallecida seis meses antes. Otros eventos que sensibilizan a las personas, como en el caso de Ricardo, son las fechas que traen recuerdos importantes acerca de la persona fallecida: cumpleaños, aniversarios de matrimonio, noviazgo, del propio fallecimiento, navidades, etcétera.

Es importante que el sistema familiar permita que sus integrantes experimenten cada uno de estos sentimientos; asimismo, es deber del profesional que trabaje con estas familias informarles que tales sentimientos son comunes y que deben evitar ocultarlos para impedir el aislamiento de los miembros de la familia y la desconexión entre los mismos. Esto puede ser posible si se procura que cada integrante del sistema familiar tenga su propio espacio, tiempo y forma para vivir los sentimientos que han surgido tras la pérdida, pero también dejando bien claro que, en las situaciones en que alguno de ellos lo necesite, podrá contar con el apoyo de la familia. Con respecto a la relevancia de permitir que cada persona experimente el duelo, Bill O'Hanlon menciona lo siguiente: "[...] por mucho que desees que esta situación llegue a su fin o se solucione, no se terminará hasta que tenga que terminarse. Según un dicho zen, al río no se le puede empujar, fluye por sí solo. *El proceso de duelo* tiene su propio ritmo y tiempo" (2005a, p. 170). Por lo tanto, este autor sugiere respetar dicha área de experiencia, en la que incluye los sentimientos, pensamientos y fantasías de las personas. Para ello, propone al psicólogo los siguientes pasos:

1. *Reconocer.* Hacer que el consultante sepa que hemos tomado nota de sus experiencias y sus puntos de vista.
2. *Validar/apreciar.* Hacer que el consultante sepa que sus experiencias y sus puntos de vista son válidos y apreciados.
3. *Dar permiso.* Hacer que el consultante sepa que puede sentir, experimentar, pensar o actuar.
4. *Incluir.* Incorporar a la conversación cualesquiera inquietudes, experiencias, objeciones o barreras que el cliente muestre o exprese, sin que ello suponga un obstáculo en el camino hacia la solución (2001, pp. 210-211).

En el caso de Ricardo se reconocieron y validaron sus sentimientos, lo que implicó darle permiso para que sintiera de nuevo tristeza por el recuerdo de su novia. Esto permitió también que disminuyera la angustia de su familia ante una posible "recaída" de Ricardo. Otra estrategia que sirve para validar los sentimientos de los consultantes es la de compartir con ellos las experiencias de otras personas que han pasado por situaciones familiares o incluso experiencias próximas al propio psicólogo, lo que además promueve una sensación de comprensión de lo que la familia está experimentando. En una ocasión me visitó una mujer que había sufrido la pérdida de su hija y me comentaba acerca de la dificultad de expresar su dolor con palabras; yo le hablé de mi propia experiencia al haber vivido en carne propia el dolor de mi abuela ante la pérdida de su hija, y que el dolor y la ira contra la vida que la consultante sentía me era familiar por haber estado cerca de mi abuela en ese momento. Compartir esta vivencia permitió que mi consultante se sintiera comprendida y generó un ambiente de confianza por el que consintió expresarme los sentimientos de rabia que abrigaba hacia los médicos y hacia Dios, sin sentirse culpable por ello.

Reconexión entre los integrantes del sistema familiar

Ángel y Laura eran una pareja joven que había perdido a su primer hijo, cuando apenas tenía seis meses de vida; sin embargo, ésta no era la razón por la cual habían asistido a consulta, sino por la poca comunicación que habían tenido durante el último año y que había deteriorado su relación de pareja. Al transcurrir la primera sesión era claro que, tras la muerte de su hijo, ambos habían evitado expresar sus sentimientos, lo cual había ocasionado que la comunicación verbal entre ellos disminuyera día con día. En tal caso, se pidió a cada uno de ellos que trajera a la próxima sesión algún objeto que simbolizara algún sentimiento o pensamiento que no le hubiera expresado al otro. Laura llevó una foto de su hijo con ella y Ángel; su esposo llevó una cajita que contenía algunos objetos que habían pertenecido a su hijo. Al cuestionarlos acerca de su elección, Laura mencionó que añoraba la época previa al fallecimiento de su hijo, cuando se sentía apoyada por su esposo y podía compartir los momentos de alegría o tristeza, cosa que extrañaba tras la muerte de su hijo. Mientras comentaba esto, los ojos de Ángel se enrojecieron y comentó que había traído la cajita porque simbolizaba la preocupación que le causaba comentar con Laura cualquier situación relacionada con su hijo, por su propósito de evitarle la remembranza de su muerte y la consiguiente repetición de tan dolorosa vivencia. Después de esto, las vías de comunicación entre ellos fueron fortaleciéndose poco a poco.

Una de las principales problemáticas en las que quedan atrapadas muchas familias después de la muerte de un ser querido es el aislamiento, caracterizado por evitar la expresión de sentimientos de tristeza, dolor o ira acerca del ser querido. Como se comentó anteriormente, sobre todo en la primera etapa del proceso de duelo, es positivo que se permita a las personas tener un espacio íntimo donde puedan entrar en contacto con sus sentimientos acerca de la pérdida; sin embargo, en muchas ocasiones existe también una genuina necesidad de compartir estos sentimientos y pensamientos, los cuales quedan silenciados. Esta situación, en la que literalmente quedan bloqueadas las vías de comunicación entre los miembros de la familia, se puede volver permanente, dejándolos atrapados en su aislamiento con su caudal de sentimientos inexpresados.

El siguiente testimonio de una mujer de 43 años que había superado un cáncer permite apreciar la forma en que las personan se van quedando atrapados en ese torrente de emociones silenciosas:

> [...] mi vida transcurría solitaria y sombría porque vivía en el silencio: segura de que nadie soportaría escuchar todo lo que yo pensé y sentí luego de ese año de tratamiento [...] segura también de que necesitaba proteger a otra gente de lo que yo había experimentado; y sin lograr lo que quería las pocas veces en que traté de poner en palabras mi caos emocional y el terror de mi carne (en Penn, 2001, p. 35).

En este testimonio se puede apreciar el dolor que genera la prisión de silencio en la que se autoconfinan estas personas por creer que nadie puede comprender sus sentimientos o con el propósito de proteger a los demás integrantes de la familia en la creencia de que la expresión de tales sentimientos sería una "carga" intolerable para ellos. En cualquier caso, las vías de comunicación van desapareciendo, lo que lleva a un deterioro del sistema familiar; es como si existieran dos pérdidas, la de la persona fallecida y la de la antigua relación familiar. En este sentido, es importante mencionar que la ausencia de expresiones verbales no es sinónimo de inexistencia de comunicación. Ya lo mencionaban Watzlawick, Beavin y Jackson (1981) en su primer axioma acerca de la comunicación: "es imposible no comunicarse"; es decir, cualquier expresión verbal o no-verbal implica un mensaje –incluso la evasión de tales expresiones. Es importante que se utilice esta tendencia a evitar expresiones verbales y directas entre los integrantes de la familia para que reaparezcan de forma paulatina las vías de comunicación verbal. Con tal propósito se pueden implementar tareas en la familia que impliquen el uso de la comunicación no-verbal, como puede ser el uso de símbolos, de rituales o de textos.

El uso de símbolos es una poderosa herramienta para reconstruir las vías de comunicación que han desaparecido en la familia, ya que representan los sentimientos y pensamientos que han sido silenciados en ésta. Richard Whiting menciona que pueden incluirse como símbolos en el trabajo terapéutico "los objetos o palabras que representan la posibilidad de modificar creencias, relaciones o el significado de los acontecimientos" (2001, p. 114); sugiere además su selección por tres vías principales: *a.* por medio del discurso de la propia familia en la consulta psicológica; *b.* por sugerencia del propio psicólogo con base en las circunstancias específicas del duelo en la familia, o *c.* por elección propia de la familia en consulta –como en el caso de Ángel y Laura. Es importante que, en la consulta, estos símbolos funcionen como puentes entre los aspectos verbales y no-verbales con el fin de reconstruir las vías de comunicación familiares. Otra forma de usar los símbolos de forma más estructurada y sistemática es mediante el uso de rituales,[5] los cuales tienen como principales propósitos introducir nuevos significados en la experiencia de la pérdida, posibilitar la reconexión y estabilidad de los miembros de la familia –o de ésta con un grupo o una comunidad– en un espacio seguro donde puedan expresarse emociones fuertes, así como reincorporar aspectos positivos de la relación familiar que se hayan perdido (O'Hanlon, 2005a; Roberts, 1991). En el caso que nos ocupa, se pidió a Laura y Ángel que cada mes conmemoraran el día del nacimiento de su hijo, dedicando media hora a platicar acerca de sentimientos, pensamientos o vivencias que desearan compartir entre ellos. Para la construcción de estos rituales se pueden

[5] Janine Roberts (2001) define los rituales terapéuticos de la siguiente manera: "[...] son actos simbólicos coevolutivos que incluyen no sólo los aspectos ceremoniales de la presentación real del ritual, sino también su proceso de preparación. Puede o no incluir palabras, pero contiene partes abiertas y cerradas que se 'mantienen' unidas por medio de una metáfora orientadora. La repetición puede formar parte de los rituales ya sea en el nivel de contenido, la forma o la ocasión. Puede haber espacio suficiente en los rituales terapéuticos para que los diversos miembros de la familia o los clínicos incorporen múltiples significados, así como también para una variedad de niveles de participación" (pp. 30-31).

aprovechar los mismos espacios de convivencia propios de las familias; por ejemplo, los fines de semana, cuando todos los integrantes de la familia están reunidos en la mesa. Para el uso de los rituales es importante que se identifiquen los aspectos que se han perdido en la familia –en este caso, la comunicación verbal–, las condiciones físicas y emocionales que permitan la reincorporación de estos aspectos de una forma segura para la familia –por ejemplo, elección de un lugar seguro de la casa, la sensación de privacidad– y de elementos simbólicos que permitan que esto se realice de forma cotidiana –en este caso, que se realizara cada mes en la fecha del nacimiento de su hijo.

Una tercera estrategia que posibilita la reconexión entre los integrantes de la familia es el uso de la escritura dialógica,[6] la cual permite incorporar perspectivas diferentes, o bien, como en estos casos, sentimientos o pensamientos que han sido silenciados. De acuerdo con Penn y Frankfurt, "en el acto de escribir, los significados que han sido ignorados o que han permanecido sin relatar son invitados al campo relacional por medio del texto" (2005, p. 90). Esta escritura dialógica –al igual que en el uso de rituales– implica una indagación previa, por parte del psicólogo, de los aspectos silenciados por la familia, de nuevas perspectivas acerca de lo que se quiere expresar, para luego pedir a la familia en un primer momento que lo exprese de manera escrita y posteriormente se comparta de manera verbal. En caso de no emerger significados que permitan la reconexión de la familia, se utilizarán estos textos, reflexionando acerca de las perspectivas o voces que han sido olvidadas. Más adelante se comentan otras aplicaciones de la escritura dialógica en el proceso de duelo y se describen algunos casos que ejemplifican la práctica de esta herramienta terapéutica.

---

[6] Es importante destacar este aspecto "dialógico" de la escritura. Tradicionalmente se asocia el uso de la escritura a situaciones de crisis con una función eminentemente catártica, cuyo propósito es exclusivamente "sacar" sentimientos que no han sido expresados. Esta función se presenta también en la escritura dialógica y puede llevar a una reconexión emocional, pero se limita a centrarse en una sola perspectiva y, en muchas ocasiones, a buscar beneficios de tipo individual. A consideración de Penn y Frankfurt, la escritura dialógica o los textos participantes –como ellas la llaman– se refiere a todos los "tipos de escritura en que los clientes hacen sonar voces alternativas" (p. 88) que posibilitan la evocación de "experiencias del *self* con otros; a través de recuerdos, de imágenes, sonidos de voces distantes y sentimientos que vuelven a despertar" (p. 90).

Búsqueda de un sentido de trascendencia a la pérdida

Eduardo era un muchacho que vivía sólo con su padre; ambos tenían una relación extraordinaria. El joven, que era el más bajo de la clase cuando comenzó la secundaria, insistía en participar en el equipo de fútbol americano del colegio. Su padre le explicaba claramente que "él no tenía que jugar si no lo deseaba en realidad", pero el joven amaba el fútbol y estaba decidido a dar lo mejor de sí. Cuando inició sus estudios en la Universidad, intentó ingresar al equipo. Todos estaban seguros de que no lo lograría, pero lo hizo. Cuando el entrenador le dio la noticia, corrió al teléfono más cercano y llamó a su padre, quien compartió con él la emoción. Eduardo enviaba entradas a su padre para que asistiera a cada uno de los partidos. Nunca faltó a una práctica ni a un juego durante los cuatro años de la Universidad, pero jamás recibió la oportunidad de participar en alguno. Era el final de la temporada y, justo antes de que comenzara el primer juego de las eliminatorias, el entrenador le entregó un telegrama; el joven lo tomó y luego de leerlo se quedó en silencio. Temblando, le dijo al entrenador: "Mi padre murió esta mañana". El entrenador lo abrazó y le dijo: "Toma el resto de la semana libre, hijo, y no se te ocurra venir el sábado".

Llegó el sábado, y el marcador no favorecía al equipo de Eduardo. En el tercer cuarto, cuando el equipo tenía diez puntos de desventaja, el joven entró al vestuario y calladamente se colocó el uniforme y corrió hacia donde estaba el entrenador y su equipo. "Entrenador, por favor, permítame jugar, yo tengo que jugar hoy", imploró el joven. Insistió tanto que finalmente el entrenador aceptó. Minutos después, el entrenador, el equipo y el público no podían creer lo que estaban viendo: el joven, que nunca había participado en un juego, estaba haciendo todo de manera brillante; en los segundos finales interceptó un pase y corrió a través de todo el campo hasta anotar el touchdown *del triunfo. Cuando todo terminó, el entrenador se le acercó y le dijo: "No puedo creerlo, ¡estuviste fantástico! Dime, ¿cómo lo lograste?" Eduardo miró al entrenador y le dijo: "Usted sabe que mi padre murió, pero ¿sabía que mi padre era ciego?" Luego hizo una pausa y, tratando de sonreír, dijo: "Mi padre asistió a todos mis juegos, pero hoy hubiera sido la primera vez que él me habría 'visto' jugar".*

Palabras más, palabras menos, esta historia puede encontrarse en un sinnúmero de páginas de Internet. La refiero aquí porque permite apreciar la importancia que en muchas ocasiones puede tener para una persona cambiar la percepción de un suceso o encontrarle un significado distinto, aunque sea el más traumático, como es la pérdida de un ser querido. En la tradición de la terapia sistémica es común que se busquen significados diferentes a estos eventos que son dolorosos para las personas; esta resignificación recibe el nombre de "reestructuración". Acerca de la reestructuración, Giorgio Nardone, uno de los principales representantes de la terapia breve estratégica, comenta lo siguiente:

> Con la reestructuración se intenta hacer que la persona piense las cosas de un modo diferente, que vea la realidad con otra luz, tomando en consideración factores antes no considerados porque no se habían percibido. Se vuelve a codificar la percepción de la realidad de una persona sin cambiar el significado de las cosas, pero cambiando su estructura. No se cambia el valor semántico de lo que la persona expresa, pero en la práctica se cambian los marcos dentro de los que se insertan tales significados. Y [...] cambiando el marco, se cambia de manera indirecta el significado (en Fiorenza y Nardone, 2004, p. 62).

Después de la pérdida temprana de un ser querido, en algunos de los integrantes de la familia se genera una ausencia de sentido de la vida,[7] que los lleva a una búsqueda incesante para darle sentido a esa muerte. En estas situaciones, generalmente aparecen pensamientos como los siguientes: "¿Por qué tuvo que morir?"; "¿por qué?, si era tan joven"; "¿por qué él (ella)?, si nos tenía a mí y a nuestros hijos". Todos estos cuestionamientos se centran en la pregunta ¿por qué?" en la que el significado está asociado con la necesidad de encontrar en el pasado alguna causa acerca de esa muerte. Por lo general, tales causas –si acaso se encuentran– poco sirven en el proceso de duelo. Un cuestionamiento que puede ayudar a la familia a encontrar un significado diferente y trascendente para la pérdida es centrarse en la pregunta: ¿para qué sirvió que él (ella) haya fallecido? A diferencia del "por qué", en el "para qué" se va a buscar un sentido de la pérdida en el presente o en el futuro, lo que además proporciona un sentido de trascendencia a la persona fallecida. No son pocos los ejemplos de personas que han encontrado este significado en el fallecimiento de sus seres queridos; por ejemplo, en la historia de Eduardo, él pudo haberse centrado en el pasado para buscar insistentemente una razón que le

---

7 De acuerdo con la intensidad de la relación, una persona que sufre una pérdida puede encontrarse ante una situación en que la historia pasada y futura de su vida ha desaparecido de un día para otro. Armendáriz (1999) menciona que en esta pérdida de significado de la vida intervienen dos situaciones: "[...] el sentimiento de pérdida de las cosas compartidas en el pasado y la renuencia a dejar ir las expectativas deseadas para el futuro" (p. 150).

proporcionara un sentido a la muerte de su padre; sin embargo, encontró este significado centrándose en el presente y encontrando un sentido a esta pérdida.

En el proceso de búsqueda de un "significado trascendente", el profesional de la psicología debe evitar transmitir la sensación de que se piensa que fue positivo que haya ocurrido esa pérdida en la familia. Es imprescindible que se establezca con claridad que se trata de un acontecimiento difícil, que implica una pérdida irreparable, para pasar posteriormente a reflexionar acerca de la búsqueda de una respuesta al cuestionamiento del "¿para qué?" Algunos temas que pueden ayudar a encontrar dicho significado son los siguientes: conversar acerca de los valores positivos de la persona fallecida, de actividades que le gustaba hacer, en especial las que se refieran a labores sociales, altruistas, voluntariados, etc., de vivencias que hubiera querido compartir la persona fallecida con otras que estuvieran en su misma situación.

El siguiente ejemplo ilustra el proceso de buscar un significado por medio de la pregunta "¿para qué?" Martha llegó a consulta después de haber sufrido el fallecimiento de su hija Susana, de treinta años, tras haber combatido una afección cancerosa durante año y medio. En las primeras sesiones de consulta, a través del relato de Martha pude apreciar la importancia que para su hija tenían valores como la amistad, la solidaridad y el altruismo. A partir de este relato empecé a cuestionarme acerca de lo que a Susana le hubiera gustado que quedara como aprendizaje de su muerte y de lo que tendría que pensar su madre para evitar que su fallecimiento no tuviera sentido alguno. Martha comentó acerca de la importancia de poner en práctica en su vida diaria los valores en que su hija creía firmemente. También comentó que otro sentido que daba a la muerte de su hija era el aprendizaje que tuvo acerca del dolor que siente un familiar cercano a un enfermo de cáncer, lo cual quería compartir con otras personas que estuvieran pasando por la misma situación, apoyándolas emocionalmente e, incluso, brindando algunos cuidados a su familiar enfermo. Esto fue para ella el principal sentido de trascendencia después de haber cuestionado: "¿para qué pudo haber servido la muerte de mi hija?"

Empezar ciclos en lugar de cerrarlos

El recuerdo más temprano que conservo de mi padre es que, siendo yo niño, me aferraba a su mano y él me guiaba al ir caminando juntos [...] después de su muerte ya nada me importaba. Seguí viviendo, pero, en realidad, sin ningún interés [...] un día estaba en el campo de juego de la escuela donde trabajo [...] un pequeñito llegó caminando hasta mí y me aferró la mano. Lo hizo exactamente como yo solía tomar la mano de mi padre cuando tenía la edad del niño: sujetando los dos últimos dedos [...] en ese instante mi padre volvió a mí [...] pude ver que aunque había muerto, me había dejado algo [...] su sonrisa [...] su compasión [...] su contacto. Mi propósito era usar esos dones como lo había hecho él. A partir de aquel día, volví a comenzar. ¡Siempre recordaré eso! (Krause, en Canfield y Hansen, 2001, p. 139).

Es común escuchar en diversos cursos o talleres de desarrollo humano acerca de la importancia de "cerrar ciclos", los cuales abarcan desde rupturas amorosas, cambios de trabajo o vecindario hasta la pérdida de la salud y la muerte de un ser querido (Stecca, 2004). Esta idea de cerrar ciclos genera en muchas familias un sentimiento de vacío y desolación por la obligación de tener que "decir adiós" totalmente al ser querido que ha fallecido, ya que ello, paradójicamente, las conduce a vivir una doble pérdida, no sólo la de la propia pérdida en sí, sino, además, otra de tipo existencial consistente en "enterrar" la conexión con la persona fallecida al concebir este suceso como una etapa de la historia familiar que debe quedar completamente clausurada. Debido a esto, diversos autores (O' Hanlon, 2005a; Stecca, 2004; White, 1994) piensan que superar el dolor ante la muerte de un ser querido no debe suponer cerrar este ciclo de vida "diciendo adiós" para siempre, como se pensaba tradicionalmente, sino que debe mantenerse la conexión emocional y espiritual con el familiar fallecido. En el relato que nos ofrece Tom Krause, nos presenta a una persona que posiblemente haya trabajado este proceso de "decir adiós" a su padre muerto; sin embargo, esto le provoca una especie de vacío existencial, el cual no supera hasta que vuelve a reconectarse emocionalmente con el recuerdo de su padre.

A partir de su trabajo terapéutico con personas que habían sufrido una pérdida, Michael White (1994) considera más útil crear un contexto donde se pueda incorporar la relación perdida; a este proceso lo denominó metafóricamente "decir hola" –en contraposición a la necesidad de decir adiós. Este proceso de "decir hola" parte de una conversación con las familias en la que se les invita a relatar todo aquello que su ser querido consideraba que eran aspectos positivos de sus personas; en sí, se trata de "revivir" la experiencia que el ser desaparecido tenía acerca de sus familiares. Estos recuerdos impactan positivamente en el aspecto emocional y conductual de las personas y les permiten recuperar el sentido de continuidad y significación de sus vidas, el cual había sido quebrantado al tener que cerrar este ciclo. Algunas preguntas que sugiere White (1994) para trabajar la metáfora de "decir hola" son las siguientes: "Si estuvieras viéndote a través de los ojos de tu hija fallecida, ¿qué aspectos de ti misma(o) advertirías que podría apreciar?" "Eso que te diría ¿cambiaría la forma en que te ves a ti misma(o) actualmente?" "¿Qué conoces de ti misma(o) que pudiera despertar las cosas agradables de esta relación?"

En el siguiente ejemplo se aprecian los efectos positivos de permitir la reconexión con un familiar querido que ha fallecido. Marisol era un ama de casa de 56 años que asistía a consulta debido a que tenía problemas de depresión. Durante el proceso de terapia sufrió el fallecimiento de su hermano mayor, con el que tenía una relación muy estrecha desde que ella era niña. Este fuerte sentimiento de unión provocó que se decidiera incorporar la relación en el contexto terapéutico:

Marisol: Los últimos cuatro años fueron de completa dedicación a mi hermano; él me buscaba, me decía ven a mi casa o su esposa me llamaba [...]

Javier: Esta oportunidad que tuvo de estar cerca de una persona muy querida, ¿qué significó para usted?

Marisol: Yo me siento muy bien, porque él siempre fue mi hermano preferido y el hecho de que la vida me haya dado la oportunidad de haberlo apoyado durante su enfermedad fue muy grato [...]

Javier: ¿Por qué era su hermano favorito?, ¿qué veía él en usted?

Marisol: Yo lo consideraba como un segundo padre porque era una persona muy íntegra, que sufrió mucho con sus hijos; él era médico y ayudó a mucha gente, ya [fuera] moral o económicamente, siempre lo vi como mi héroe, como la mejor de las personas, yo le admiré sus grandes cualidades.

Javier: De esas cualidades, ¿cuáles viven en usted?

Marisol: [...] él me dejó de enseñanza el hecho de ayudar a las personas y no esperar nada a cambio [...] muchas cosas que él me dijo, como apoyar a las personas que lo necesitan [...] eso es algo importante para mí; me acuerdo que a la edad de quince años, si yo me enfermaba, mi mamá le hablaba por teléfono a mi hermano, y él le decía: "Dale esto"; y a la primera cucharada yo le decía a mi mamá: "Ya me siento mejor". Desde esa época él siempre fue mi médico de cabecera.

Javier: ¿Cómo ha puesto en práctica estos valores de su hermano que viven en usted?

Marisol: Él me "sacaba" bien de mis enfermedades y ahora que estaba enfermo, el hecho de llevarle un jugo [...] un pan, una fruta o lo que [fuera], para mí era grato decirle a mi modo: "Gracias por haber estado siempre conmigo".

Javier: ¿Qué pensaría su hermano de estos sentimientos?, ¿tuvo la oportunidad de decírselo?

Marisol: Sí, le dije que lo quería mucho, que había sido una persona muy importante, y él me dijo que estaba correspondida, que yo era muy importante para él y que donde fuera que él estuviera, se iba a acordar de mí, y que si yo estaba bien, él iba a estar bien [...]

Javier: Esto que aprendió de su hermano, ¿usted se lo habrá enseñado también a su hija?

Marisol: Sí, ella es muy noble también; yo siento que es por lo mismo que ve en la casa, que tratamos de transmitirle estos valores positivos [...]

Javier: ¿Cómo se sentiría su hermano acerca de esto que aprendió de él?

Marisol: Estaría contento, porque a él nunca le gustaron las injusticias; él siempre estaba en desacuerdo que el más fuerte tratara de abusar del más débil [...] él está contento [...] cuando tuve la oportunidad de platicar con mi hermano acerca de las oportunidades que me había dado la vida de establecer relaciones, me felicitó: "Por haber abierto tu corazón y [...] perdonado a la gente que te ha hecho daño".

Javier: Este "abrir el corazón" y todo lo que usted provocó en los otros, ¿qué significó para usted?

Marisol: [...] un apoyo muy grande, porque [...] si algo sembré, lo estoy cosechando; eso, recibí un apoyo de muchas personas en su funeral. Algo que también me dio mucho gusto es que cuando yo llegué allí al velatorio y empezó a llegar la gente, la familia de la esposa de mi hermano y me empezaron a abrazar, me dijeron: "Nosotros sabemos que usted para su hermano era muy importante [...]"

Javier: ¿Qué habrá hecho usted para que [su hermano] la presentara con estas personas tan orgulloso?

Marisol: Creo que ser siempre honesta con la gente y que me aprecian por lo que yo soy.

Javier: ¿Quién es usted para ellas?

Marisol: He tratado de ser una persona alegre, honesta [...] estar con ellos en sus momentos difíciles, darles mi apoyo, mi mano, que sepan que cuentan ellos conmigo también.

Conclusión de asuntos pendientes

En el caso anterior, Marisol había tenido la oportunidad de estar cerca de su hermano durante la mayor parte de su enfermedad, lo cual representaba algo valioso para ella, ya que pudo proporcionarle el mejor apoyo posible. Desgraciadamente, este sentimiento no es el más común; al contrario, es habitual que, tras una pérdida, algunos de los familiares presenten un sentimiento de culpa, a veces debido a que piensan que no actuaron lo suficientemente bien para auxiliar a la persona fallecida ("pude haberla cuidado mejor"; "si hubiera estado más tiempo a su lado, no se hubiera incrementado su enfermedad"), o bien, porque dejaron algo inconcluso con la persona fallecida ("no pude decirle cuánto lo amaba"; "nunca supe si me perdonó que no estuviera siempre a su lado"; "no tuve la oportunidad de estar con ella en sus últimos momentos"). Todas estas circunstancias provocan la sensación de haber dejado una tarea incompleta o de tener un asunto pendiente con la persona fallecida; es como si se tuviera una novela a la cual le falta el último capítulo ¡y sin la posibilidad de poder completar la lectura! Precisamente, ésta es la tarea que hay que cumplir en estas situaciones: concluir la tarea inconclusa, construir el "capítulo perdido" en la vida de los familiares de la persona fallecida.

Una estrategia útil en estos casos es incorporar la metáfora del "decir hola" –descrita líneas arriba– mediante el uso de la escritura, desarrollando un diálogo entre la familia y la persona querida que ha fallecido. Con esta estrategia se pretende concluir aquellos asuntos pendientes o, dicho de otro modo, se posibilita literalmente escribir el capítulo perdido de esa novela inconclusa. Al llevar a cabo este proceso es importante indagar las características específicas de la relación familiar antes del momento de la pérdida; particularmente, de las circunstancias alrededor de los asuntos pendientes. Por ejemplo, preguntar quiénes estarían de acuerdo –y quiénes no– acerca de que uno o varios de los integrantes de la familia podían en realidad haber proporcionado mayor ayuda al difunto, qué piensan acerca de lo que pensaba al respecto la persona fallecida, y por qué pensaba de esta manera. Esta información es valiosa porque en ella surgen los indicadores de la forma en que se va a realizar el diálogo por medio de la escritura. En los casos en que algunos integrantes de la familia opinan que en realidad se proporcionó un apoyo adecuado al ser querido, o que en realidad se le demostraron sentimientos de amor y afecto, e incluso algunos piensan que la persona fallecida también así lo pensaba, se sugiere que se establezca el diálogo epistolar entre las personas que tienen esta sensación de culpa o de que dejaron algo inconcluso con el ser fallecido, y en el que habrán de incluirse las perspectivas indagadas con la familia.

El siguiente caso ejemplifica el uso de la escritura para promover la conclusión de asuntos pendientes. Martha –de quien ya se comentó que había sufrido la pérdida de su hija debido a una afección cancerosa– mantuvo contacto cercano con su hija en el transcurso de toda su enfermedad; los últimos meses, por cierto, fueron bastante agotadores para ella, ya que tuvo que repartir su tiempo entre el trabajo y el cuidado de su hija. Martha no pudo estar con su hija en el hospital al momento de su muerte, como se lo había prometido. Estas situaciones provocaron que Martha tuviera un sentimiento de culpa, pues pensaba que en esos últimos meses no apoyó suficientemente a su hija y se reprochaba no haber cumplido la promesa de estar con ella en sus últimos momentos. Durante las sesiones de terapia se le indicó a Martha que le escribiera a su hija una carta en la que expresara tales sentimientos y le dijera lo que no tuvo oportunidad de decirle antes de que falleciera; asimismo, que posteriormente escribiera la contestación que probablemente le hubiera dado su hija. Así inició un diálogo que incluyó tres cartas dirigidas por la madre a la hija, con sus respectivas respuestas. Ésta fue una de dichas cartas:

> Mi querida niña:
>
> Hoy vuelvo a escribirte, quiero decirte que me quedé con mucho sentimiento de culpa porque no estuve contigo en el momento de tu partida y tú me habías pedido que si tenías que partir, estuviera contigo tomando tu mano y en el momento de tu partida yo acababa de salir del hospital donde falleciste. Pero no quiero que pienses que estaba aburrida de cuidarte, pues jamás lo hubiera estado, solamente que estaba muy desesperada por no poderte quitar tu sufrimiento, tuve mucha impotencia al no poder hacer nada ante todo el dolor que invadía todo tu cuerpo. Mi vida, quiero que sepas que estaba dispuesta a dar mi propia vida con el fin de que tú sanaras, pero Dios ya no quiso dejarte conmigo [...] te quiero contar que siento un vacío muy fuerte porque cada día te extraño más, pero como tú me dijiste la vez anterior, tengo que aprender a vivir con mi dolor y con la esperanza [de] que algún día nos volvamos a encontrar, te amo y te extraño mucho.

Ésta fue una de las respuestas que escribió Martha en nombre de su hija:

> Mamá:
>
> Puedes estar tranquila con respecto a que me haya sentido alguna vez abandonada por ti o que haya sentido que te hayas fastidiado de cuidarme, ¿cómo lo puedes pensar? si siempre me diste lo mejor de ti, me diste todo tu amor de madre y tus cuidados a un cien por ciento. Cómo piensas, que yo, amándote como te amo, pueda sentir eso, en ese sentido, quiero que estés tranquila, fuiste, eres y serás siempre en mi corazón, mi tesoro más grande. Yo sé que algún día nos vamos a dar ese abrazo que ya no pudimos darnos y aunque aún no lo sientas, te sigo abrazando, besando y cuidando siempre. Te amo mucho y me da mucho gusto saber que empiezas a sentirte mejor, recuerda que siempre estaré contigo. Hasta pronto.

El diálogo anterior posibilitó que se transformara el significado que Martha le había asignado a la historia de la relación de su hija con la propia

Martha; es decir, ésta pudo comprender de manera distinta todo el apoyo que le brindó a su hija, lo que ésta pensaba acerca de dicho apoyo, y de los sentimientos que tenía acerca del vínculo madre-hija.

En algunas ocasiones existe consenso entre todos los integrantes de la familia con respecto a los sentimientos de culpa, a la sensación de que se pudo realizar algo diferente para evitar los asuntos pendientes con la persona fallecida o acerca de que la persona fallecida tenía algún sentimiento negativo hacia la familia. En estos casos debe reflexionarse en torno de las circunstancias que imposibilitaron a la familia para actuar en forma diferente o que ocasionaron la existencia de una mala relación familiar, con el propósito de introducir una percepción distinta y más benévola de esta situación. En los casos en que, a pesar de la indagación, no se posibilitara la introducción de una nueva perspectiva, se puede utilizar la escritura dialógica, pidiendo a los miembros de la familia que escriban una carta a su ser querido explicándole sus deseos de que la situación que precedió a su muerte hubiera sido diferente e, incluso, si lo creen conveniente, pidiéndole disculpas por no haber podido cambiar dicha situación. Después de esto se procedería a conversar con la familia en torno de la importancia que tienen para la persona fallecida estas circunstancias, pensamientos y sentimientos, los cuales le eran completamente desconocidos en vida, y, si es posible, escribir la respuesta que daría a la primera carta desde esta nueva perspectiva.

Reorganización del sistema familiar

Gabriela era una señora de 55 años que vivía con su esposo Carlos, de 60 años, y con Verónica, su única hija, de 32, quien era la "encargada" en la familia de realizar un sinnúmero de actividades: hacía los pagos de las tarjetas de crédito y de diversos servicios del hogar, acompañaba a su madre en el automóvil los fines de semana a la compra de víveres, además de desempeñarse como una "secretaria" eficaz mientras su madre trabajaba y recibía alguna visita o llamadas telefónicas. Después de la muerte de su hija, Gabriela se sentía inútil para afrontar muchas de las tareas que habitualmente efectuaba su hija. En las primeras semanas intentó realizar la mayoría de esas actividades, pero terminaba completamente exhausta. Esto se comentó en una de las sesiones de la terapia que Gabriela y su marido llevaban tras el fallecimiento de Verónica; el terapeuta los asesoró para que se distribuyeran las funciones que realizaba su hija, y así decidieron que Carlos se encargara de los pagos de las tarjetas de crédito y que se turnaran semanalmente para efectuar las compras de víveres, etcétera.

La historia de Gabriela y Carlos permite reconocer que el fallecimiento de un integrante de la familia no sólo implica enfrentarse a su ausencia física y emocional, sino también a la ausencia del rol y las funciones que desempeñaba dentro del sistema familiar. En algunos casos, estas funciones no son asumidas de forma equitativa por los demás miembros de la familia. Es común que compromisos sociales o culturales ocasionen que estas funciones se asuman sin reflexionar acerca del excesivo peso que pueden tener para algunos integrantes de la familia. Por ejemplo, ante la muerte de una madre, en muchas familias se asume que las demás mujeres deben cumplir con el rol de cuidadoras de los miembros jóvenes de la familia, así como con las actividades del hogar. En otras ocasiones, las funciones que desempeñaba el familiar fallecido no son asumidas por ningún integrante de la familia, e, incluso, puede pasarse por alto la necesidad de que este rol tenga que ser desempeñado por alguno de ellos. En el caso de Gabriela parecía insignificante la función que tenía Verónica de comunicar a su madre los recados telefónicos; sin embargo, al no asumir nadie esta función, empezaron a pasar por alto algunos avisos importantes en el edificio en el que vivían. Ambas situaciones –inequidad en las funciones asumidas tras la pérdida o la incapacidad del sistema familiar para asumirlas– llevan a la familia a un creciente deterioro de su funcionamiento. En estas situaciones es importante indagar en la estructura familiar –funciones, roles, estilos de interacción– existente antes de la pérdida familiar y en el momento actual, así como reflexionar acerca de las ventajas y desventajas que traerá a cada uno de los integrantes de la familia asumir o no las funciones que desempeñaba el difunto. En este proceso de reflexión deben buscarse alternativas que ayuden a minimizar los posibles obstáculos –como los sociales, físicos, culturales, mencionados anteriormente– que impiden asumir estas funciones. Es importante que en este proceso se evalúe el funcionamiento familiar tras la reorganización de las tareas, hasta que la familia alcance un funcionamiento óptimo.

Reconexión de la familia con sus redes de apoyo

Reyna era una mujer que había sufrido la muerte de su esposo en un accidente automovilístico hacía dos años. Después del fallecimiento, el mundo parecía detenerse y carecer de significado para ella. Mecánicamente sacaba a pasear a su perro, contestaba el teléfono o atendía a los amigos, que en un principio la visitaban con frecuencia. Recuerda vagamente haberle dado una propina a un mensajero que le entregó flores y agradecido la atención de los vecinos durante los días posteriores al funeral, aunque emocionalmente no estaba "en ese lugar con ellos". En esos primeros meses ella prefería estar sola y evitaba en lo posible el contacto con las demás personas. Después de casi un año empezó a sentirse mejor emocionalmente, deseaba buscar un trabajo de tiempo completo y volver a frecuentar a sus antiguos amigos; sin embargo, pensaba: "¿qué podría decirles?, nos sentaríamos y nos contemplaríamos. Tal vez rompería en sollozos y lágrimas y lo que menos deseo es incomodarlos. Estoy desesperada porque me siento sola, realmente en este año me aislé del mundo entero" (historia adaptada por el autor a partir del libro de Kübler-Ross, 1985).

Durante el proceso de duelo, las familias y las redes más próximas tienden a crear una especie de refugio protector ante tal experiencia. En ocasiones, algunas de las redes de apoyo extrafamiliares tienen la posibilidad de respaldar de manera cercana a la familia, sin embargo, es común encontrar familias que, como en la historia de Reyna, se han desconectado de sus redes sociales. En estos casos es importante que se establezcan vías de reconexión entre la familia y estas redes de las que se ha desconectado. De acuerdo con la intensidad de la relación se podrán plantear diversas estrategias de reconexión e incluso puede incorporarse algún amigo en las conversaciones terapéuticas. En este sentido, Harlene Anderson (1999) reflexiona lo siguiente acerca de la mala costumbre que tenemos los psicólogos de evitar la presencia de personas ajenas a la familia nuclear:

> ¿Por qué no aprovechamos este recurso? Quizá sea porque los hábitos que hemos desarrollado en la conducción de nuestras terapias, o las ideas profesionales sobre la confidencialidad y los límites, hacen que olvidemos o descartemos a los amigos de nuestros clientes. A mí, sin embargo, me parece natural incluir en las conversaciones terapéuticas a las personas significativas en la vida de nuestros clientes y que son recursos tanto para ellos como para mí (p. 128).

En aquellas ocasiones en que algún miembro de la familia se haya distanciado de personas con las que tenía un estrecho vínculo emocional, pueden retomarse las estrategias que se plantearon para la reconexión de los miembros de la familia, como el uso de símbolos, rituales y de la escritura dialógica. En el caso de Martha, ya comentado, ésta había dejado de frecuentar a amigos mutuos de ella y su hija, en especial a Mayté, la mejor amiga de su hija, con la que ésta tenía un vínculo emocional muy estrecho. Durante las sesiones se planteó la posibilidad de escribirle también a ella una carta, expresando su agradecimiento por el apoyo que había ofrecido tanto a su hija como a la misma Martha. Fue sorprendente para mí que no solamente hubiera escrito y compartido esta carta con Mayté, sino que además realizaran su propio ritual para honrar la memoria de la hija de Martha, ya que decidieron cenar en un restaurante al que solían ir las tres juntas. La cena fue liberadora para ambas y sirvió en su reconexión emocional. Durante un par de horas comentaron acerca de lo que había significado Susana en sus vidas, de lo doloroso que había sido para ellas el momento posterior a su muerte y la manera en que habían enfrentado este dolor. Finalmente decidieron brindar por la memoria de Susana con la bebida favorita de ella. Este relato invita a reflexionar acerca de la importancia de reconectarnos con nuestros amigos y sobre la dificultad que pueden tener ellos para reconectarse con nosotros. Tal vez piensen que no es adecuado hablarnos por teléfono o invitarnos a alguna reunión o viaje porque lo consideren inadecuado después de haber sufrido una pérdida importante. Es trascendente que quien ha sufrido este tipo de pérdida tenga en cuenta esto y también sirva de guía a sus amigos y amigas para que reflexionen acerca de lo que es agradable para ellos en su relación con nosotros y que pudo haberse perdido en algún momento; incluso es conveniente aclarar que si vuelven a aparecer episodios de tristeza, los amigos están ahí para ofrecernos su compañía.

Cuadro 7.3. Tareas que deben realizar las familias durante el proceso de duelo y alternativas sistémicas para su resolución
• *Permitir a la persona que viva su proceso de duelo.* Se recomienda reconocer, validar y dar permiso para que cada integrante de la familia experimente sus propios sentimientos, emociones. • *Reconexión entre los integrantes del sistema familiar.* Se propone el uso de símbolos, rituales familiares y de la escritura dialógica con el propósito de reconstruir vías de comunicación en las familias en que la comunicación se ha deteriorado. • *Buscando un sentido de trascendencia a la pérdida.* Reconociendo previamente el aspecto doloroso de la pérdida, se busca reflexionar acerca de la posibilidad de trascendencia de la persona fallecida a través de la pregunta "¿para qué habrá servido esta experiencia?" • *Empezar ciclos en lugar de cerrarlos.* Por medio de una conversación acerca de la relación con el ser fallecido, se propone reincorporar las vivencias positivas de dicha relación con el fin de posibilitar un sentido de continuidad en la vida de las personas. • *Concluir asuntos pendientes.* Mediante la escritura dialógica se intenta dar un significado a eventos que atormentan a las personas, los cuales implican una conciliación con la persona fallecida. • *Reorganización del sistema familiar.* Esta tarea implica que los integrantes de la familia

asuman –de forma equitativa y funcional– las tareas que realizaba la persona fallecida.
- *Reconexión del sistema familiar con sus redes de apoyo.* Se intenta reconstruir las vías de comunicación con las redes extrafamiliares por medio de estrategias verbales y no-verbales –símbolos, rituales, cartas.

Hay ocasiones en que se intenta restablecer la conexión con redes de apoyo con las cuales no existe un vínculo emocional estrecho, como pueden ser los compañeros de trabajo, de la escuela, profesores, vecinos, etcétera. Es importante aclarar con ellas la situación por la que atravesó la familia y que en este momento su estado emocional y/o físico ha cambiado y es su deseo reincorporarse o reconectarse con estas redes. Esto es importante en los casos en que se haya visto afectado seriamente el desempeño en actividades laborales, educativas o dentro de la comunidad. Recuerdo que cuando yo cursaba la preparatoria sufrí una pérdida familiar que afectó mi rendimiento escolar: gran parte de mis trabajos escolares eran deficientes, llegaba tarde a algunas clases y no dedicaba el tiempo acostumbrado al estudio. Esto ocasionó que mi imagen sufriera un deterioro ante algunos de mis maestros y compañeros con los que tenía que realizar tareas grupales aun después de haber superado esta etapa, por lo que decidí comentar con algunos de ellos la situación que viví, así como las acciones que ya estaba realizando para mejorar mi rendimiento en la escuela. Todo esto posibilitó el fortalecimiento de la relación que tenía con esta red escolar.

Reflexión final

A lo largo de este capítulo se ha querido compartir la perspectiva relacional del proceso de duelo, en la cual es importante que se incluya –física o emocionalmente– a los integrantes de la familia que tenían un vínculo importante con la persona fallecida e, incluso, ampliar nuestro concepto de familia a otras personas, como los amigos o las parejas sentimentales, que también pueden estar sufriendo por esa pérdida. Es labor del psicólogo, en esta perspectiva relacional, abarcar aspectos emocionales, cognitivos y conductuales que ayuden a la familia a manejar su proceso de duelo. Sin embargo, como se mencionó anteriormente, cada proceso de duelo tiene sus características específicas; cada familia, así como cada uno de sus integrantes, lo vivirá de manera diferente y solamente ellos –y no el psicólogo o terapeuta– serán los expertos acerca de sus sentimientos, pensamientos, expectativas y necesidades, por lo que el psicólogo, con sus conocimientos personales y profesionales, deberá apoyar a la familia reconociendo esta sabiduría familiar. Para finalizar el capítulo deseo compartir una reflexión que presenta Kübler-Ross, la cual fue escrita por una de las personas con las que trabajó después de la pérdida temprana de un ser querido:

> Te prestaré por un rato a uno de mis hijos, dijo Dios,
> para que lo ames cuando viva y lo llores cuando muera.
> Puede estar seis o siete semanas, o treinta años o tres,
> pero ¿querrías, hasta que yo lo llame, cuidarlo por mí?
>
> Te dará su encanto para alegrarte y su estancia podría ser breve,
> tú te quedarás con sus amorosos recuerdos como alivio para tu dolor.
> No puedo prometerte que él se quedará puesto que todo lo de la Tierra regresa,
> pero hay lecciones que aprender "ahí", que yo quiero que el niño aprenda.
>
> Y ahí, contigo en la Tierra, este hijo mío te presto.
> Ahora, ¿le darás todo tu amor, sin pensar que la labor es vana,
> ni odiarme a mí cuando yo lo llame para traerlo de regreso?
>
> (En Kübler-Ross, 1985, p. 180)

Conversación

Francisco Javier Robles, Marino Aparicio, Rocío Villanueva

MARINO: *La explicación que das al inicio del capítulo da cuenta de la forma en que la muerte –lo único de lo que puede estar segura una persona que le ocurrirá desde el momento en que nace– llega a ser un aspecto tan difícil de superar, pues se observa cómo las personas nos hacemos a la idea de un "guión natural" de la vida, acerca del cual incluso nos instruyen en la educación formal: los seres vivos nacen, crecen, se reproducen, envejecen y mueren. Y, más aún, existen culturas como la occidental, como la nuestra, en las que la muerte llega a ser un asunto difícil aun cuando se cumple ese guión, a diferencia de otras culturas en las que la vida y la muerte se asumen como parte de un ciclo continuo y complementario.*

La dificultad de asimilar la muerte o la pérdida de un ser querido, tal como lo mencionas, también ha traído dificultades para la expresión de sentimientos respecto de esa pérdida y, en este sentido, es importante la forma en que se permite expresar los sentimientos con base en los significados que tal expresión tenga para cada persona. Como bien explicas, algunas personas pueden sentir remordimientos por vivir experiencias de alegría o tranquilidad poco después de haber sufrido una pérdida o, por el contrario, creer que hay algo mal en ellos por sentir tristeza o llorar en alguna ocasión después de meses o años de haber vivido la pérdida y, por ello, pensar que no han podido "superarla". En este sentido, yo te preguntaría: ¿qué opinas de la idea de que al superar una pérdida se "resuelve" el problema y cómo afecta esto la expresión de sentimientos por parte de las personas?; ¿qué opinas de la utilidad que, para la expresión de sentimientos de las personas que han sufrido una pérdida, tienen las metáforas que designan dicha pérdida como una "herida siempre abierta" o "una cicatriz emocional"?

FRANCISCO JAVIER: La metáfora de las "heridas emocionales" me parece una herramienta sumamente útil cuando las personas enfrentan situaciones adversas, como la pérdida temprana de un ser querido. Esta metáfora permite que las personas comprendan, con un ejemplo "tangible", la situación por la que pasan, ya que, sin duda alguna, casi nadie cuestionaría que una persona herida mortalmente deba recibir atención especial, que es normal que sienta dolor, que cambie su rutina cotidiana mientras sana su herida y que, en ocasiones, debe recibir "chequeos" periódicos ante secuelas "normales". Para muchas personas, percibir de esta manera su dolor ante la muerte de un ser querido es tranquilizante, ya que logran comprender que los sentimientos que están viviendo son normales y que es necesario permitir recibir atención especializada para sanar la herida –ya mediante la ayuda de la familia y los amigos, ya expresando sus sentimientos a través del llanto, la ira, etcétera. En aquellas ocasiones en que he utilizado esta metáfora hago especial énfasis en el hecho de que las heridas son personales y, por lo tanto, únicas, que el tiempo y la forma en que sanarán serán únicos, lo que implica "echar mano" de las propias habilidades, recursos, redes, experiencias, etc., para construir una especie de "plan personalizado" junto a mi propia experiencia teórico-práctica (y personal) como terapeuta en las situaciones que expuse en el presente capítulo. Un punto final relacionado con las metáforas de las "heridas" y las "cicatrices". Quiero mencionar que yo no las uso como sinónimos, sino como dos imágenes distintas del proceso de duelo: de la "herida" ya hablé en el párrafo anterior; la "cicatriz" se refiere al momento en que la persona ha superado la fase más difícil del duelo. Cuando retomo esta imagen me gusta también destacar todo lo que implicó el proceso de "cicatrización", es decir, lo que tuvo que desarrollar la persona para sanar la herida y poder percibir esto como una experiencia de aprendizaje en la vida, además de recordar que, en ciertos momentos, es normal, e incluso hasta terapéutico, recordar intensamente lo que produjo la herida y volver a sentir por un momento los sentimientos de esa época –claro, sin olvidar todo lo aprendido.

MARINO: *Hace poco menos de un año asistí al funeral de un tío que murió tras padecer un cáncer muy doloroso. El ambiente se sentía muy "pesado", todos se encontraban tristes y cabizbajos. La familia de este tío se veía muy apesadumbrada (le sobrevivieron esposa y dos hijos adultos). En la familia extensa había confusión respecto del tipo de ceremonia religiosa que se oficiaría en su sepelio, pues su familia de origen era católica, mientras que él y su familia nuclear eran protestantes. Antes de morir declaró que quería una ceremonia protestante, y su último deseo fue cumplido. Llegaron al velatorio cinco "hermanos protestantes", y uno tras otro empezaron a hacer una oración pública en la que transitaron paulatinamente del dolor de la pérdida a la tranquilidad que les causaba imaginar que el hermano muerto sólo estaba dormido y en espera de su resurrección y que, por lo tanto, ya no sufría sino que estaba aun mejor que los ahí reunidos. Cada hermano alababa a Dios porque se había cumplido su voluntad y aun levantaban la voz para agradecer que ello hubiera sucedido. Tras escuchar a los pastores, los hijos de mi tío se veían con otro semblante, menos tristes, incluso podría decirse, más serenos y con otro sentido de la pérdida; con su cabeza asentían a lo que decían los hermanos y lucían más reconfortados con la idea de que su padre estuviera en paz. Comparto contigo esta experiencia como introducción para preguntarte: ¿cómo vislumbras la aportación de la religión durante el proceso de duelo, en tanto que implica el uso de rituales, metáforas, etc., que ayudan a la familia a superar las pérdidas?*

FRANCISCO JAVIER: En algunas ocasiones se han desestimado estos aspectos espirituales por considerárseles "no-científicos" y sin relación con el conocimiento "oficial" emanado de la psicología. La experiencia que mencionas permite apreciar la importancia que tiene en la vida de las personas el aspecto espiritual en las situaciones de pérdida. Es interesante observar que, en las últimas décadas, varios terapeutas (cf. Kübler-Ross, 1985; O'Hanlon, 2005b; Stecca, 2004) destacan la relevancia del área espiritual en el trabajo con sus pacientes. En la situación que nos cuentas pueden apreciarse varios aspectos que fueron comentados en el presente capítulo, entre los que destacaría la búsqueda del significado de trascendencia a la experiencia de la muerte y la importancia de las redes sociales para generar este significado de trascendencia. Sin duda, es importante que el psicólogo invierta tiempo en las sesiones para comprender el funcionamiento de los aspectos espirituales en las familias, que incluyen lo religioso, pero que no se limitan a este ámbito. En este sentido, el terapeuta Bill O'Hanlon menciona que la espiritualidad implica cualquier aspecto de la persona que la lleva a pensar "más allá de ella misma"; Por eso mismo, recomienda a las personas reflexionar sobre lo siguiente, para encontrar sus caminos propios hacia la espiritualidad: "[...] imagine cualquier cosa que vaya más allá de los límites de su visión cotidiana de la vida y le proporcione una sensación de conexión con algo que está más allá de su personalidad" (2003, p. 158). Algunos ejemplos de estos caminos hacia la espiritualidad pueden ser: conectarse con el interior de la persona –alma, inconsciente, intuición, etc.– o con una persona trascendente, participar en un proyecto comunitario, ambiental, o de otro tipo, etcétera. En el caso que compartes con nosotros, parece que se logró un contacto con el interior a través de la religión, y en el caso de Martha, ella encontró este camino a la espiritualidad al relacionarse con un trabajo comunitario de apoyo a personas con cáncer. En síntesis, estoy convencido de que, como psicólogos, debemos prestar importancia a estas situaciones de la vida de las personas que ayudan a incluir significados diferentes ante la experiencia de la pérdida de un ser querido, ya sea que provengan de la religión, de aspectos familiares, filosóficos, culturales o de la propia manera que tienen las personas de ver la vida.

ROCÍO: *A lo largo del capítulo mencionas diferentes aspectos teóricos y prácticos acerca de la forma en que uno o varios integrantes de una familia pueden enfrentar la muerte de un ser querido. Como seres humanos nos enfrentamos a otros tipos de pérdidas, ya sean físicas o emocionales, de modo que mi cuestionamiento es: ¿cómo pueden aplicarse las estrategias que propones para afrontar pérdidas en aquellas situaciones en que la persona no ha fallecido? Por ejemplo, en los casos de pérdida del cónyuge por separación o divorcio, la separación entre progenitores e hijos(as) por la custodia de estos últimos, la separación entre hermanos, etcétera.*

FRANCISCO JAVIER: Desde mi perspectiva, las estrategias que se plantearon, así como las características de los modelos de duelo, también pueden aplicarse en los casos que mencionas, aunque es labor del psicólogo identificar los aspectos específicos de cada situación. Permíteme comentar aspectos importantes en las situaciones que mencionas, algunos de ellos, por cierto, también presentes en las pérdidas físicas, pero que, me parece, tienen que tomarse más en cuenta en los casos de pérdidas exclusivamente relacionales:

El primero de ellos es indagar acerca de las creencias y significados personales vinculados con la relación que ha sido disuelta. En los casos presentados a lo largo del capítulo se mencionan las "creencias" o "guiones" que las familias tienen acerca de la vida y la muerte de las personas. De igual manera, debe indagarse acerca de estas creencias; por ejemplo: "el matrimonio es para toda la vida y sólo la muerte lo disuelve"; "la familia siempre debe estar unida"; o bien, "el amor debe consolidarse día tras día, pero puede llegar a su fin" o "es importante el desarrollo y el bienestar personales, por lo que es mejor una separación a tiempo que seguir unidos física pero no emocionalmente". En los casos en que estas creencias coadyuven a los sentimientos de dolor, tristeza, culpa, etc., es importante trabajar con ellos –de manera independiente a los sentimientos propios del duelo– para ir construyendo una nueva perspectiva acerca de la pérdida. Algunas ideas de la terapia narrativa que se mencionan en varios capítulos de este libro me parece que son útiles para este fin.

Otra posible diferencia sería el apoyo relacional, ya que, ante el fallecimiento de un ser querido, por lo general tanto familiares como amigos cercanos proporcionan un apoyo físico y/o emocional, lo que ha sido denominado como etapa de la "luna de miel". Sin embargo, en estas pérdidas o rupturas relacionales que mencionas puede suceder que el apoyo no se presente con la misma intensidad; por ejemplo, después de la separación de una pareja, los hijos pueden "culpar" a su madre de la separación y estar enojados con ella por haberlos apartado de su padre. En estos casos debe ponerse énfasis en los múltiples significados que tienen los integrantes de la familia acerca de qué o quiénes provocaron la pérdida o separación. Éste sería un paso importante, antes de pensar en una reconexión con, o apoyo de, las redes próximas.

Un caso especial son las personas que mantenían una relación "destructiva" con la persona de la que se han separado. En algunas de estas situaciones me parece más conveniente que se "desconecten" de los aspectos negativos que eran generados por la relación perdida. Podría decirse que en lugar de volver a decir "hola" a la persona que se ha perdido, debería decirse "hola" a la persona que esta relación destructiva "ocultó" –es decir, a otra faceta de sí misma–, la cual puede emerger al encontrarse ahora lejos de aquélla. Si bien es cierto que en ocasiones existen asuntos pendientes en estas relaciones perdidas, preferiría que primero se diera esta fase de "desconexión" con la relación destructiva, la "conexión" de la persona con nuevas relaciones "constructivas" y, posteriormente, trabajar los posibles asuntos pendientes a través de la nueva percepción que la persona tiene ahora de sí misma.

Éstas son algunas observaciones o modificaciones a algunas de las estrategias planteadas en el presente capítulo; sin embargo, cada caso presenta retos diferentes para el psicólogo y las familias. Por ejemplo, Jennifer Freeman (2001), en el libro *Terapia narrativa para niños*, presenta una magnífica adaptación de la estrategia "decir de nuevo hola" en el caso de una niña de ocho años que sufrió la pérdida de su padre, en la cual se introducen actividades lúdicas y de expresión artística. Confío en la creatividad de los lectores para realizar muchas adaptaciones e innovaciones más en su trabajo terapéutico –y confío también en que, de alguna manera, las compartan con nosotros.

Bibliografía

Armendáriz, R. (1999). *PNL. Sanando heridas emocionales. Programación neurolingüística e hipnoterapia ericksoniana aplicada a la salud.* Pax: México.

Anderson, H. (1999). *Conversación, lenguaje y posibilidades. Un enfoque posmoderno de la terapia*. Buenos Aires: Amorrortu.

Chen, J. (directora). (2000). *Otoño en Nueva York* [cinta cinematográfica]. Estados Unidos: Metro-Goldwyn-Mayer.

Fiorenza, A. y Nardone, G. (2004). *La intervención estratégica en los contextos educativos. Comunicación y "problem-solving" para los problemas escolares.* Barcelona: Herder.

Freeman, J., Epston, D. y Lobovits, D. (2001). *Terapia narrativa para niños. Aproximación a los conflictos familiares a través del juego.* Barcelona: Paidós.

Gabriel, J. (1999). Errado. En *Todo está bien* [CD]. México: BMG Entertainment.

Gala F., Lupiani M., Raja R., Guillén, C., González, J., Villaverde, C. y Alba, I. (2002). Actitudes psicológicas ante la muerte y el duelo. Una revisión conceptual. *Cuadernos de Medicina Forense*, (30) 39-50.

Canfield, J. y Hansen, M. (2001). *Una 6a. ración de caldo de pollo para el alma. Más historias para abrir el corazón y reavivar la llama del espíritu.* México: Diana.

Instituto Nacional de Estadística, Geografía e Informática. (2006). *Portal de Internet del INEGI. Información estadística.* Recuperado el 2 de enero de 2006 de: www.inegi.gob.mx

Macías, J. y Parrado, C. (2006). *Reacción de duelo.* Recuperado el 11 de enero de 2006 de: http://herreros.com.ar/melanco/prieto.htm

O'Hanlon, B. (2003). *Pequeños grandes cambios. Diez maneras sencillas de transformar tu vida.* México: Paidós.

—— (2005a). *Crecer a partir de las crisis. Cómo convertir una situación difícil o traumática en una oportunidad de cambio personal.* México: Paidós.

—— (2005b). *Seven Pathways to Connection: Therapy and Spirituality.* New York: Norton.

—— y Bertolino, B. (2001). *Desarrollar posibilidades. Un itine-rario por la obra de uno de los fundadores de la terapia breve.* Barcelona: Paidós.

Penn, P. (2001). Rompiendo el silencio: trauma, lenguaje y escritura en la enfermedad crónica. *Sistemas Familiares, 17* (2), 35-53.

—— y Frankfurt, M. (2005). La creación de un texto participante: la escritura, las voces múltiples y la multiplicidad narrativa. En: G. Limón. *Terapias posmodernas. Aportaciones construccionistas.* (pp. 85-109). México: Pax.

Pereira, R. (2002). Hacia un modelo familiar de duelo. *Mosaico. Revista de la Federación Española de Asociaciones de Terapia Familiar, 23*, 9-15.

Kreuz, A. (2002). El manejo de la pérdida y el duelo en familias con niños. *Mosaico. Revista de la Federación Española de Asociaciones de Terapia Familiar, 23*, 24-27.

Kübler-Ross, E. (1985). *Una luz que se apaga.* México: Pax.

—— (1989). *Sobre la muerte y los moribundos.* México: Grijalbo.

Ramos, R. (2002). Reflexiones, puede que irreverentes, acerca del duelo. *Mosaico. Revista de la Federación Española de Asociaciones de Terapia Familiar, 23*, 15-19.

Roberts, J. (1991). Encuadre: definición, funciones y tipología de los rituales. En: E. Imber-Black, J. Roberts J. y R. Whitings. *Rituales terapéuticos y ritos en la familia.* (pp. 25-72). Barcelona: Gedisa.

Rolland, J. (2000). *Familias, enfermedad y discapacidad. Una propuesta desde la terapia sistémica.* Barcelona: Gedisa.

Stecca, C. (2004). *Cómo aprender de las experiencias cerrando ciclos vitales. Una perspectiva sistémica y gestáltica del pasado.* México: Pax.

Tuirán, R. (2001). Estructura familiar y trayectorias de vida en México. En: C. Gomes. *Procesos sociales, población y familia. Alternativas teóricas y empíricas en las investigaciones sobre vida doméstica.* (pp. 23-65). México: Miguel Ángel Porrúa.

Watzlawick P., Beavin, J. y Jackson, D. (1981). *Teoría de la comunicación humana*. Barcelona: Herder.

White, M. (1994). Decir de nuevo: ¡hola! La incorporación de la relación perdida en la resolución de la aflicción. En: M. White. *Guías para una terapia familiar sistémica.* (pp. 57-83). Barcelona: Gedisa.

Whitings, R. (1991). Pautas para la elaboración de rituales terapéuticos. En: E. Imber-Black, J. Roberts J. y R. Whitings. *Rituales terapéuticos y ritos en la familia.* (pp. 113-139). Barcelona: Gedisa.

Capítulo 8

Generando ideas útiles con las familias: el trabajo del psicólogo

Karen E. Vega Ponce de León

En terapia podemos participar junto con los clientes en discursos acerca de las experiencias que ellos tuvieron. Estos discursos conjuntos pueden ser conversaciones de contenido o de proceso. Podemos elegir comprometernos en un discurso referente al presente, el pasado o el futuro, según nuestra orientación y nuestro intercambio con el cliente. Los discursos son múltiples y nunca deben ser fijos; además, los deben deconstruir los clientes y terapeutas al unísono y posteriormente reconstruirlos, también dentro del marco de un trabajo conjunto. El discurso es conversación con otros y también proceso social. No refleja la realidad, sino que es un elemento del proceso social mismo.

William D. Lax (1996, pp. 99-100)

Introducción

La historia de la familia López se organizaba alrededor de los eventos pasados, abarcando desde la infancia de la madre hasta el proceso de reintegración actual del hijo mayor, que durante unos años estuvo viviendo en la calle. A lo largo de las sesiones –en las que yo participé alternando mi rol de terapeuta con los de entrevistadora, miembro del equipo de reflexión e integrante del grupo de supervisión– observamos que los significados de las palabras cambiaron (por ejemplo: "echarle ganas", "aconsejarse" y "aceptarse" por "apoyarse"; y "comunicarse", "conocerse" y "convivir" por "integrarse") y que se construyó una historia diferente alrededor de la reintegración familiar (por ejemplo: dejar de ser extraños al conocerse e ir cambiando juntos para así reintegrarse). Durante el proceso terapéutico, la familia encontró nuevas alternativas para compartir su vida y tomar lo que le servía del pasado para aprender y mejorar. El cambio fue notorio en sus relaciones interpersonales y en la comunicación. Esta transformación positiva de la familia llevó a que el equipo de psicólogos reflexionara acerca de las diversas herramientas terapéuticas usadas para facilitar el cambio. De manera general identificamos los siguientes aspectos realizados en el trabajo terapéutico: mediante un formato de trabajo y supervisión con varios terapeutas, los cuales alternábamos lugares para realizar la entrevista y para formar parte de un Equipo de Reflexión, logramos obtener una multiplicidad de voces. Asimismo, a partir de la resignificación de palabras realizada por esta familia avanzamos en el proceso terapéutico, encontrando acontecimientos nuevos en la historia familiar que les permitieron darse cuenta de su fuerza y sus posibilidades. Esta forma de trabajo favoreció además la metaobservación y las metarreflexiones, procedimientos con los que las intervenciones, al ser vistas desde diferentes perspectivas, permitieran a la familia acomodarse y desechar aquello que no les era de utilidad. Durante la terapia, tanto la familia como los terapeutas creamos nuevos procesos de percepción. Así, el equipo se tomó como una parte de ellos para apoyarlos y ofrecerles diferentes puntos de vista sobre el mismo problema. De esta manera, el trabajo se presentó como un proceso de apertura mediante el diálogo y la conversación con el propósito de generar nuevos significados, creencias y lenguajes, creando así un contexto y una percepción alterna de la problemática. La construcción de la historia familiar en colaboración se convirtió en un reto terapéutico que se facilitó por la resignificación y negociación de los juegos del lenguaje o las palabras. Mediante la supervisión y la generación de múltiples voces se entretejieron algunos de los hilos a partir de los cuales la familia encontró sentido y otras alternativas diferentes que les ofrecieron un cambio significativo.

Ante el reto que tenemos de buscar diversos caminos que podamos recorrer cuando nos ocupamos de las situaciones que nos traen a consulta las familias, los profesionales nos sumergimos en una inmensa variedad de ideas (propias, de nuestros colegas y de las mismas familias), nos situamos en lugares nuevos que amplían nuestro enfoque y nos planteamos preguntas que nos llevan a descubrir nuevas perspectivas (London y Rodríguez, 2005). A través de las conversaciones que mantenemos con nuestros clientes y colegas extendemos la posibilidad de generar ideas, diálogos y opciones en colaboración (Fernández, London y Tarragona, 2002), creamos diferentes espacios para intercambiar experiencias, ideas y cuestionamientos en un ambiente de confianza, en el que se promueven la creatividad, el compañerismo y la colaboración.

Para el psicólogo que trabaja con familias, el beneficio de crear un espacio de autorreflexión y/o autosupervisión es poder escuchar experiencias nuevas y hablar con sus colegas sobre la situación de los clientes, posibilitando así la generación de ideas útiles para el trabajo con las familias. Al compartir el proceso con otros colegas, el terapeuta encuentra una forma de organizar su experiencia sobre la terapia, lo cual representa una oportunidad para generar nuevas preguntas e ideas acerca del trabajo que está realizando (Campero, Díaz, Fernández, Manassero, Vega, 2004). Es importante utilizar este recurso cuando se necesita compartir experiencias, inquietudes y dudas, cuando se busca tener ideas diferentes, desarrollar más flexibilidad y encontrar otras maneras de reflexionar. También cuando el psicólogo se interesa por probar distintas formas de presentar su trabajo o cuando siente la necesidad de recibir retroalimentación. Indiscutiblemente, el grupo resulta ser de gran utilidad cuando el psicólogo se encuentra "atorado" o "estancado" con el proceso terapéutico de alguna familia que atiende o cuando el escenario y las circunstancias le parecen sumamente difíciles y no se le ocurren nuevas ideas. El grupo actúa, entonces, como un catalizador de ideas novedosas (Campero *et al.*, 2004).

En este capítulo se abordan cuatro propuestas de trabajo para generar ideas, tanto entre los psicólogos como entre las familias que se encuentren participando en algún proceso psicoterapéutico o en cualquier proceso que implique apoyo o asesoría psicológica. La primera de ellas se refiere a la posibilidad de tener una conversación reflexiva con un grupo de colegas (grupo de conversaciones clínicas); la segunda se refiere a la práctica del ejercicio "como si"; la tercera es la propuesta del uso de la metodología del equipo de reflexión; y, finalmente, se menciona el uso de los procesos reflexivos de forma individual, es decir, cuando el terapeuta no puede contar con un equipo de colegas u otras personas para el trabajo reflexivo. El uso variado de estas propuestas promueve una amplia flexibilidad y libertad de trabajo. La conversación entre los participantes de los grupos supone una búsqueda y exploración a través del diálogo, un intercambio y cruce de ideas, en el que se están desarrollando continuamente nuevos temas, realidades y significados (Anderson y Goolishian, 1996). Así, como resultado de estas dinámicas y del intercambio de experiencias que llevan a los integrantes a escuchar, a reflexionar y a generar ideas, se promueve en el terapeuta un espacio personal para la autorreflexión o autosupervisión.

Además, en un nivel más amplio, estas tres propuestas de trabajo promueven una práctica profesional reflexiva permanente (Schön, 1988), con la cual las personas se ubican en una postura crítica y están en un proceso constante de reflexión, mediante el cuestionamiento y el análisis de la actividad que realizan. Esta postura incluye invitar a las personas con las que se está trabajando (en este caso, los miembros de las familias) a reflexionar sobre sus experiencias terapéuticas y relacionales para localizar aquellos aspectos que funcionan bien y dejar de lado las formas y las ideas que no han sido de utilidad para el proceso (Fernández, London y Tarragona, 2002).

Estas propuestas surgieron de la experiencia que han tendido diversos terapeutas (Andersen, 1987, 1994; Anderson, 1999; Campero, Díaz, Fernández, Manassero y Vega, 2004) al trabajar con familias desde una perspectiva posmoderna-colaborativa. Debido a esto, y con el propósito de tener una mejor comprensión de las ideas que subyacen en cada una de ellas, se procederá a explicar de manera breve las características generales de esta perspectiva, para pasar posteriormente a la explicación de cada una de las propuestas.

Perspectiva posmoderna-colaborativa

La crítica posmoderna sostiene que el conocimiento es un producto de la interacción social, es decir, que el conocimiento lo construimos socialmente por medio del lenguaje, en contraste con la idea modernista de que el mundo puede ser objetivamente descrito y comprendido (Gergen, 1997; Anderson, 1999). El enfoque posmoderno considera que siempre "miramos la realidad a través de algún tipo de *lente*: nuestras teorías, cultura, momento histórico, género" (Tarragona, 1999, p. 69). Al mismo tiempo promueve la existencia de múltiples realidades (Tarragona, 1999), postulando que la acción humana tiene lugar dentro de una realidad de comprensión que se crea por medio de la construcción social y el diálogo entre los individuos que conversan (Anderson y Goolishian, 1988).

Las condiciones posmodernas enfatizan lo que un grupo de personas hace en común, las ideas y acciones que se generan a partir de su convivencia; en ese mismo sentido se describe a la psicoterapia como un espacio compartido –entre el terapeuta y/o psicólogo y sus consultantes– donde se generan significados de los pensamientos, sentimientos y acciones de los participantes (Anderson, 1999). La terapia que asume de alguna manera esta perspectiva posmoderna se concentra en la conversación entre el terapeuta y el cliente (Anderson y Goolishian, 1988), ya que ambos tienen una responsabilidad semejante dentro del proceso (Andersen, 1994). Esta forma de escuchar y de hablar crea la posibilidad de encontrar y enfatizar diferentes puntos de vista, además de generar una multiplicidad de voces y opiniones que abren nuevas posibilidades (Anderson, 2000). Por ejemplo, en un grupo de supervisión conformado por diversos terapeutas, cada uno de ellos tiene la posibilidad de transmitir su propia historia y la de las familias con las que están trabajando. Todos contribuyen con sus distintas experiencias y diferentes conocimientos. Así, el escuchar-aprender de cada uno de los miembros del equipo los enriquece a todos (Campero *et al.*, 2004).

Grupos de Conversaciones Clínicas (GCC)

El grupo de conversaciones clínicas[1] proporciona a los psicólogos y/o psicoterapeutas la posibilidad de efectuar una "supervisión" del trabajo que realizan con las familias desde una postura posmoderna (Campero *et al.*, 2004). Los participantes de estos grupos se involucran en un proceso flexible y creativo de exploración mutua, no siguen un curso de acción orientado hacia un objetivo y no tienen en la mente determinado desenlace (Lax, 1996). El "supervisor" no mantiene una posición de experto; demuestra en cambio mucha curiosidad por conocer las opiniones de los miembros del equipo, pues el propósito del grupo es facilitar el aprendizaje y el cambio dentro de un contexto conversacional (Tarragona, 1999). Esto permite que los participantes construyan un espacio en el que se promueva la libertad para expresar cualquier idea o comentario sin el temor de ser criticados y escuchar con atención a cada integrante del grupo, respetándose así la diversidad de ideas.

Beneficios de los GCC

La función del grupo es entender, colaborar, acompañar y apoyar a cada uno de sus miembros en los diferentes escenarios que plantean, procurando ofrecer ideas, preguntas, experiencias e información novedosa que pudiera ser relevante para cada tema (Fernández, Manassero y Vega, 2002).

El beneficio del grupo se basa en su aportación de experiencias nuevas. Compartir el proceso es una forma de organizar la experiencia de la terapia y representa una oportunidad para generar nuevas preguntas e ideas sobre la situación (Anderson, 2001). Se puede llegar a considerar al grupo como parte de las múltiples conversaciones en las que un terapeuta participa con sus clientes, sus colegas y consigo mismo (Campero *et al.*, 2004).

---

[1] La razón de este cambio de términos radica en la creencia de que ninguna idea es superior –de antemano– a otra. Llamar a nuestras reuniones "grupo de conversaciones clínicas" es importante porque nos aleja de la idea jerárquica que implica la palabra *supervisión* (Fernández, Manassero y Vega, 2002, p. 79).

Dinámica de los GCC

Estos grupos pueden implementarse si se cuenta con un equipo de colegas que estén interesados en comentar sus experiencias clínicas y recibir múltiples opiniones sobre el trabajo que están realizando. Esta alternativa también es de gran utilidad cuando se trabaja con grupos de terapeutas en formación o en procesos de consultoría a personas o empresas.

El grupo de conversaciones clínicas es un espacio donde se promueve la libertad de los participantes para expresar cualquier idea o comentario sin el temor de ser criticados; se escucha con atención a cada integrante del grupo, respetándose la diversidad de ideas. La conversación con el grupo es siempre una conversación que está en proceso. Harlene Anderson (1997), quien es una de las principales representantes de los enfoques posmodernos en psicoterapia, menciona que ninguna conversación tiene principio o fin, toda conversación ya está iniciada y se seguirá conversando en otros contextos. El lenguaje (palabras y acciones) que se maneja en el grupo de conversaciones clínicas es público, transparente y cooperativo (Anderson, 2002).

Las ideas que surgen se ponen en contexto (por ejemplo: "esta idea surge de mi experiencia con una familia a la que le fue útil"; "te comento esto, debido a que alguna vez yo pasé por una situación parecida"), pues consideramos que cuando tenemos un pensamiento en voz alta es necesario aclararlo para que el cliente distinga el lugar en el que estamos situados como terapeutas (Campero *et al.*, 2004). La importancia de explicar el origen de cada pregunta o comentario es hacer evidente que nuestras ideas no son necesariamente correctas o útiles para el cliente porque son producto de la experiencia propia y que existe la posibilidad de retomarlas, ignorarlas o adecuarlas en el trabajo con las familias. Además, situar la pregunta o el comentario también puede ayudar a expresar por qué el miembro del equipo cree que su participación puede resultarle útil al cliente, aun cuando el cliente no lo perciba del mismo modo (Fernández, London y Tarragona, 2002).

Complementamos las conversaciones agregando las voces de las personas que son relevantes para el cliente y el terapeuta por medio de preguntas "colaborativas",[2] es decir, aquellas preguntas cuya respuesta requiere

---

[2] Estas preguntas son llamadas también "conversacionales" y tienen como propósito principal generar la posibilidad de que las familias amplíen la perspectiva de las historias que las han traído a terapia y que el terapeuta aprenda acerca de esta

la formulación de nuevas preguntas que transformen los pensamientos en palabras, que abran espacios para hablar de manera diferente y que generen posibilidades (Anderson, 2002). (Por ejemplo: "¿qué imagina que diría su pareja si oyera esa descripción?"; "¿qué crees que pensarían tus padres si te escucharan?")

Asimismo, en el grupo de conversaciones clínicas apreciamos la diversidad de perspectivas que ofrece un equipo de colaboradores, surgidas desde una multiplicidad de experiencias, tanto personales como profesionales (Tarragona, 1999). En ocasiones utilizamos el formato del equipo de reflexión (Andersen, 1987), que se describirá con detenimiento más adelante, cuando un integrante del grupo entrevista a un terapeuta mientras los demás escuchan la conversación. Luego los otros miembros ofrecen sus reflexiones, para que después el entrevistador y el terapeuta conversen (Andersen, 1995). Es de gran utilidad pensar en el grupo como equipo de reflexión que, si bien puede no encontrarse físicamente presente en las sesiones, forma parte de las conversaciones internas y de alguna forma está en la terapia.

Continuamente, para conocer la percepción de los terapeutas sobre su experiencia en el grupo, incorporamos preguntas como: ¿se están cubriendo tus expectativas?; ¿cómo describirías esta experiencia?; ¿qué pasó en los momentos buenos y malos de la misma?; ¿hay algo que no se te haya preguntado y que quisieras decir?; ¿qué tendría que haber pasado para que ésta fuera una buena sesión? (Campero *et al.*, 2004).

Opiniones de los participantes acerca de los GCC

Varios terapeutas que han formado parte de un grupo de conversaciones clínicas han compartido las siguientes opiniones sobre su experiencia en el grupo (Fernández, Vega y Manassero, 2002):

> "Me gusta que sea un espacio para compartir en donde se generan muchas ideas."

---

historia. Estas preguntas se deben realizar desde una postura de "no-saber", lo que implica que el psicólogo o terapeuta debe pensar que no posee información privilegiada que lo lleve a comprender a las demás personas mejor de lo que lo hacen ellas mismas; esto provocará en él un sentido de curiosidad y una necesidad de ser informado por el otro y aprender acerca de lo expresado en la sesión.

"Resulta de mucho aprendizaje escuchar diferentes formas de trabajar, otras ideas y posibles caminos de conversación sobre mis casos, dilemas y dificultades."

"Es importante compartir experiencias, ideas, inquietudes, dudas."

"Fue una experiencia que me facilitó nuevas maneras de pensar y reflexionar acerca de mi práctica clínica."

"En el grupo se favorece un lenguaje respetuoso y una escucha abierta."

"Fue muy importante mantener en el grupo las conversaciones que al grupo pertenecen."

"El haber empezado a hacer equipos de reflexión nos ha ayudado a no interrumpir y a hacer un trabajo más reflexivo."

"Logramos mantener un espacio abierto, respetuoso y cómodo para todos."

Sugerencias para la realización de los GCC

Algunas sugerencias para la realización de los Grupos de Conversaciones Clínicas serían las siguientes: se propone que el grupo de trabajo clínico se reúna durante dos horas y media, una vez por semana –por lo general, ese lapso alcanza para que tres personas presenten las historias de sus clientes. Se trabaja en equipo; se hace una entrevista conversacional y después de que el miembro del grupo presenta su historia, el resto del grupo dedica veinte minutos aproximadamente a compartir sus reflexiones sobre lo que acaba de escuchar (Campero *et al.*, 2004).

También puede trabajarse con el formato al que hemos llamado la "mesa cuadrada", consistente en que la persona que quiere compartir la historia de trabajo con sus clientes, lo hace sin entrevista, planteándola directamente al resto del grupo (Fernández, London y Tarragona, 2002). Durante la presentación se hacen algunas preguntas aclaratorias. Posteriormente, los miembros del grupo hacen un equipo de reflexión presentando sus ideas de manera tentativa y desde su experiencia, su contexto, su historia y sus habilidades. La mayoría de los integrantes del equipo han elegido previamente comentarles a sus clientes que participan en este grupo. Si algún cliente no está de acuerdo en que se comente el trabajo que realizan, esto no se hace. Con cierta frecuencia se invita a los clientes a asistir a una sesión en vivo, una vez que se ha elegido trabajar con uno de los formatos mencionados anteriormente (Campero *et al.*, 2004).

La oportunidad de escuchar los comentarios que se presentan en el grupo posibilita el intercambio de experiencias; además, el proceso de aprendizaje es más enriquecedor cuando existe la posibilidad de compartir múltiples ideas sobre las familias y las diversas formas de abordar las situaciones clínicas en las sesiones terapéuticas. La experiencia de trabajo se vuelve más enriquecedora al tener contacto con una diversidad de estilos de trabajo, por lo que la visión de cada uno como terapeuta se amplía y se vuelve más compleja conforme se incorporan otras voces en la práctica terapéutica.

El ejercicio "como si"

Otra opción de trabajo que puede llevarse a cabo son los ejercicios "como si" que Harlene Anderson (1997) propone como un formato de trabajo que resulta de suma utilidad al realizar tareas con grupos de entrenamiento, de consultoría y de conversaciones clínicas.

Funciones del ejercicio "como si"

La idea principal consiste en asignar a varios pequeños grupos de terapeutas o consultantes el ser "escuchas" desde la postura de uno de los personajes de la historia que relata el cliente. Al combinar los procesos de "presentar, escuchar, reflexionar y discutir", se abren nuevas opciones para incorporar a las diferentes personas que rodean al cliente y así poder presentar distintos puntos de vista sobre ellos (Fernández, London y Tarragona, 2002).

Acerca de los beneficios que brinda este ejercicio al psicólogo que trabaja con familias, la terapeuta familiar Lynn Hoffman (2003) comenta que asumir la voz de alguno de los integrantes de las familias o de algún colega promueve la generación de nuevas ideas –desde ese rol asumido–; por ejemplo, al reflexionar "como si..." fuera la madre –en una familia reconstituida– que se siente presionada porque sus hijos se adapten a su pareja y, a su vez, que los hijos de su pareja no la vean como una intrusa, se promueve que el psicólogo asuma la visión de esa mujer en lugar de asumir la posición de experto o un modelo teórico que pase por alto algunas características distintivas de las familias con las que esté trabajando. A su vez, Harlene Anderson afirma que, mediante este ejercicio,

> Los participantes ganan conciencia de la multiplicidad de voces propias que cada uno de nosotros puede contener, y de que esas voces pueden armonizar o no. Mientras escuchan las reflexiones de los otros, presencian la mudanza de perspectivas que ocurre durante un proceso

dialógico [...] descubren que las ideas [...] no son fijas que simplemente se transfieren de una persona a otra (1999, p. 317).

Sugerencias para la práctica del "como si"

Las sugerencias que, por lo general, se hacen a los participantes en este tipo de ejercicio grupal son las siguientes:

a. Seleccionar una posición (cliente, personaje de la historia relatada, miembro de la familia o terapeuta) a través de la cual se escuchará durante la entrevista (conversación). Se sugiere que esta posición sea elegida antes de escuchar la narración, cuando los clientes presenten a los personajes involucrados en la historia. Es importante que los participantes mencionen por qué seleccionaron la situación que van a narrar y lo que esperan obtener al finalizar el ejercicio.
b. En silencio, escuchar la entrevista completa sin hacer preguntas, comentarios o sugerencias, ya que esto promueve el diálogo interno. Se recomienda no realizar preguntas, comentarios o sugerencias para permitir al narrador decir lo que piensa que nosotros necesitamos saber.
c. Si existen dos personas o más que eligieron una misma posición, se componen grupos de trabajo para intercambiar opiniones.
d. Como grupo, o de forma particular, se representa la voz de cada persona abordando lo que pensó, lo que sintió y cómo reaccionó a lo que escuchó durante la entrevista. Estas ideas se realizan desde la posición "como si" que fue elegida, usando en los comentarios un discurso formulado en primera persona. Es útil recordar en este momento que el objetivo del ejercicio es multiplicar el número de voces y perspectivas (Fernández, London y Tarragona, 2002).
e. Finalmente, como equipo o de manera individual, se comparte la experiencia en una conversación (Anderson, 2002; London y Rodríguez, 2004).

El equipo de reflexión

El equipo de reflexión surge a partir de la propuesta del terapeuta noruego Tom Andersen (1987) acerca del uso de los participantes de la terapia como generadores de ideas por medio de la expresión de sus propias reflexiones, a partir de la conversación que se presenta en la terapia. Este autor menciona que durante sus primeros años de práctica médica percibía un menosprecio de los profesionales por las ideas "no-científicas" de las familias, lo cual lo lleva a cuestionarse acerca de la importancia de valorar estas ideas. Es a partir de su llegada a la universidad de Tromsø cuando empieza a asumir una postura más "colaborativa" respecto de los mensajes que se ofrecía a las familias (Andersen, 1994, 1996). Además empieza a plantearse –junto con su equipo de trabajo– diversos cuestionamientos relativos a la forma en que trabajaba el equipo de terapia:

> Empezamos a preguntarnos por qué nos separábamos de la familia durante las pausas en las sesiones. ¿Por qué les ocultábamos nuestras deliberaciones? ¿No podríamos, acaso, permanecer con ellos y permitir que vieran y oyeran lo que nosotros hacíamos y cómo trabajábamos nosotros sobre el tema? (Andersen, 1996, p. 80).

Finalmente, en marzo de 1985, se presentó una situación que llevaría al equipo de Andersen a poner en práctica estas ideas: durante una sesión en la que el consultante era un joven médico que pasaba por un periodo de depresión, el equipo de terapia pidió reunirse con el terapeuta un par de veces para encauzar la terapia a la conversación sobre aspectos positivos de la vida del cliente; sin embargo, este encauzamiento no tuvo el efecto esperado. Como se percibía que la sesión estaba "estancada" y que las condiciones físicas de la oficina permitían que el terapeuta y su consultante pudieran escuchar al equipo, así como las ideas que ya se venía planteando el equipo, uno de sus integrantes les preguntó si querían escuchar sus ideas algunos minutos, lo cual fue aceptado. Entonces el equipo comentó diversas ideas, lo que llevó al cliente a su vez a pasar a otra sensación en la terapia. De este modo, dio inicio el trabajo del equipo de reflexión (Andersen, 1994).

Algunas modalidades del equipo de reflexión

Como se mencionó, en sus inicios el equipo de reflexión consistió en que un grupo de terapeutas estuviera presente durante la sesión (en el mismo espacio que el terapeuta consultor y la familia consultante o detrás de un espejo unidireccional) escuchando la conversación entre el cliente y el entrevistador, para después expresar sus reflexiones o hacer comentarios entre ellos sobre lo que habían escuchado. Posteriormente, el entrevistador preguntaría al cliente si quería comentar con él algo que le hubiera llamado la atención, que le hubiera gustado o que le hubiera molestado, con lo cual terminaba la sesión (Vega, 2002).

El equipo de reflexión puede llevarse a cabo de esta manera, con un grupo de terapeutas que puedan reunirse para estar presentes en la sesión de un cliente, una pareja o una familia. Puede realizarse en el consultorio del terapeuta responsable del caso, en otro consultorio o en un centro o una clínica. También puede trabajarse en grupos de entrenamiento y/o consultoría. Esta nueva modalidad, llamada "grupo de reflexión", fue elogiada por fomentar que las conversaciones terapéuticas fueran entre clientes y terapeutas. La discusión entre los miembros del equipo acerca de los dilemas de los clientes generaba el desarrollo de nuevas ideas y de nuevas voces que podían incrementar el número de alternativas para resolverlos; además, una sensación de equidad se promovía entre los clientes y los terapeutas (Smith, Winton y Yoshioka, 1992).

Otra modalidad que ha sido experimentada por diversos terapeutas (Andersen, 1994; Selekman, 1996, 2005; Urbina, 1999; Wilburn, 1999) es la de invitar a personas no-profesionales de la psicología a que formen parte del equipo de reflexión; en este caso puede ser uno o más de los integrantes de las familias con las que se trabaja, o puede invitarse a integrantes de otras familias que han pasado por situaciones parecidas a las que presentan los clientes con los cuales está trabajando el psicólogo. En todos los casos se les indica, de manera breve y sencilla, los lineamientos guía para realizar sus reflexiones. La ventaja de esta configuración es que las personas pueden sentirse comprendidas por las personas que están involucradas de forma más directa en las situaciones por las que están pasando; además, las personas que son integradas a los equipos de reflexión tienen la oportunidad de escuchar desde otra perspectiva estas situaciones, posibilitando así la generación de nuevos significados que se comparten con los demás consultantes.

Sugerencias para el trabajo con equipos de reflexión

Andersen (1987) menciona que las reflexiones deben tener la calidad de posibilidades tentativas, de sugerencias lógicas o positivas (por ejemplo: esto es sólo una idea, me pregunto ¿qué pasaría si en vez de eso se hiciera aquello?), no de predicciones, acusaciones, interpretaciones o juicios calificativos. También señala que no existe una forma correcta ni una forma adecuada de trabajar, lo que hay es una forma tan válida como otras (Andersen, 1994). A pesar de esto, Andersen (1995a) llega a sugerir tres lineamientos para el trabajo del equipo de reflexión: *1.* comentar sobre lo que se vio o escuchó durante la entrevista, pero no elucubrar acerca de lo que no se habló; *2.* tener la libertad de hacer comentarios acerca de todo lo que se escuchó, mas no sobre todo lo que se vio; *3.* hablar entre los miembros del equipo sin incluir ni establecer contacto visual con los clientes.

Entre los pasos del proceso que definió para el trabajo con el equipo reflexivo, Andersen mencionó que éstos podrían presentarse en secuencia diferente dentro de la sesión, pues podían darse cuando fuera más natural. Los pasos del proceso (Andersen, 1994) son:

1. El equipo de reflexión se encuentra en el mismo consultorio que el cliente y el terapeuta entrevistador o detrás de un espejo.
2. El cliente y el entrevistador conversan durante 30 o 40 minutos mientras el equipo los observa y los escucha.
3. En un momento de la sesión, los integrantes del equipo de reflexión dan sus comentarios sobre lo que vieron o escucharon, utilizando un lenguaje tentativo y sin establecer contacto visual con el cliente.
4. Posteriormente, el entrevistador pregunta al cliente si quiere comentar algo sobre lo que escuchó, que le haya llamado la atención o que le haya molestado.

Para permitir a las familias que tengan la oportunidad de estar en posición de escucha (Andersen, 1994), los integrantes del equipo se concentran en mirarse a los ojos cuando hacen sus reflexiones, ya que si miran a los integrantes de las familias incluyéndolos en su conversación, estarían quitándoles la posibilidad de ver la discusión de los temas desde afuera. Este proceso, menciona Andersen (1995a), da a la familia la posibilidad de tener un diálogo interno a medida que sus miembros escuchan las versiones que les presenta el equipo.

Dos circunstancias importantes que se presentan al trabajar con una dinámica de equipo de reflexión son: permitir a los miembros de las familias permanecer o participar en la sesión desde una postura activa (que habla) y/o pasiva (que escucha). Andersen (1996) considera que ambas posiciones tienen ventajas para los clientes, puesto que les abre la posibilidad de interactuar del modo que los haga sentir más cómodos; así como tener la oportunidad de presentar varias perspectivas acerca de su problemática, desplazándose de una postura de "o" a una postura de "y también". Esta condición facilita el proceso de escuchar una multiplicidad de ideas y opiniones en torno de una misma situación, pues en lugar de clasificar distintos puntos de vista en "buenos" o "malos", los vuelve incluyentes, igualmente posibles y válidos (Fernández, London y Tarragona, 2002).

Opiniones de las familias acerca de su experiencia con equipos de reflexión

Desde su introducción oficial en 1987, los procesos reflexivos se han vuelto un tema popular entre los terapeutas familiares en manuscritos, en talleres y en la práctica (Smith, Sells, y Clevenger, 1994), pues se ha encontrado que este abierto debate de ideas facilitaba a las familias el reconocimiento de diferentes perspectivas acerca de cualquier tema y de sus propios sistemas de significados relativos a la experiencia terapéutica (Smith, Yoshioka y Winton, 1993).

La revisión de la literatura destaca que el equipo de reflexión da a los clientes la oportunidad de hacer pausas e incorporar una perspectiva diferente de la situación, ya que el hecho de no tener que objetar y de verse forzados a escuchar sin interrupciones contribuye a su sensación de estar colocados fuera del problema (Smith, Sells y Clevenger, 1994). En general, las familias han expuesto que los miembros del equipo reflexivo generan un ambiente de confianza que les permite expresar cosas más íntimas y personales, es decir, para que pueda llevarse a cabo el trabajo terapéutico. También reportan que los integrantes del equipo de reflexión les ayudan a adaptarse a la experiencia novedosa y a romper el hielo. De igual forma, las sensaciones negativas que tienen las familias al inicio del trabajo terapéutico por saberse observadas se transforman en sensaciones positivas al sentirse comprendidas, apoyadas y escuchadas (Vega, 2002). De igual manera señalan que por haberse satisfecho estas condiciones es que pueden experimentar que el proceso reflexivo les resulta de utilidad (Kleist, 1999).

Otra investigación se dedicó a encontrar las características principales de las voces del equipo que tenían mayor impacto en los clientes y que producían un eco en la conversación; llamó luego a éstas "voces epifánicas" (Vega y Sesma, 2002). Es importante destacar que estas mismas descripciones pueden llegar a compartirlas los terapeutas que incorporen esta práctica en su proceso de "supervisión" o en su consulta privada. La investigación anterior arrojó los resultados que a continuación se presentan:

1. Las voces que tuvieron mayor impacto les dieron pauta para poder ocuparse de lo que no se habían ocupado; les hicieron tomar decisiones o marcaron líneas de trabajo y de observación para su beneficio. Daban a conocer su apreciación personal, fueron objetivos e imparciales. En ocasiones utilizaban las palabras de los clientes y les preguntaban "¿y qué pasaría si…?", haciéndoles sentir que había otras posibilidades.
2. Hubo voces que les abrieron nuevas perspectivas, diferentes opciones y otras maneras de ver las cosas, pero dejando que ellos mismos fueran los responsables de esa situación y de tomar o no una determinación. En sí fueron voces que al hacer sus aportaciones pudieron identificar opciones o alternativas relacionadas con su problema.
3. Les agradaron las reflexiones breves, claras y concisas, que percibieron como una invitación a la reflexión. Descubrieron que el lenguaje que se manejaba era cuidadoso y que los terapeutas buscaban puntos de relación entre temas que escuchaban para discutirlos o comentarlos posteriormente. También notaron que se ocupaban de resaltar los aspectos positivos de las personas y veían en los clientes fortalezas que ellos no habían notado.
4. Al hablar de su experiencia mencionaron que el hecho de tener nuevas visiones les daba oportunidad de ver su perspectiva de vida desde otro punto de vista, que se les abrían las puertas para buscar soluciones y que se había creado una gama de posibilidades. También señalaron que las participaciones de los miembros del equipo se complementaban y eran como una invitación a reflexionar en su actitud y en sus acciones.

Andersen (1995a) concluye que los procesos reflexivos parecen ser una práctica muy ventajosa, relativamente fácil de aplicar y que puede ser usada en varias circunstancias. Por su parte, Lax (1995) señala que lo más sorprendente es la creatividad que los clientes y los terapeutas demuestran al ofrecer reflexiones perceptivas, innovadoras y útiles.

Uso individual de los procesos de reflexión

El ejercicio de reflexionar nos entrena para buscar con mayor habilidad diferentes perspectivas de las situaciones planteadas. Nos lleva a desplazarnos a través de varias ideas y a plantearnos preguntas ubicándonos en distintos lugares. Lo anterior nos ayuda a visualizar los diferentes caminos que pueden tomarse para trabajar en las situaciones que los clientes nos presentan. Cuando el terapeuta entrevistador no cuenta con un grupo o equipo terapéutico para realizar el trabajo del equipo de reflexión, es posible usar este pensamiento o proceso reflexivo para que, literalmente, pueda "autoconstruir" ideas alternativas que le sean útiles en su trabajo con las familias.

Dinámica del uso individual de los procesos de reflexión

De manera general, para poder propiciar esto, el psicólogo deberá exteriorizar su diálogo interno a lo largo de la sesión, es decir, deberá asumir constantemente una postura reflexiva en sus comentarios, tratando de introducir en ellos diversas perspectivas de forma tentativa; por ejemplo, puede introducir ideas como las siguientes: "estuve pensando en lo que acaba de decir y tengo dos ideas distintas acerca de esto"; "recuerdo que a algunas personas les resultó útil realizar esto, sin embargo, otras personas me comentaron que les fue útil hacer esta otra cosa; me preguntó qué piensa de esto y qué sería adecuado para usted".

Otra idea que resulta ser de gran utilidad es pensar que el equipo de reflexión forma parte de las conversaciones internas del terapeuta y que de alguna forma está en la terapia, aunque no se encuentre físicamente presente en las sesiones (Campero *et al.*, 2004). Esto puede lograrse mediante el intento de ponerse "en los zapatos de otras personas" para luego pensar cómo lo haría un mentor o un colega al que conocemos bien o un autor de quien conocemos su trabajo; por ejemplo, el psicólogo puede cuestionarse lo siguiente: "cuando atiendo a este tipo de familias, suelo proporcionarles demasiada información que a veces las confunde; me preguntó qué hubiera hecho mi colega, quien asume una posición de mayor colaboración con ellos". En estos casos se sugiere hacer una pausa en la conversación que está desarrollándose con la familia para hacerle saber que durante unos minutos vamos a pensar como otra persona con el fin de transmitirle nuevas opiniones y formular otro tipo de preguntas, o para decirle que si determinada persona estuviera escuchándonos, probablemente haría un comentario como el que enunciaríamos a continuación. Cuando se trata de incorporar el punto de vista de un autor, se recomienda contextuar la obra de éste para la familia e informarle con qué parámetros expusimos tal idea o cuestionamiento. En cualquier caso, es importante aclarar que la familia tiene la decisión final de tomar o no en cuenta cualquier opinión, comentario o idea que surja en la conversación. Así, de alguna manera pueden tenerse múltiples conversaciones consigo mismo, viviéndolas como una fuente de posibles líneas y enriqueciendo notablemente la práctica terapéutica de cada uno. Se trata de abrir conversaciones y ofrecerlas a la familia como alternativas para construir a partir de ellas, con base en los objetivos que se tengan en el proceso terapéutico. En la práctica privada, lo más útil es presentar a la familia una posibilidad de ideas y una invitación para que reflexionen acerca de las mismas. Una invitación que están en la entera libertad de declinar (Campero *et al.*, 2004).

Este pensamiento reflexivo también lo puede utilizar el psicólogo al finalizar la sesión a manera de autosupervisión o planeación de su trabajo; por ejemplo, puede plantearse lo siguiente: "si en lugar de esta idea que tuve en la sesión hubiera tenido esta otra, les hubiera comentado lo siguiente…"; "si pudiera escuchar la opinión de la hija ausente acerca del comentario que les hice a sus padres, ¿qué me hubiera dicho?; y ¿cómo hubiera influido esta opinión en mi idea acerca de la familia?"; "de acuerdo con este autor, en la próxima sesión indagaría más acerca de sus intereses, y de acuerdo con este otro, me centraría más en sus proyectos futuros; ¿qué opinaría la familia acerca de estos procedimientos?; ¿qué ideas me generan estas alternativas?"

Conclusiones

Los terapeutas pueden compartir sus experiencias de trabajo con otros colegas en diferentes espacios y encontrar nuevos caminos y variadas perspectivas. También pueden implementar metodologías útiles para ampliar sus conversaciones con los miembros de las familias y, mediante estos diálogos, descubrir otras alternativas y planes de acción. Cualquiera que sea la forma en que los terapeutas decidan "supervisar" su trabajo, es importante que se sientan cómodos, que se genere un ambiente de confianza en el que tanto sus clientes como sus colegas puedan discutir las situaciones que los llevaron a comentar sobre ese trabajo en particular. Para que esto suceda es necesario establecer un contexto que facilite el trabajo terapéutico; es decir, un clima en el que las personas involucradas en el proceso tengan la sensación de sentirse escuchadas, comprendidas y aceptadas

(Gergen y Kaye, 1996). Esta sensación de confianza se logra cuando todos los participantes en el proceso demuestran interés, empatía y atención al relato (Vega, 2002).

Es importante señalar que las familias consultantes ocupan una posición de primera importancia en todas nuestras reflexiones y decisiones (Selicoff, 2004), por lo que lo primordial en el proceso terapéutico es que se cumplan sus objetivos, ya que tanto terapeutas como clientes están trabajando en función de ellos. Esta visión compartida de las metas y de los métodos del tratamiento es esencial para el establecimiento de una relación productiva, como lo afirman Horvath y Symonds (1991), además de ser necesaria para esclarecer las expectativas de los clientes y sus maneras de comprender el proceso terapéutico.

Este tipo de relación hace que las familias sientan que un grupo de personas emplea sus experiencias y conocimientos para ayudarlos y no que están ante la mirada vigilante de un grupo de expertos. Dicha percepción se ajusta a lo que Freedman y Combs (1996) señalan para los procesos reflexivos: por un lado, se invita a las personas a considerarse expertas en sí mismas; y, por otro, se les ofrece una sensación de comunidad y colaboración. Así, los clientes y los terapeutas trabajan conjuntamente, influyéndose mutuamente de manera significativa, es decir, con la influencia de las familias basada en sus experiencias locales y la experiencia general de los terapeutas (Andersen, 1995b). Para los clientes es de suma importancia que los terapeutas les muestren empatía y comenten sus opiniones o compartan sus experiencias personales de manera espontánea y natural, pues de esa manera se sienten comprendidos (Horvath, Marx y Kamann, 1990).

Entre los beneficios que ofrece el uso del equipo de reflexión como modelo de "supervisión", varios autores (Biever y Gardner, 1995; Davidson y Lussardi, 1994) han encontrado que esta forma de trabajo brinda a los terapeutas mayor autonomía, menor presión y la oportunidad de examinar su propio proceso de pensamiento. Otros resultados resaltan que lo tentativo de las reflexiones permite abordar temas potencialmente difíciles, dando libertad de responder a los comentarios que se quiera. Además, el equipo de reflexión facilita en los terapeutas un proceso de autorreflexión, pues les abre la posibilidad de que, al trabajar solos, dispongan de un espacio en su mente para instalarlo de manera imaginaria, permitiéndoles conocer otras posibilidades, escuchar otras voces, hablar hipotéticamente con varias opciones y acercarse de forma más creativa y relajada al grupo en el momento de intervenir (Lee y Mondragón, 2002).

Cuando los psicoterapeutas o profesionales de la salud incorporan en su trabajo las voces de sus colegas y de sus consultantes se mantienen abiertos a otras ideas, se dan permiso de pensar que hay diferentes maneras de disolver una situación, por ejemplo transmitiendo la forma de pensar de un colega o de algún autor como sugerencia a las familias (Licea, 2004). Ésta también es una forma de trabajar en equipo, de no manejarse solamente con ideas propias en las diferentes sesiones de trabajo (Campero *et al.*, 2004). Se vuelve una costumbre escuchar a los demás, escucharse a sí mismo y considerar más de una solución (Paquentin, 2002). A manera de comentario final se puede decir que el trabajo psicoterapéutico con las familias es un proceso dinámico, flexible y que fluye de acuerdo con las necesidades, aspiraciones y expectativas de los participantes en el proceso psicoterapéutico. Me gustaría enumerar –a manera de síntesis– algunas recomendaciones útiles para los psicólogos que incorporen alguna de las estrategias que se han comentado en el presente capítulo (vea cuadro 7.1).

Cuadro 8.1. Recomendaciones para el psicólogo que intenta generar ideas útiles en el trabajo con familias
a. Facilitar espacios de expresión. • Interactuar con varios colegas para intercambiar experiencias y cuestionamientos. • Generar un ambiente de confianza que propicie la expresión creativa de ideas. • Fortalecer el compromiso, el compañerismo y la colaboración.
b. Reconocer el momento adecuado para solicitar retroalimentación. • Cuando se busca compartir experiencias, inquietudes y dudas. • Cuando se quiere generar ideas distintas, desarrollar mayor flexibilidad de pensamiento y encontrar nuevas maneras de reflexionar. • Cuando se intenta probar diferentes metodologías de trabajo. • Cuando el psicólogo se encuentra "atorado o estancado" con el proceso terapéutico de alguna familia. • Cuando el escenario y las circunstancias parecen muy difíciles y se necesitan otras ideas.
c. Ser un profesional reflexivo. • Promover una práctica reflexiva profesional y permanente. • Ubicarse en una postura crítica. • Mantenerse en un proceso constante de reflexión, mediante el cuestionamiento y el análisis de la actividad que se realiza.

Conversación

Karen Vega, Francisco Javier Robles, Marino Aparicio

FRANCISCO JAVIER: *Las propuestas que compartes con nosotros en este capítulo nos invitan a expandir nuestras ideas y a escuchar voces múltiples y diferentes que sean de utilidad en el trabajo con las familias. Como mencionaste en el capítulo, estas herramientas surgieron a partir del pensamiento posmoderno, el cual ha significado una transformación importante en el ámbito de la terapia familiar en las últimas décadas. Una de las características esenciales de esta perspectiva es la crítica a las "narraciones únicas" o "verdades oficiales" acerca de un fenómeno, por lo cual se deja de pensar en características "normales", "funcionales", "anormales" o "disfuncionales" concernientes a una persona o a una relación de pareja o familiar. A lo largo de este libro se han descrito también las transformaciones que ha experimentado la familia en los últimos tiempos, lo que ha permitido dejar de concebirla con base en un solo modelo o configuración –el nuclear y conyugal. Esto me lleva a plantearte las siguientes preguntas: ¿qué beneficios identificas en el trabajo terapéutico a partir de esta "renuncia" a las "grandes narraciones"?; ¿cómo impacta a las llamadas "nuevas formas familiares" que el terapeuta asuma esta postura incluyente?, y ¿cuáles serían los riesgos de asumir una postura acerca de la familia en la que se piense que debe poseer ciertas características o que sus integrantes deben cumplir funciones específicas para que sean funcionales?*

KAREN: La diferencia es que los terapeutas tradicionales creen que en la experiencia humana hay "esencias" que deben captarse en cierto tipo de narrativas y ofrecerse a los clientes en lugar de sus antiguas narraciones. Desde el comienzo, el terapeuta tiene ya cierta idea de lo que son estas esencias; por ejemplo, si un terapeuta utiliza un marco psicodinámico, dará por supuesto que su tarea consiste en ayudar a alguien a superar un trauma del pasado y, por lo tanto, buscará una narración que presente un déficit de desarrollo; o bien, un terapeuta familiar, en la creencia de que los problemas existentes se vinculan con jerarquías incorrectas dentro de la estructura familiar, propone modificar las coaliciones entre los miembros que se encuentran en diferentes líneas generacionales. Los terapeutas posmodernos no creen en esencias. El conocimiento, al que se llega socialmente, cambia y se renueva en cada momento de la interacción (Hoffman, 1996). No hay significados previos escondidos en los relatos. Desde mi punto de vista, el beneficio es que un terapeuta con este enfoque esperará que durante la conversación salga a la superficie una narración nueva y posiblemente más útil, pero la considerará espontánea y no-planificada. El efecto que tiene sobre los clientes este método es que fomenta la participación y la invención.

La visión de las familias como sistemas homeostáticos se reemplaza por la idea de que los sistemas sociales son generativos y los estados de desequilibrio son productivos y normales. Se conceptualiza a las familias como sistemas sociales compuestos de sistemas generadores de significado y organizadores de problemas –y no como sistemas en los que los síntomas desempeñan funciones– y se considera que los problemas existen al ser enunciados por el lenguaje y mediatizados por él. De esta forma, en terapia se busca favorecer la presencia de una pluralidad de relatos, y los formatos reflexivos que se revisaron pueden contribuir a hacer esto posible (Hoffman, 1996).

FRANCISCO JAVIER: *Sin embargo, también existen "voces" que critican el pensamiento posmoderno, que señalan el peligro de una relatividad que conduce al caos, a ámbitos en los que "todo se vale" y donde todo queda en la incertidumbre. ¿Qué opinas de estas críticas?*

KAREN: La psicoterapia es un proceso que consiste en desplazar el discurso "problemático" del cliente hacia otro discurso, más fluido, y en hacer posible una gama más amplia de interacciones. En la terapia posmoderna-colaborativa se pone el énfasis en el proceso y no en los objetivos. Cliente y terapeuta se embarcan en una exploración mutua; no siguen un curso de acción orientado hacia un objetivo; no tienen en la mente determinado desenlace, y el terapeuta no hace hincapié en mantener su posición de experto. La terapia se concentra en la conversación entre el terapeuta y el cliente.

El terapeuta ya no se visualiza como un experto que posee una visión o una historia privilegiadas, sino como un "facilitador" de la conversación terapéutica, como un maestro en el arte de la conversación. Así, las ideas se comparten, se exteriorizan y los participantes pueden comentarlas, lo que potencialmente lleva a una manera diferente de discutir la situación. Este procedimiento mantiene una actitud respetuosa hacia todos los miembros, ya que los considera colaboradores en el proceso de establecer distinciones y tomar decisiones acerca de las ideas que se abordarán. Es una manera de pensar que no tiene una formulación fija ni un modelo inamovible de trabajo (Lax, 1996).

FRANCISCO JAVIER: *Este enfoque posmoderno nos lleva necesariamente a replantearnos nuestro rol en diversos ámbitos de la psicología, donde el foco de atención pasan a ser las características del espacio de conversación que promueve nuevas perspectivas y conocimientos, donde la reflexión se encamina más hacia el "cómo facilitamos estos nuevos significados" que hacia el "qué hacemos o utilizamos para provocarlos". En la terapia, esto no implica desechar o menospreciar las diversas estrategias, técnicas o intervenciones que se han aprendido desde diversos enfoques, pero sí me parece que obliga al psicólogo o terapeuta a visualizarlas desde otra perspectiva, en la cual se asuma una postura de colaboración con las familias, respetando y tomando en cuenta sus propias creencias, ideas, recursos, etcétera. Si bien es cierto que parece algo de fácil realización, también es cierto que asumir este pensamiento posmoderno y colaborativo se opone a la mayoría de los enfoques psicológicos, los cuales enseñan al psicólogo que él es el "único experto" –avalado científicamente–, el que conoce los parámetros para "diagnosticar" la "normalidad" o la "patología" de las personas que atiende y, asimismo, el que sabe de los pasos que conviene seguir para resolver los problemas de las familias. En tu experiencia de trabajo con estas propuestas que nos comentas, ¿cuáles son las principales dificultades con que se enfrentan los psicólogos que apenas se inician en la asunción de la postura posmoderna y colaborativa?; ¿qué experiencias compartirías con ellos para ayudarlos a asumir esta posición?*

KAREN: Este enfoque de la terapia es diferente de otros modelos del campo porque introduce el pensamiento del terapeuta de manera explícita. El terapeuta se incluye totalmente como participante del sistema terapéutico y hace conocer sus ideas a los clientes. Desde una perspectiva posmoderna, la psicoterapia valora una multiplicidad de descripciones, explicaciones y sentidos de un mismo evento. Experimenta las narrativas socialmente construidas y las verdades acerca de la naturaleza humana y la conducta individual desde una perspectiva relacional (Anderson, 1999). De esta manera se promueve una relación no-jerárquica en la que terapeuta y cliente colaboran en un cuestionamiento mutuo de la situación (problema) y el desarrollo compartido de posibilidades (dis-soluciones). El cliente es el experto en su propia vida (contenido) y el terapeuta es un experto en el diálogo-proceso.

A los psicólogos que recientemente se inician en la tarea de asumir la postura posmoderna les recordaría que hablamos con el cliente acerca de sus preocupaciones, aprendemos sus narrativas y creamos un proceso en el que, mediante la conversación y el aprendizaje en conjunto, nos aproximamos a nuevas narrativas, nuevos significados y nuevo sentido de agencia –posibilidad de actuar y tomar responsabilidad de sus actos. También incluiría que un elemento central de la conversación terapéutica son las preguntas conversacionales. Dichas preguntas vienen de una postura consciente de "no conocer", de la necesidad de saber más acerca de lo que se ha dicho y de lo aún no dicho (Anderson y Goolishian, 1996). Además, vale la pena mencionarles que éstos son una relación y un trabajo en el curso de los cuales el terapeuta también cambia.

FRANCISCO JAVIER: *Por otra parte, aunque relacionado con las preguntas anteriores, estoy convencido de que el uso de estas propuestas es útil no solamente para los psicólogos o terapeutas que trabajan con un enfoque posmoderno, lo cual me lleva a plantearte el siguiente cuestionamiento: ¿cómo adaptar estas propuestas en el trabajo de psicólogos o terapeutas que trabajan con modelos no-posmodernos o colaborativos?*

KAREN. El proceso, básicamente, es una conversación dialógica, un "hablar con". En este proceso, el psicólogo y el cliente se introducen en un cuestionamiento mutuo, en una búsqueda de significado del "problema" y sus "soluciones", tal y como los define el cliente.

En lugar de ir encontrando y descubriendo conocimientos predeterminados a través de diagnósticos y preguntas orientadas a la búsqueda y acumulación de información, se busca un proceso de organización colaborativa y relacional en el que la esencia es restaurar, mejorar y mantener el diálogo. Asimismo, se intenta provocar un cuestionamiento compartido, explorando en colaboración el problema y el desarrollo conjunto de lo novedoso, un enfoque en la transformación como parte inherente del diálogo. Ambos se convierten en socios conversacionales, promoviendo una relación colaborativa que valora las diferentes experiencias que el terapeuta-consultor y el cliente aportan y en la que el terapeuta asume una postura filosófica que es única para cada relación y para cada discurso.

MARINO: *Coincido con Francisco en que las propuestas que compartes con nosotros ayudan a explorar múltiples posibilidades mediante la multiplicación de las voces, además de que las presentas de manera muy clara y esquematizada. Por otro lado, también me quedo pensando en la dificultad para asimilar esta propuesta tanto por parte de psicólogos que apenas empiezan a asumir la postura posmoderna y colaborativa y que han sido entrenados con fundamentos "científicos" como por parte de algunas familias mexicanas que pueden tener una visión de la psicoterapia como un espacio privado en el que sólo estarán ellos y el "especialista", que suponen vedada la participación de alguien ajeno y mucho menos piensan en la participación de un equipo reflexivo. En concreto, refiriéndome al trabajo con el equipo reflexivo, ya has mencionado en el capítulo los beneficios que tienen las familias con las que se trabaja de esta manera, y me gustaría saber qué les dirías a los psicólogos en formación que presentan temores para trabajar con equipo reflexivo porque piensan que las familias pueden sentirse sobreexpuestas ante personas extrañas.*

KAREN: Coincidiría en el sentido de que la sensación de sentirse observados y expuestos es tanto de la familia como del especialista que trabaja con ésta, y compartiría con los miembros de tales familias las experiencias de algunos clientes a los que se les ha preguntado cómo viven esta dinámica (Vega, 2002). Sobre la primera experiencia de trabajo que tuvieron con el ER, varias personas comentaron que el impacto al llegar al consultorio había sido muy fuerte, dado el número de personas que estaban físicamente presentes. Los clientes señalaron que no era sencillo entrar y ver que ya estaban todos los integrantes del equipo de reflexión listos para observarlos y escucharlos. Esta situación fue algo que los impactó en un primer momento y que les provocó "nervios".[3] Por otra parte, los participantes reconocieron que se sintieron inquietos, observados, intimidados, intranquilos, incómodos y con cierto temor de una experiencia que desconocían. Asimismo, todos optaron por olvidarse de que los integrantes del equipo los estaban observando, para concentrarse en hablar del problema que los llevó ahí y relacionarse únicamente con la persona que los estaba entrevistando. En cuanto al equipo de reflexión, se cuestionaron cuál sería su función y, una vez que la conocían, los inundaba un temor terrible de ser juzgados o criticados. También señalaron que les hubiera gustado tener mayor información acerca de los miembros del equipo, pues, cuando éstos se presentaban, sólo mencionaban sus nombres. En relación con las experiencias subsecuentes de trabajo con ER, los clientes mencionaron que una vez que conocían la dinámica ya no les preocupaba ni les daba inseguridad, miedo o vergüenza. Al mismo tiempo, consideraron que el impacto de ver a tantas personas fue totalmente sorpresivo sólo al inicio, ya que al paso de las sesiones sintieron que podían tomar más en cuenta al equipo reflexivo y que ya no hablaban solamente con la persona que los estaba entrevistando, sino que se dirigían a todos. Asimismo, los clientes comentaron que hubieran preferido que se les explicara un poco más el modo de trabajo antes de entrar; mencionaron que si previamente se les diera una "sesión informativa", sin el equipo de reflexión presente, sería de mucha utilidad. En esta investigación se reportó que, a lo largo de las

---

3 Las palabras que aparecen entrecomilladas son, textualmente, las que utilizaron los participantes al expresar sus comentarios.

sesiones, los clientes lograron sentirse cómodos gracias al ambiente de confianza que los terapeutas creaban para que ellos pudieran discutir las situaciones que los llevaron a terapia. Esta sensación de confianza la establecieron los terapeutas que se mostraron atentos al relato del cliente, interesados en participar en el proceso, que demostraron empatía e identificación en sus reflexiones y que fueron cordiales y cálidos en su actitud.

MARINO: *Me gustaría saber cómo sugerirías manejar las situaciones en que, por alguna circunstancia –y a pesar de los beneficios que brinda el equipo reflexivo–, la familia consultante se arrepintiera y no quisiera ser vista por un equipo que ya está en la sesión, pues desea que sólo esté presente el terapeuta. ¿Cómo se podría manejar este dilema?; ¿cómo conciliar este deseo genuino de la familia con el encuadre terapéutico empleado?*

KAREN: Considero que les pediría unos minutos para solicitar a los miembros del equipo de reflexión que se retiren y para poder reacomodar el mobiliario, en caso de que sea necesario. Explicaría a los miembros de la familia que lo más importante es que ellos se sientan cómodos y a gusto, por lo que no hay ningún problema ante la petición que hicieron. Les comentaría, además, que si en algún momento ellos o yo quisiéramos incorporar nuevas voces y puntos de vista a la terapia habría distintas formas de hacerlo, por ejemplo: formular algunas preguntas para el equipo de reflexión y, en una reunión que yo tenga con éste, formulárselas, obtener diferentes respuestas y traerlas de vuelta en la siguiente sesión para, posteriormente, comentarlas. Otra forma consistiría en escribirles una carta, a todos o a alguno de ellos, y esperar su respuesta para poder integrarla al trabajo terapéutico. Asimismo, les comentaría que una alternativa más de trabajo sería incorporar, en alguna sesión, a un coterapeuta que entreviste junto conmigo a la familia, o bien que escuche la entrevista en silencio para después ofrecernos sus reflexiones sobre la misma.

Me parece importante mencionar que pueden buscarse nuevas posibilidades de trabajo que beneficien a los clientes, sin que forzosamente tenga que implementarse la metodología original de trabajo con el equipo de reflexión. Un ejemplo de esto sería pedir a algunos miembros de la familia –por ejemplo, el padre y la hermana mayor– que escuchen la entrevista en silencio y físicamente separados del "sistema de entrevista" –en este mismo ejemplo, la madre y la hija menor– para que en un momento dado hablen entre ellos sobre lo que escucharon y tengan la oportunidad de experimentar diálogos internos y externos de manera diferente a lo que habían hecho anteriormente. En este ejercicio, el cierre de la sesión incluiría preguntar a ambas partes cómo se sintieron al escuchar sin participar y, después, al hablar entre ellos. Se recuperarían las experiencias vividas y se dejaría la puerta abierta para volver a trabajar de esta manera, alternando a los miembros de la familia. También cabe la posibilidad de que el terapeuta haga una reflexión individual sobre algún tema específico que se haya trabajado con anterioridad o que solicite a algunos integrantes de la familia hablar sobre un tema en particular para que él o ella pueda escuchar sin intervenir y después ofrecer sus pensamientos en forma de reflexiones.

En cuanto a los terapeutas participantes en el equipo de reflexión, les agradecería por haber asistido a la cita y me pondría en contacto con ellos posteriormente. Creo que no habría mayor problema, pues tanto ellos como yo sabemos que puede presentarse esta situación, lo comprendemos, somos sensibles y sentimos empatía con la familia por el sentimiento ahí generado. Finalmente, el cliente es el que está en primer lugar para cada uno de nosotros.

Bibliografía

Andersen, T. (1987). The reflecting team: dialogue and meta-dialogue in clinical work. *Family Process, 26*, 415-428.

—— (1994). *El equipo reflexivo, diálogos y diálogos sobre los diálogos*. Barcelona: Gedisa.

—— (1995a). Reflecting processes; acts of informing and forming. En S. Friedman (ed.). *The reflecting team in action.* (pp. 11-37). New York: Guilford Press.

—— (1995b). El lenguaje no es inocente. *Psicoterapia y Familia, 8,* 3-7.

—— (1996). Reflexiones sobre la reflexión con familias. En S. McNamee y K. Gergen (eds.). *La terapia como construcción social.* Barcelona: Paidós.

Anderson, H. (1999). *Conversación, lenguaje y posibilidades. Un enfoque posmoderno de la terapia*. Buenos Aires: Amorrortu.

—— (2000). Becoming a postmodern collaborative therapist: A clinical and theoretical journey. Part I. *Journal of the Texas Association for Marriage and Family Therapy, 5*, 5-12.

—— (2001). Becoming a postmodern collaborative therapist: A clinical and theoretical journey. Part II. *Journal of the Texas Association for Marriage and Family Therapy, 6*, 4-22.

—— (2002). Some elements of possibility conversations. Material inédito. Summer Institute. Cuernavaca, México.

Anderson, H. y Goolishian, H. (1988). Human systems as linguistic systems: preliminary and evolving ideas about the implications for clinical theory. *Family Process, 27,* 371-394.

—— (1996). El experto es el cliente. En S. Mc-Namee y K. Gergen (eds.). *La terapia como construcción social.* (pp. 199-218). Barcelona: Paidós.

Biever, J. y Gardner, G. (1995). The use of reflecting team in social constructionist training. *Journal of Systemic Therapies, 14*, 47-56.

Campero, M., Díaz, I., Fernández, E., Manassero, V. y Vega, K. (2004). Diversas experiencias en un grupo de conversaciones clínicas. En G. Licea, I. Paquentin y H. Selicoff (comps.). *Voces y más voces: reflexiones sobre la supervisión*. (pp. 29-55). México: Alinde.

Davidson, J. y Lussardi, D. (1994). Diálogos reflexivos en la supervisión y el entrenamiento. En T. Andersen (ed.). *El equipo reflexivo, diálogos y diálogos sobre los diálogos.* (pp. 153-164). Barcelona: Gedisa.

Fernández, E., London, S. y Tarragona, M. (2002). Las conversaciones reflexivas en el trabajo clínico, el entrenamiento y la supervisión. En G. Licea, I. Paquentin y H. Selicoff (comps.). *Voces y más voces: el equipo reflexivo en México*. (pp. 3-25). México: Alinde.

Fernández, E., Manassero, V. y Vega, K. (2002). Supervisión. En F. Gutiérrez (comp.). *Psicoterapia familiar y de pareja.* (pp. 79-95). Cholula: Centro de Terapia Familiar y de Pareja.

Freedman, J. y Combs, G. (1996). *Narrative Therapy. The social construction of preferred realities.* New York: Norton.

Gergen, K. (1997). *El yo saturado*. Barcelona: Paidós.

—— y Kaye, J. (1996). Más allá de la narración en la negociación del significado terapéutico. En S. Mcnamee y K. Gergen (eds.). *La terapia como construcción social.* (pp. 199-218). Barcelona: Paidós.

Hoffman, L. (1996). Una postura reflexiva para la terapia familiar. En S. Mcnamee y K. Gergen (eds.), *La terapia como construcción social.* (pp. 25-44). Barcelona: Paidós.

—— y Anderson, H. (2003). Curso-taller: *Pasado, presente y futuro de la terapia familiar. Conversaciones íntimas.* México: Grupo Campos Elíseos.

Horvath, A., Marx, R. y Kamann, A. (1990). Thinking about thinking in therapy: An examination of clients' understanding of their therapists' intentions. *Journal of Consulting and Clinical Psychology, 58,* 614-621.

Horvath, A. y Symonds, B. (1991). Relation between working alliance and outcome in psychotherapy: A meta-analysis. *Journal of Counseling Psychology, 38,* 139-149.

Kleist, D. (1999). Reflecting on the reflecting process: A research perspective. *Family Journal, 7,* 270-275.

Lax, W. (1995). Offering reflections. En S. Friedman (ed.). *The reflecting team in action.* (pp. 145-166). New York: Guilford Press.

—— (1996). El pensamiento posmoderno en una práctica clínica. En S. McNamee y K. Gergen (eds.). *La terapia como construcción social.* (pp. 93-110). Barcelona: Paidós.

Lee, O. y Mondragón, R. (2002). Propuesta: un modelo de supervisión con equipo reflexivo. En G. Licea, I. Paquentin y H. Selicoff (comps.). *Voces y más voces: el equipo reflexivo en México.* (pp. 87-105). México: Alinde.

Licea, G. (2004). Supervisión en vivo con un grupo de terapeutas en formación: características y estilos de aprendizaje y la percepción del proceso de supervisión. En G. Licea, I. Paquentin y H. Selicoff (comps.). *Voces y más voces: reflexiones sobre la supervisión.* (pp. 57-79). México: Alinde.

London, S. y Rodríguez, I. (2004). La supervisión como grupos de conversaciones colaborativas. En G. Licea, I. Paquentin y H. Selicoff (comps.). *Voces y más voces: reflexiones sobre la supervisión.* (pp. 81-90). México: Alinde.

Paquentin, I. (2002). El Equipo Reflexivo: una alternativa para la autosupervisión. En G. Licea, I. Paquentin y H. Selicoff (comps.). *Voces y más voces: el Equipo Reflexivo en México.* (pp. 107-114). México: Alinde.

Selekman, M. (1996). *Abrir caminos para el cambio. Soluciones de terapia breve para adolescentes con problemas.* Barcelona: Gedisa.

—— (2005). Música rap con sabiduría. Los equipos de reflexión integrados por pares en el tratamiento de adolescentes. En S. Friedman. *Terapia familiar con equipo de reflexión. Una práctica de colaboración.* (pp. 263-280). Buenos Aires: Amorrortu.

Selicoff, H. (2004). En busca de una buena supervisión: algunas reflexiones. En G. Licea, I. Paquentin y H. Selicoff (comps.). *Voces y más voces: reflexiones sobre la supervisión.* (pp. 123-144). México: Alinde.

Schön, D. (1988). *El profesional reflexivo: cómo piensan los profesionales cuando actúan*. Buenos Aires: Paidós.

Smith, T., Sells, S. y Clevenger, T. (1994). Ethnographic content analysis of couple and therapist perceptions in a reflecting team setting. *Journal of Marital and Family Therapy, 20,* 267-286.

Smith, T., Winton, M. y Yoshioka, M. (1992). A qualitative understanding of reflective-teams II: Therapist's perspectives. *Contemporary Family Therapy, 14,* 419-432.

Smith, T., Yoshioka, M. y Winton, M. (1993). A qualitative understanding of reflective-teams I: Client's perspectives. *Journal of Systemic Therapies, 12,* 28-43.

Tarragona, M. (1999). La supervisión desde una postura posmoderna. *Psicología Iberoamericana, 7* (2), 68-72.

Urbina, M. (1999). La familia como equipo reflexivo. Tesis de maestría en psicología clínica. México: Facultad de Psicología, UNAM.

Vega, K. (2002). La relación terapéutica con el equipo reflexivo desde la perspectiva de los clientes. Tesis de maestría. México: Universidad de las Américas.

—— y Sesma, M. (2002). Voces epifánicas en el equipo reflexivo: la perspectiva del cliente. En G. Licea, I. Paquentin y H. Selicoff (comps.). *Voces y más voces: el equipo reflexivo en México.* (pp. 45-54). México: Alinde.

——, Sesma, M. y Ávalos, T. (2001). Cuando el lenguaje dice lo que nuestros significados no comprenden: un trabajo de coterapeutas circulares con una familia "de la calle". *Psicología Iberoamericana, 9* (1), 60-66.

Wilburn, M. (1999). Terapia familiar con equipo reflexivo. Tesis de maestría en psicología clínica. México: Facultad de Psicología, UNAM.

Reflexión final

Los capítulos que conforman este libro nos han permitido reflexionar en torno de aspectos teóricos y prácticos de una diversidad de problemáticas a las que se enfrentan las familias. En el momento de terminar la primera versión de este escrito se estrenaba en Estados Unidos la serie *Big Love*, que presenta a una familia constituida por un hombre que practica la poligamia y mantiene tres relaciones conyugales –con hijos en cada una de ellas. A lo largo de la historia se aprecian los acuerdos y desacuerdos de este singular sistema familiar. Por otra parte, hace poco menos de un año, en algunas entidades de México, se aprobaron las leyes de convivencia que dieron carácter legal a diversas disposiciones que benefician a aquellas personas que conviven en un mismo espacio sin estar casadas, las cuales pueden pertenecer o no al mismo sexo. Ambos casos, pertenecientes a diversos contextos socioculturales, causaron polémica y generaron crítica por las particularidades de estas formas de relación familiar y de convivencia. Todo lo cual demuestra que los sistemas familiares se encuentran más vivos que nunca, en constante movimiento y en constante cambio. Comprender la complejidad de estas múltiples realidades familiares es responsabilidad de todos los que estamos involucrados en el trabajo con familias, a fin de conocer mejor cada una de sus dinámicas particulares y, en su caso, poder acompañarlas en su camino hacia mejores condiciones para cada una de ellas.

Francisco Javier Robles Ojeda

Francisco Javier Robles Ojeda

Maestro en psicología de la residencia en terapia familiar sistémica por la UNAM. Licenciatura en psicología por la UNAM y licenciatura en educación primaria por la Benemérita Escuela Nacional de Maestros (BENM). Diplomado en relaciones de género en el Programa Universitario de Estudios de Género (PUEG) de la UNAM.

Actualmente es académico de la Facultad de Estudios Superiores Iztacala de la UNAM; docente del Tecnológico Universitario de México (TUM), plantel Azcapotzalco, y de la Universidad Tecnológica de México (UNITEC), campus Sur, y labora de forma particular como terapeuta familiar, de pareja e individual.

Correo electrónico: solucion20@yahoo.com.mx

Blog personal: http://psicoblogging.wordpress.com

Marino Aparicio Burón

Maestro en psicología de la residencia en terapia familiar sistémica por la UNAM. Licenciatura en psicología por la UNAM.

Miembro titular de la Asociación Mexicana de Terapia Familiar.

Actualmente participa como consultor externo del programa de apoyo al empleado de Independent Counseling and Advisory Services (ICAS), proporcionando apoyo emocional con enfoque breve; es supervisor clínico del Sistema Nacional de Apoyo Psicológico por Teléfono (SAPTEL); es docente en la Universidad Tecnológica de México (UNITEC), campus Cuitláhuac, y brinda servicio particular en terapia familiar, de pareja e individual.

Correo electrónico: marinoapa@hotmail.com

Shuyin Durán Torres

Licenciatura en psicología y maestría en psicología con especialidad en terapia familiar por la Universidad de las Américas, A.C. (UDLA), de donde se graduó con mención honorífica haciéndose acreedora de la medalla *Summa Cum Laude*.

Actualmente realiza estudios de doctorado en psicología en la UNAM, es docente del Tecnológico Universitario de México (TUM), plantel Azcapotzalco, y labora de forma particular como terapeuta familiar, de pareja e individual.

Correo electrónico: shuyindt@yahoo.com.mx

Rocío Villanueva González

Maestra en psicología de la residencia en terapia familiar sistémica por la UNAM. Licenciatura en psicología por la UNAM.

Ex docente de la Universidad Tecnológica de México (UNITEC), campus Sur.

Actualmente labora en el Programa de Asistencia al Empleado (PAE) de Asistencia Empresarial Mexicana, proporcionando apoyo emocional con enfoque breve.

Correo electrónico: roviglez@yahoo.com.mx

Claudia Juárez Cuéllar

Maestra en psicología de la residencia en terapia familiar sistémica por la UNAM. Licenciatura en psicología por la UNAM.

Actualmente labora en la Subprocuraduría de Atención a Víctimas del Delito Violento, dependiente de la Procuraduría General de Justicia del Distrito Federal (PGJDF), y como terapeuta particular en terapia familiar, de pareja e individual.

Correo electrónico: cjuarezc@hotmail.com

Karen E. Vega Ponce de León

Licenciatura en psicología y maestría en psicología con especialidad en terapia familiar por la Universidad de las Américas, A.C. (UDLA). Entrenamiento en terapias posmodernas y colaborativas en el Grupo Campos Elíseos y en terapia breve sistémica, terapia narrativa y terapia integrativa en el Mental Research Institute (MRI), en Palo Alto, California.

Actualmente labora en el Centro Educacional Tanesque, donde realiza actividades de consultoría educativa, y en su práctica privada ofrece psicoterapia individual, familiar y de pareja.

Correo electrónico: karenevega@hotmail.com

Esta obra se terminó de imprimir
en octubre de 2013, en los Talleres de

IREMA, S.A. de C.V.
Oculistas No. 43, Col. Sifón
09400, Iztapalapa, D.F.